资助项目

浙大城市学院科研启动项目"人口老龄化背景下老年友好型旅游目的地服务体系研究"（项目编号：QD2023001）

浙大城市学院"学习贯彻党的二十大精神"专项课题项目：健康中国背景下老年人康养旅游参与行为研究（E-202306）

浙大城市学院国际文化旅游学院2023年度科研成果培育项目：社会支持视角下老年人旅游参与研究

浙大城市学院科研培育基金课题《基于城市体验的杭州文化旅游高质量融合发展研究》（X-202301）子课题："杭州市夜间旅游体验质量评价研究"

城市老年人旅游制约及其作用机理研究

侯平平◎著

A STUDY ON THE TOURISM CONSTRAINTS AND MECHANISMS
OF URBAN ELDERLY PEOPLE

ZHEJIANG UNIVERSITY PRESS
浙江大学出版社
·杭州·

图书在版编目（CIP）数据

城市老年人旅游制约及其作用机理研究 / 侯平平著.
杭州：浙江大学出版社，2025. 2. -- ISBN 978-7-308
-25857-9

Ⅰ. F592

中国国家版本馆 CIP 数据核字第 2025DT2689 号

城市老年人旅游制约及其作用机理研究

侯平平　著

责任编辑	许艺涛
责任校对	傅百荣
封面设计	雷建军
出版发行	浙江大学出版社
	（杭州市天目山路 148 号　邮政编码 310007）
	（网址：http://www.zjupress.com）
排　　版	浙江大千时代文化传媒有限公司
印　　刷	浙江临安曙光印务有限公司
开　　本	710mm×1000mm　1/16
印　　张	16
字　　数	279 千
版 印 次	2025 年 2 月第 1 版　2025 年 2 月第 1 次印刷
书　　号	ISBN 978-7-308-25857-9
定　　价	78.00 元

前　言

　　我国已经进入老龄化社会,老年人已经成为旅游活动和旅游消费的重要力量。与其他群体相比,他们的出游意愿更为强烈,有着巨大的市场增长潜力和旺盛的市场需求,将成为未来旅游业的重点市场。然而,种种主客观因素的影响可能导致老年人减少出游次数,甚至不出游。无论是老年群体自身,还是作为老年旅游产品和服务供给的企业都存在影响老年人外出旅游的制约因素。在实践层面,相关政府部门、旅游企业等已经认识到老年人出游面临的旅游制约问题,并分别从各自的视角出发制定了相应的解决措施,以促进该市场的繁荣发展。但在学术层面,我国关于老年人旅游制约的相关研究较少,这主要是由于国内老年人旅游研究是在"老年旅游市场前景广阔"这一假设下开展的,基本上忽略了中国情境下旅游制约的相关研究。对老年人旅游制约的研究,回答了老年人"为什么不出游"这一问题,解决该问题对提高他们的旅游参与水平和幸福感具有重要意义。

　　基于此,本书将聚焦于60周岁及以上的城市老年人,深入剖析城市老年人旅游制约的结构维度及其作用机理,对城市老年人旅游制约进行全面系统的分析。具体来说,本书将重点围绕"是什么——城市老年人旅游制约的结构维度与测量量表""为什么——城市老年人旅游制约的内在作用机理""会怎么样——城市老年人旅游制约对其他变量的影响机理"以及"怎么办——解决老年人旅游制约问题的建议与对策"等四个主要研究问题进行全面的分析。

　　本书遵循提出问题—分析问题—解决问题的思路,采用定性与定量相结合的混合方法开展研究。第一,在对相关中英文文献进行全面梳理与回顾的基础上,一是界定基本研究概念;二是对老年旅游相关研究、老年旅游制约、休闲制约理论等的发展历程、研究现状、研究趋势以及三者之间的理论关系进行回顾梳理与评述,厘清本书所探究的问题与现有文献理论观点的继承、完善及拓展关系;三是阐明本书的理论基础,包括成功老龄化理论、活动理论和选择、优化补偿理论等。第二,以休闲制约理论、活动理论为基础,选取60周岁及以上的城市老年人作为研究对象,运用深度访谈法和扎根理论方法探究城市老年人旅游制约,构建了城市老年人旅游制约的结构维度模型和解释预测老年人旅游制约的理论研究框架,阐明了该理论框架的内在作用机理,还提出了老年人旅游制约研究的理论命题。第三,基于扎根理论和文献梳理深入探究城市老年人旅游制约的测量维度和测量题项,形成老年人旅游制约测量量表;通过两轮问卷调研,使用探索性因子分析、聚类分析、一阶和二阶验证性因子分析等方法实证检验城市老年人旅游制约量表的信度和效度,开发了适用于测量老年人旅游制约的量表。第四,进一步探究了城市老年人旅游制约"如何"和"为何"对制约协商、旅游参与、主观幸福感产生影响,实证检验了制约协商在旅游制约和旅游参与之间的中介作用,以及旅游参与在旅游制约和主观幸福感之间的中介作用,并揭示了旅游制约分别对主观幸福感和旅游参与产生影响的作用机制。第五,深入剖析了基于不同人口统计学变量的城市老年人感知旅游制约水平和采取制约协商的差异,在一定程度上丰富了旅游制约的前因变量研究。第六,在以上研究的基础上,提出本书的理论启示,并从老年人自身、旅游企业、政府管理部门三个视角提出具有针对性的管理对策与建议,为促进老年旅游市场的繁荣发展提供理论指导。

本书的研究创新如下:一是本书采用质性研究方法对城市老年人旅游制约的结构维度进行了探究,构建了城市老年人旅游制约的结构维度模型和内在作用机理框架,为后续相关研究提供了解释与分析的理论框架,在一定程度上拓展了旅游制约理论的结构维度和研究框架,丰富了老年人旅游制约的研究内容和理论。二是本书开发的具有良好信度与效度的城市老年人旅游制约量表,为后续的实证研究提供了可靠的测量工具,有助于对老年旅游制约的前因与结果变量开展定量的理论和应用研究,在一定程度上丰富了旅游制约测量和老年旅游研究的理论体系。三是本书进一步探究了城市老年人旅游制约对相关变量的作用机理,揭示了旅游制约是"如何"及"为何"对主观幸福感和旅游参与产生影响的,相对完整、清晰地揭示了旅游制约—制约协商—旅游参与、旅游制约—旅游参与—主观幸福感在老年群体中的相互作用机理,增强了现有理论的研究广度和深度,扩大了现有理论的研究范围与边界。四是本书从定性和定量的双重视角来探究城市老年人旅游制约维度和测量量表、从理论推演和实证检验的双重视角来探究城市老年人旅游制约的作用机理,丰富了旅游制约在特定群体中的理论研究。此外,本书采用混合路径研究,为学术理论和实践应用客观、准确、量化地探究老年人旅游制约提供了一种新的思路与方法。

目　录

第一章 绪 论

本章首先对本书的核心研究内容"城市老年人旅游制约及其作用机理研究"的理论和实践研究背景进行说明,据此提出本书的研究问题;其次,阐明本书的具体研究内容和研究目的、理论与实践意义,以及本书的创新之处;最后,阐述本书所使用的具体研究方法、研究内容与逻辑安排,以及研究思路和技术路线。

第一节 研究背景与问题提出

本节将从理论背景和实践背景两个方面深入剖析本书的选题背景,具体来说,从社会背景、经济背景、市场背景和政策背景四个方面阐述了本书在实践上的选题依据与背景,并指出现有理论研究的不足之处,进而说明本书在理论上的选题依据,为之后的问题提出奠定扎实的理论基础和实践基础。

一、选题背景

(一)社会背景:我国已进入老龄化社会

人口老龄化是人类社会发展的必然趋势,是人类社会发展到一定阶段的产物。根据《中华法学大辞典·劳动法学卷》的定义,人口老龄化是指总人口中因年轻人口数量减少、年长人口数量增加而导致的老年人口比例相应增长的动态过程。这主要是缘于人口预期寿命的增加和新生儿出生率水平的下降(郑伟、林山君、陈凯,2014)。由于营养、医疗保健、教育和经济福利的重大改善,人口平均预期寿命增加。2023年末,中国人口平均预期寿命达到76.34周岁。就出生率而言,2023 年末,我国人口出生率为 6.39‰[①],低于世代更替水平,这种现象使得人口老龄化的速度加快。

根据国家统计局发布的《中华人民共和国 2023 年国民经济和社会发展统计公报》数据,截至 2023 年末,我国 60 周岁及以上人口占人口总数的 21.1%,达 29697 万人;其中,65 周岁及以上的人口占人口总数的 15.4%,达 21676 万人。[②] 目前,中国 1/5 的人口为老年人。由表 1.1 可知,我国的老年人口在逐年增加,老龄化程度逐年加深,尤其是 65 周岁及以上的老年人口数量占总人口数量的比重越来越大。

表 1.1　2019—2023 年我国老年人口数量与占比

类别	2019 年		2020 年		2021 年		2022 年		2023 年	
	人口数/万人	占总人口比重/%	人口数/万人	占总人口比重/%	人口数/万人	占总人口比重/%	人口数/万人	占总人口比重/%	人口数/万人	占总人口比重/%
60 周岁及以上老年人口	25388	18.1	26402	18.7	26736	18.9	28004	19.8	29697	21.1
65 周岁及以上老年人口	17603	12.6	19064	13.5	20056	14.2	20978	14.9	21676	15.4

注:2020 年的数据截至 2020 年 11 月 1 日零时[③],其中 2020 年数据来源于国家卫健委发布的《2020 年度国家老龄事业发展公报》;2019 年、2021—2023 年的数据来源于各年度的《国民经济和社会发展统计公报》。

2016 年国务院发布的《国家人口发展规划(2016—2030 年)》指出,中国老龄化水平及增长速度将明显高于世界平均水平,"十三五"时期,60 周岁及以上老年人口平稳增长,2021—2030 年增长速度将明显加快,到 2030 年占比将达到 25% 左右,其中 80 周岁及以上高龄老年人口总量不断增加。此外,据联合国数据预测,到 2050 年,我国老年人口数占总人口数的比重将达到 36.5%,突破 4.8 亿人。[④] 依照联合国的相关标准,一个国家或地区 60 周岁及以上老年人口

---

① https://www.gov.cn/lianbo/bumen/202402/content_6934935.htm。

② 中华人民共和国 2023 年国民经济和社会发展统计公报:https://www.gov.cn/lianbo/bumen/202402/content_6934935.htm。

③ 国家卫健委发布 2020 年度国家老龄事业发展公报:https://content-static.cctvnews.cctv.com/snow-book/index.html? item_id=8953602801071757171&toc_style_id=feeds_default。

④ http://www.tripseo.com/news/hy/64.html。

数占人口总数的 10％,即意味着该国家或地区属于老龄化社会(孙敬之,1996)。

由上可知,我国已经属于老龄化社会,且随着老龄化程度不断加剧,我国将成为世界老龄化最严重的国家之一。老年人口的增多带来旅游消费需求的转变,进而也会对旅游业的产品和服务提供产生影响。尤其是在未来的 20 年到 30 年间,我国将由快速老龄化向加速老龄化转变,老年人势必成为重要的旅游消费群体,占据较多的市场份额。同时,也有学者指出,在整个旅游市场群体中,老年旅游市场群体一直呈上升趋势(唐代剑,2008)。因此,老年人作为旅游消费的重要人群,是旅游市场的重要组成部分;老年人口的不断增多,社会福利的完善,使得该群体有着旺盛的旅游需求和巨大的旅游市场增长潜力,并将成为未来旅游业的潜在增长极和重点发展市场。

(二)经济背景:老年人出游意愿强

随着我国社会经济的快速发展,老年人的收入水平和生活水平也随之得到很大提高,由此带来的购买力也快速增长,从而促使老年消费的快速发展。研究表明,与之前的老年人相比,如今的老年人收入更高、闲暇时间更多、旅游意愿更强;许多老年人出游意愿强烈,经常旅行,与年轻群体相比,他们的旅游度假时间更长,在旅游活动上的花费更多(Kazeminia et al.,2015)。2016 年 11 月,中国老龄产业协会老龄旅游产业促进委员会与同程旅游联合发布了《中国中老年人旅游消费行为研究报告 2016》,该报告采用问卷调查和同程旅游大数据为研究样本,对 50 周岁以上中老年人的个体特征和旅游消费行为进行了系统探究,验证了中老年旅游者(有旅游消费经历的 50 周岁以上人群)"有闲又有钱"这一业界普遍认知。调查表明:中老年人旅游消费认知水平不输年轻人,出游意愿高,参与调研的 81.2％的中老年人表示,如果自身条件允许就愿意外出旅游,明确表示不愿意外出旅游的中老年人仅占 9.7％。① 与此同时,全国老龄工作委员会的一项调查显示,目前我国老年旅游人数已占到全国旅游总人数的 20％以上,且这一群体出游意愿较平均水平更为强烈②,旅游已经成为"银发族"退休生活中重要的消遣方式,老年人已经成为中国旅游市场重要的"一极"。相关研究也表明,中国老年人的消费需求与层次也显著提高,旅游消费已经成为老年人自我实现的重要手段(王霞,2011)。综上可知,老年人拥有良好的经济基础、更多的闲暇时间和更强的出游意愿。老年旅游将成为拉动旅游经济增长

① http://www.sohu.com/a/119019303_537105。
② http://www.askci.com/news/chanye/20170712/104029102772.shtml。

的重要力量,老年旅游消费也越来越成为社会关注的热点问题。

同时,在老龄化社会中,老龄产业正在成为新的经济形态和增长极,发展"银发经济"也是老龄社会转变经济发展方式和实现经济结构调整的重要主攻方向。老年旅游业是老龄产业的重要板块,不仅能促进旅游经济的可持续增长,也在一定程度上减弱旅游淡季对相关行业和市场的不利影响,平衡旅游经济的淡旺季收入差异。然而,要想充分发挥老年旅游产业的经济作用,还必须对老年旅游者的旅游参与、出游条件、旅游决策的影响因素等进行深入探究,满足他们特殊的旅游需求,让更多的老年人出游。

(三)市场背景:旅游企业和部分地方政府布局老年旅游市场

1. 行业层面

相关旅游企业已经认识到老年群体作为一个旅游细分市场的重要性(Sedgley、Pritchard、Morgan,2011),携程旅游、同程旅游、途牛旅游等在线旅行服务企业,以及凯撒旅游、国旅总社等旅行社也开始布局老年旅游市场。自2016年以来,同程旅游成立了"百旅会",其联合全国优质旅游供应商和合作伙伴,从品牌、服务和口碑三个方面,为中老年人打造高标准、高性价比和高品质的旅游产品。"百旅会"作为中老年会员俱乐部和旅游服务品牌,将以创新、优质、多样化的产品和旅游服务,满足中老年用户在旅游休闲、社交等方面的需求,以期占领该市场。2016年3月,途牛旅游网推出"乐开花爸妈游"系列产品,打造涵盖爸妈度假游、爸妈疗养游和爸妈周末游的全系列老年旅游产品线。其目的是通过打造更丰富、个性化、高品质的老年旅游产品,满足中老年出游群体的差异化需求,提升用户的出游体验,旨在解决消费者选择难的问题,筛选适合中老年人出游并且达到品牌标准的旅游产品,以方便和简化老年人或其子女的旅游产品选择。

携程旅游在线下和线上推出了"老友惠""爸妈放心游"等针对老年人的旅游产品。这些产品设立了严格的标准,专门开展了社区营销和线下传播等,以迎合老年人的信息接收习惯,专门推出了适合老年人使用的预定界面,并且时刻关注老年市场动态,确保旅游产品和服务更加贴近老年人需求。为了更好地争夺和服务老年旅游市场,2018年5月,携程发布了适应老龄化社会的老年旅游创新产品,以及33项新的老年旅游服务标准,这也是市场中首家推出老年游服务标准的旅游企业。① 2024年,携程发布了专为老年人服务的品牌"携程老

---

① http://www.ctoutiao.com/641565.html。

友会"，该品牌为 50 周岁及以上用户提供专享旅游产品和价格，老年人可以享受 1 对 1 客户服务。[①]

一些线下旅行社也开始关注老年旅游市场。如中旅总社针对老年旅游者，已经开始进行产品形态转型，推出的多个主题游线路受到老年市场非常好的反馈，如额济纳胡杨林专列、油菜花专列、地中海邮轮等主题游产品；在对老年人的宣传方式上采取传统纸媒和微信广告营销相结合的模式，既符合很多老年人通过看报接收信息的习惯，也满足了另外一些老年微信用户的信息阅读习惯。凯撒旅游针对老年旅游进行了一系列的创新、改造。一是联合社区开了很多门店，从零售端近距离接触老年人，为其提供多样化的服务；二是提供"凯撒到家"服务，老年人只需一通电话，旅游顾问就能到顾客家里提供咨询服务；三是凯撒旅游针对老年旅游产品需求，推出父母感恩季、幸福私家团等具有特色的旅游产品。[②]

此外，一些老年旅游行业组织也应运而生。2002 年，中国老年旅游联合体在上海成立。2004 年 1 月，中国老年学学会老年旅游专业委员成立。该旅游专业委员会由 48 家省市老龄办和 130 家老年旅游企业共同发起组建，是我国首家全国性老年旅游社会团体。2017 年 11 月，中国旅行社协会成立了专业的老年旅行分会。该分会的成立旨在针对老年市场做出市场分析、产品创新，做到各地产品之间的融汇与交流，为旅游企业创造公平公正的发展环境，引导老年旅游市场健康发展。

由上述行业布局可知，随着我国老年人口的逐渐增多，老年群体必将成为重要的旅游消费市场之一，具有相当大的市场消费潜力。尤其是在旅游市场竞争越来越激烈之时，线上旅行社和线下旅行社必将各自发挥竞争优势，争夺老年出游者。但在看到老年旅游市场发展前景广阔的同时，这些旅游企业也关注到了老年群体外出旅游面临的一些制约因素：一是老年人自身的因素，如视力下降、腿脚不灵活、心理不适应等；二是旅游企业的因素，如旅游产品单一、服务不足、安全保障不够，与老年旅游需求的个性化、多样化不匹配等。针对以上旅游制约因素，旅游企业在布局老年旅游市场时，在产品设计、市场营销、服务传递等方面都考虑到老年人的身心特征和旅游需求，并采取相应的措施解决其面临的旅游制约问题。

---

① https://baijiahao.baidu.com/s?id=17953123164648899280&wfr=spider&for=pc。
② http://www.sohu.com/a/208597682_162203。

2. 地方政府层面

除了相关旅游企业和行业关注到老年旅游市场，一些地方政府也看到老年旅游市场巨大的发展潜力，相继发力布局老年旅游市场，以"银发经济"作为新的增长点促进经济的发展。如北京将全方位发展老年旅游产业、山东提出要成为世界老年旅游的交流平台、山西提出要积极发展老年旅游。北京针对老年旅游出台了具体的政策：一是 2017 年 6 月专门发布了《老年旅游奖励资金管理办法》，鼓励旅游企业组织在京老年人赴京郊旅游，并按照组织人次的多少，给予企业 5 万～15 万元不等的奖励，引导支持旅游企业加大老年旅游投入力度；二是针对老年旅游服务接待不完善、不专业的问题，正式出台《老年旅游接待基地服务规范》，包括自然生态环境、服务项目安排、服务设施、旅游产品等内容，通过服务标准的制定规范提升北京市老年旅游接待基地的产品和服务质量，打造高质量、适合老年人身心需求的接待服务基地，让老年人玩得安全、舒适、便捷；三是全力支持老龄产业协会成立旅游专业委员会，不断加强老年旅游工作的组织领导，搭建政府与协会、市场协调共促的创新发展平台。

(四)政策背景：政策红利促进老年旅游市场发展

政策催化是推动老年旅游市场发展的重要因素之一。近年来，与老年旅游相关的政策陆续发布，不仅给行业带来了政策上的红利，也给各参与方提出了明确的要求和标准，让老年旅游市场的发展有法可依，有利于促进老年旅游市场高速运行，表 1.2 详细展示了近年来在国家层面上关于促进老年旅游发展的相关政策。如国务院办公厅颁布的《关于进一步促进旅游投资和消费的若干意见》和《"十三五"旅游业发展规划》、国家旅游局发布的《"十三五"全国旅游公共服务规划》等，这些政策都专门提出要开发老年旅游市场，为老年人提供所需要的旅游产品和服务。其中，2016 年 9 月正式实施的《旅行社老年旅游服务规范》较具旅游行业特色，是在国家层面首次制定的老年旅游行业标准，以对老年旅游市场进行规范。该标准不仅对旅行社的服务质量提出了要求，而且对行前的出行准备、合同签订，以及行后的投诉处理都做出了详细的标准化设定，对规范老年旅游市场秩序和旅行社的经营行为起到重要引导作用，将推动老年旅游市场走上正规、快速发展道路。

从 2012 年到 2024 年，多项关于老年旅游的政策条文和标准的制定与实施，充分说明了老年旅游市场的重要性，也表明了政府管理部门对老年旅游市场的重视，并从宏观上向行业与相关企业提出了具体要求和发展内容。但在微观层面上，由于对老年人旅游参与的制约因素并不十分了解，政府相关部门难以从微观层面推出具体的政策与措施来解决老年旅游者面临的旅游制约问题。因此,有必要从微观视角对老年人面临的旅游制约问题进行深入探究与剖析。

表 1.2　促进老年旅游快速发展的相关政策

发布时间	发布部门	文件	主要内容
2012 年 12 月	全国人民代表大会常务委员会	《中华人民共和国老年人权益保障法》	政府办旅游景点会对老年人免费或者优惠开放,鼓励私营旅游景点减免老年人票价
2013 年 2 月	国务院办公厅	《国民旅游休闲纲要》	落实对老年人实行减免门票等优惠政策;发展面向老年人的经济型酒店;开发适合老年人需要的旅游休闲产品
2013 年 9 月	国务院	《国务院关于加快发展养老服务业的若干意见》	促进养老服务与旅游的互动发展;发展目标之一是促进老年健康服务、老年体育健身、老年文化娱乐、老年旅游等为主的养老服务业全面发展;鼓励和引导相关行业积极拓展适合老年人特点的文化娱乐、体育健身、休闲旅游
2014 年 8 月	国务院	《国务院关于促进旅游业改革发展的若干意见》	大力发展老年游,积极开发多层次、多样化的老年人休闲养生度假产品。规划引导各类景区加强老年旅游服务设施建设,严格执行无障碍环境建设标准,适当配备老年人、残疾人出行辅助器具。鼓励地方和企业针对老年旅游推出经济实惠的旅游产品和优惠措施。抓紧制定老年旅游服务规范,推动形成专业化的老年旅游服务品牌。旅游景区门票针对老年人的优惠措施要打破户籍限制。景区应严格按照规定,对老人实行门票费用减免
2015 年 8 月	国务院办公厅	《国务院办公厅关于进一步促进旅游投资和消费的若干意见》	积极发展老年旅游。加快制定实施全国老年旅游发展纲要,规范老年旅游服务,鼓励开发多层次、多样化老年旅游产品。各地要加大对乡村养老旅游项目的支持,大力推动乡村养老旅游发展,鼓励民间资本依法使用农民集体所有的土地举办非营利性乡村养老机构。鼓励开发完善适合老年旅游需求的商业保险产品

续表

发布时间	发布部门	文件	主要内容
2016 年 5 月	国家发展改革委、教育部等	《关于促进消费带动转型升级的行动方案》	积极发展研学旅行、老年旅游。制定研学旅行和老年旅游服务规范,推出一批休闲养生等老年旅游示范项目,以及博物馆等研学旅行项目
2016 年 9 月	国家旅游局	《旅行社老年旅游服务规范》	本标准适用于提供老年旅游产品的旅行社,规定了老年旅游服务要求,包括旅游产品要求、旅游者招徕、团队计划的落实、接待服务和后续服务等内容,进一步规范了旅游企业与老年游客的权利义务关系。该标准的制定,对于保障和维护老年旅游者旅游活动的合法权益,规范旅行社的经营行为和服务内容,提高旅行社老年旅游产品的服务质量具有重要指导意义
2016 年 12 月	国务院	《"十三五"旅游业发展规划》	要制定老年旅游专项规划和服务标准,开发多样化老年旅游产品。引导社会资本发展非营利性乡村养老机构,完善景区无障碍旅游设施,完善老年旅游保险产品
2017 年 3 月	国家旅游局	《"十三五"全国旅游公共服务规划》	要制定《老年旅游服务规范》,完善老年旅游产品开发设计,优化老年人游览服务。推进老年人、残疾人等特殊游客群体旅游公共服务设施建设。鼓励地方和企业针对老年旅游推出经济实惠的旅游产品和优惠措施
2017 年 12 月	国家标准委	《老年旅游服务规范——景区》	适用于提供老年旅游服务的各类景区,规范内容从服务组织、服务人员、服务设施设备、服务信息四个方面对服务提供者提出了综合性要求。作为首项老年旅游服务领域的国家标准,将有助于从各方面提升旅游景区老年旅游服务安全性、文明性和便捷性,从而提高老年旅客满意度,为景区经济效益提升和规范化发展提供技术支撑和服务标准

续表

发布时间	发布部门	文件	主要内容
2021 年 12 月	文化和旅游部	《"十四五"文化和旅游发展规划》	旅游景区等场所开展预约服务的同时,应保留人工窗口和电话专线,为老年人保留一定数量的线下免预约进入或购票名额,提供必要的信息引导、人工服务。加强老年人、残疾人等便利化旅游设施建设和改造,推动将无障碍旅游内容纳入相关无障碍公共服务政策
2024 年 1 月	国务院办公厅	《国务院办公厅关于发展银发经济增进老年人福祉的意见》	拓展旅游服务业态。完善老少同乐、家庭友好的酒店、民宿等服务设施,鼓励开发家庭同游旅游产品。推出一批老年旅游发展典型案例,拓展推广怀旧游、青春游等主题产品。以健康状况取代年龄约束,完善相关规定便利老年人出游,健全投诉举报机制并加强监管。发展老年旅游保险业务,鼓励扩大旅游保险覆盖面。组建覆盖全国的旅居养老产业合作平台,培育旅居养老目的地,开展旅居养老推介活动

由上文可知,我国老龄化趋势的加剧,为老年旅游市场的发展奠定了客源基础。老年人购买力的增强,使得老年旅游成为拉动旅游经济增长的重要力量。旅游企业和部分地区的产品和产业布局,丰富了老年旅游产品体系,从供给方为老年旅游者提供了更多的消费选择。多个政策和标准的出台,有利于老年旅游市场的稳步发展。然而,在看到老年旅游发展前景广阔的同时,老年旅游市场还存在出游成本过高、旅游产品不具有针对性、缺乏旅游保障等问题(季战战、武邦涛,2018)。因此,应该关注影响老年旅游者出游的制约因素,只有充分了解有哪些因素影响其旅游参与水平、出游决策、旅游偏好等,旅游企业和政府才能制定有针对性的解决措施,让更多的老年人参与到旅游活动中,让其晚年生活更有意义。因此,研究老年人旅游制约对了解老年个体和群体的旅游行为、评估他们的旅游体验具有重要作用,且具有重要的现实意义。

一是与其他群体相比,老年人具有独特的生理和心理特征,在经济状况、闲暇时间、人生经历、社会阅历、家庭责任等方面都具有自己的特殊性。因此,老年人对旅游活动做出最终选择取决于众多因素,这些因素较为复杂。如旅游偏好、过往旅游体验和旅游经历、充裕的闲暇时间、可自由支配的收入等。当然,也不能忽略相关的消极因素,即旅游制约。因此,要全面了解老年人的旅游行为,就必须对各类制约因素进行探究,这对旅游企业的产品提供和服务传递具有重要作用。二是旅游制约不仅会影响老年人参与或不参与旅游活动,更重要的是会影响旅游偏好和旅游体验质量。对旅游制约进行研究可以了解旅游活动进行过程中老年人的满意度,能帮助旅游企业有针对性地制定相关方案解决旅游制约问题,也能为相关政府部门的政策制定提供借鉴和依据。

以上实践背景充分说明了老年旅游具有重要的研究价值与现实意义,而对老年旅游制约的深入研究,能为政府、旅游企业提供具体的建议与对策,进而提高老年人的旅游参与水平,促进我国老年旅游市场的快速发展。

(五)理论背景:存在研究不足

目前,老年旅游研究仍未受到学术界的充分重视(Patterson、Balderas,2018),但学者指出老年旅游是旅游产业重要的利基市场:一是老年旅游者在市场中占据的市场份额大;二是他们有巨大的消费潜力(Fleischer、Pizam,2002)。就国外的研究而言,现有针对老年旅游的研究主要集中于老年人旅游决策(Gladwell、Bedini,2004)、老年人旅游动机(Hsu et al. ,2007;Prayag,2012)、老年人旅游消费行为(Musa、Ongfon,2010;Jang、Ham,2009)、老年人旅游市场细分(Boksberger、Laesser,2009;Ward,2014)等,而关于老年人旅游制约的相关研究较少(Hung、Bai、Lu,2016;Kazeminia、Chiappa、Jafari,2015)。在国内研究方面,关于老年人旅游制约的研究也很不足(赵振斌、赵钧、袁利,2011),有学者指出,这主要是由于国内老年旅游研究是在"老年旅游市场前景广阔"这一假设下开展的,基本忽略了中国情境下旅游制约的相关研究(刘力,2016;任明丽、李群绩、何建民,2018)。

与其他年龄群体相比,老年人的旅游参与面临着更多的制约障碍(Nimrod,2008)。老年人存在听力、视力等身体健康障碍,经济收入下降,缺少旅行伴侣(McGuire,1984;Nimrod,2008),以及心理因素等制约,而这些制约因素会影响他们的旅游决策和降低他们的旅游参与水平,尤其是对户外的身体活动(Kim、Chalip,2004;Son、Mowen、Kerstetter,2008),并进一步影响其旅游满意度。相关研究表明,针对老年人的生理和心理特征,重视其在旅游过程中可能遇到的各方面困难,进而采取相应的措施解决老年人参与旅游的制约问题,为其提供老年友好型的旅游产品和服务,提高他们的旅游满意度和旅游体验,是一个需要全球共同关注解决的重要课题(曹芙蓉,2008)。因此,探究老年群体外出旅游面临的各种制约对理解老年人的旅游参与、旅游动机、旅游行为、旅游偏好具有重要意义,同时也对提高老年人的旅游参与水平和幸福感,以及实现成功老龄化具有重要的理论价值。

二、研究问题

由上文的实践背景可知,老年旅游业作为夕阳板块中的新兴朝阳产业,以其快速的发展势头、巨大的市场潜力受到了越来越多的旅游企业、地区和政府行政管理部门的重视,吸引着越来越多的旅游企业和地区投入该市场。然而,目前我国老年人的出游比例仍然远远低于发达国家,在 20 世纪 80 年代,美国 65 周岁的老年人中有超过 50% 的人有过外出旅游经历(Allen、Bretman,1981);在同一时期的德国,老年旅游者占据 32% 的出境旅游市场份额(Romsa、Blenman,1989)。而目前,我国老年人出游比例只占到总市场份额的 20%,可见我国老年旅游市场存在巨大发展潜力。然而,即使有这个有消费潜力、人数众多的老年人群体呈现在我们面前,但他们可能因为多种不同类型的主客观因素的制约而减少外出旅游的次数或选择不出游等。无论是老年群体自身,还是作为老年旅游服务供给的企业都存在对其旅游活动产生制约的因素(赵振斌、赵钧、袁利,2011)。由理论研究可知,目前,国内外关于老年旅游制约的相关研究还不充分,需要对此问题进行深入剖析,探究影响老年人出游的制约因素,在此基础上提供适合老年人需求的旅游产品和服务,提高他们的旅游参与水平和旅游体验。基于此,研究将聚焦于 60 周岁及以上的城市老年人,深入剖析城市老年人旅游制约及其作用机理。

(一)城市老年人旅游制约维度构成

对城市老年人旅游制约的研究,回答了城市老年人"为什么不能出游"这一问题。与其他年龄的群体相比,老年人存在听力、视力等身体健康障碍,而且由于多数老年人已经退休,经济收入相应下降等,其出游存在更多的制约因素。而目前的研究多借用休闲学中的休闲制约理论去探究老年旅游制约。由于文化与社会情景的差异,国外的休闲制约理论也不一定适用于我国的老年人,而且旅游情景与休闲情景有很多差异,外出旅游考虑的因素与休闲考虑的因素也存在诸多不同。此外,有学者也指出目前国内有关旅游制约方面的研究还处于初期的探讨阶段,针对老年人这样一个特殊群体的,其旅游制约方面的研究非常少(赵振斌、赵钧、袁利,2011;任明丽、李群绩、何建民,2018;刘力,2016)。因此,本书将基于成功老龄化理论、活动理论、选择和优化补偿理论,结合老年学和老年心理学的相关研究,通过对城市老年人的访谈搜集一手资料,利用扎根理论构建城市老年人旅游制约的理论模型。鉴于旅游制约的复杂多样性,本书将对老年旅游制约进行综合划分,使之形成一个较为有序的理论框架,系统探究城市老年人旅游制约所包含的心理制约、社会制约、家庭制约等。

（二）城市老年人旅游制约测量

现有研究在理论与方法上主要参考国外的休闲制约理论，且多以定性研究为主（赵振斌、赵钧、袁利，2011）。而少数定量研究所采用的测量工具是国外学者编制的休闲制约量表，进行适当的修正后对老年人的旅游制约进行测量。目前多数国内研究者所使用的旅游制约测量量表是基于西方的休闲情境开发的，而旅游与休闲存在诸多不同之处，并且中西方文化与社会情境也存在差异，这些都决定了该量表不一定适用于对中国老年人的旅游制约进行测量。基于此，本书将在所构建的旅游制约理论模型基础上，结合文献研究，通过访谈和扎根理论提炼出城市老年人旅游制约的维度与测量指标，开发具有良好信度和效度、更加适合中国城市老年人、更具有代表性和更准确的旅游制约测量量表，为后续的旅游制约作用机理研究奠定理论基础和提供实证测量工具。

（三）旅游制约对旅游参与、主观幸福感的作用机理

已有较多文献探究老年人旅游受到哪些因素的制约，鲜有研究探讨旅游制约会对老年人的制约协商、旅游参与和主观幸福感产生什么样的影响以及如何产生影响。基于此，本书基于休闲制约理论、活动理论等，深入探究城市老年人旅游制约对旅游参与、制约协商和主观幸福感的影响，剖析旅游制约对旅游参与和主观幸福感的作用机理，即旅游制约"如何"和"为何"对旅游参与、制约协商和主观幸福感产生影响。具体来说，在文献研究和理论逻辑推演的基础上，本书将通过进一步总结和分析已有研究的贡献和局限，对核心变量之间的关系提出研究假设，构建旅游制约对相关变量的作用机理模型。

（四）不同年龄段城市老年人旅游制约研究

通常来说，年龄越大的老年人感知的旅游制约越多。研究表明，健康制约对年龄较大游客（65 周岁以上）的影响变得更加突出，这会使得他们缩短出游假期的天数（Fleischer、Pizam，2002）。而不同年龄层次的老年人面临的旅游制约到底存在何种异同，尚不得而知。因此，本书将对城市老年人进行不同年龄段的划分，探究不同年龄段、不同人口统计学特征的老年人感知旅游制约程度的异同，尝试对不同年龄段老年人的旅游制约和制约协商进行精细化研究。

（五）老年旅游市场结构调整和优化的路径和对策

基于以上研究，本书将从老年人自身、提供相关旅游服务和产品的旅游企业、政府管理部门三个视角提出科学可行的经营与管理对策，提高老年人旅游

参与水平和主观幸福感,推动我国老年旅游市场的快速发展,从需求的视角推动旅游产业的供给侧改革,推动老年旅游消费市场升级,发挥"银发经济"对旅游经济的拉动作用。

如图 1.1 所示,这五个研究问题相互关联、彼此递进,共同构成了一个有机的理论研究整体。以 60 周岁及以上的城市老年人为研究对象,系统解答这些问题,可从微观层面把握影响老年人出游的内外部旅游制约和旅游制约对相关变量的作用机理,从而为以旅游企业为代表的服务业老年旅游产品开发和服务传递提供科学合理的建议与对策。

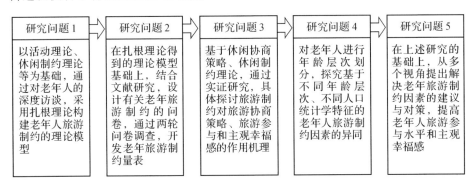

图 1.1 研究需要解决的具体问题

第二节 研究目的、意义与创新

目前,国内外针对老年人旅游制约的研究较少,而这些制约恰恰是影响老年人出游的重要原因,在一定程度上也会阻碍老年旅游产业的发展。因此,研究老年人参与旅游面临的各种制约对理解老年人的旅游动机和行为、提高老年人旅游参与水平和幸福感具有重要意义。基于以上分析,本书尝试弥补老年人旅游制约研究的不足,以 60 周岁及以上的城市老年人为研究对象,采用定性与定量相结合的方法,探索城市老年旅游者感知的旅游制约及其作用机理,全方位剖析城市老年人旅游制约的结构维度,构建解释、预测老年人旅游制约的理论框架,实证探究旅游制约对相关变量的作用机理,丰富老年人旅游制约研究的理论体系,提出具有针对性和相对全面的建议与对策的同时,以期对以旅游企业为代表的服务组织管理实践带来理论指导意义。

一、研究目的

(一)城市老年旅游制约理论模型构建与量表开发

基于活动理论、成功老龄化理论、选择和优化补偿理论等,通过对 60 周岁及以上城市老年人的深度访谈搜集一手资料,运用扎根理论方法对城市老年人的访谈资料进行深入剖析,构建城市老年人旅游制约结构维度模型和理论框架。在此基础上依据访谈资料,同时结合质性研究和文献研究,设计城市老年人旅游制约的测量维度和指标,采用探索性因子分析、一阶和二阶验证性因子分析等方法,开发老年人旅游制约的测量量表,为后续的实证研究提供具有较好信度和效度的测量工具。

(二)城市老年人旅游制约的作用机理研究

基于休闲制约理论、活动理论、选择和优化补偿理论,探究旅游制约对旅游参与、制约协商、主观幸福感的影响。具体来说,在文献研究和理论逻辑推演的基础上,通过进一步总结已有研究的贡献和局限,对核心变量之间的关系提出研究假设,构建旅游制约对旅游参与、制约协商、主观幸福感的作用机理研究模型。通过定量的数据分析方法,系统剖析旅游制约对其他变量的作用机理。同时,还将探究基于不同年龄层次、不同人口统计学特征的老年人感知旅游制约的异同。

(三)解决老年旅游制约的对策建议

本书根据研究结论,从旅游企业、老年人自身、相关政府管理部门三个视角提出解决老年人旅游制约问题的具体途径和对策建议。一是可以有效、客观地对老年旅游产品和服务进行改进和创新,为老年人提供优质的旅游产品和服务。二是在国家大力发展优质旅游的背景下,改善老年人的旅游参与状况,提高老年人旅游参与水平。三是为老年旅游者提供更好的旅游体验,提高他们的主观幸福感,实现成功老龄化,这也是响应国家倡导的"老有所依、老有所乐"理念的内在要求。

二、研究意义

老年人作为旅游市场的重要组成部分,需要解决影响其出游所面临的旅游制约问题,提高他们的旅游参与水平和参与热情,使其获得更好的旅游满意度和旅游体验,从而提高老年人的生活幸福感和满意度,进而推动老年旅游业的快速发展。因此,对老年旅游制约及其作用机理进行研究具有重要的理论和实践意义。

（一）理论意义

1. 完善老年人旅游制约的理论研究

目前,国内关于老年人旅游制约的研究还处于初期探讨阶段,在理论上主要参考国外的休闲制约理论,且多以定性研究为主,对中国老年旅游制约的研究缺乏系统解释的理论框架和测量工具,更缺乏基于一手数据支持的实证研究,使得研究结果不仅对实际问题的解释性较弱,而且可靠性也较差。基于此,本书以活动理论、成功老龄化理论、选择和优化补偿理论、休闲制约理论为基础,并结合老年学和老年心理学的相关研究,定性与定量方法相结合,一是构建中国情境和文化背景下的城市老年人旅游制约维度模型,形成解释预测老年人旅游制约的理论框架;二是对旅游制约的测量量表进行研究,开发适合老年人、可操作性强、信效度较高的旅游制约测量量表,为后续的实证研究提供具有良好信度和效度的测量工具。本书在一定程度上丰富了老年旅游制约的理论研究,拓展了旅游制约研究的内容和理论深度,完善了老年人旅游行为的相关研究,进而丰富了旅游消费者行为学的理论框架。

2. 拓展旅游制约在特定群体中的理论研究

对于旅游制约的整体性研究,实际上是基于一个具有同质性的特定群体的研究为前提的。本书正是立足于特定群体——城市老年人群体,通过对这个特殊群体的研究,扩大了旅游制约的研究范围,既揭示该问题的特定意义,也丰富了旅游制约在特定群体中的理论研究。

3. 扩大旅游参与和主观幸福感的研究成果

对旅游制约的作用机理进行深入剖析,是对制约协商理论和旅游参与理论的丰富与发展,拓展了现有理论的研究范畴,提高了研究深度。对主观幸福感前因变量的深入研究,也在一定程度上丰富了主观幸福感研究的广度和深度,扩大了现有理论的研究范围与边界。

4. 丰富老年旅游的研究内容

老年旅游已经成为越来越被广泛关注的研究课题,并且涉及老年心理学、社会学、老年学、经济学、休闲学等众多学科领域。各研究领域与老年旅游结合形成新的旅游消费者研究内容,并涉及老年旅游动机、老年旅游产品供给、旅游幸福感等内容。老年旅游制约的研究,可以对目前老年旅游的各个方面产生新的见解,如旅游参与、旅游动机、旅游益处等,丰富了老年旅游的研究内容,也在一定程度上拓展了旅游消费者行为和旅游学的研究内容。

(二)实践意义

1. 为政府制定老年旅游产业发展政策提供依据

在中国人口老龄化日趋明显的背景下,老年群体已成为旅游消费市场的重要力量,吸引着政府管理部门对该市场的关注,本书的研究结果将有助于相关部门了解老年旅游者的旅游态度和需求,以及老年人面临的各种旅游制约,从而采取有针对性的措施和政策解决老年人出游过程中面临的各种旅游制约问题,不仅要为老年人的出游营造友好的社会环境,而且要构建老年友好型和谐社会,进一步提高老年人的旅游参与水平,促进老年旅游产业的快速发展。同时,发展老年旅游业也能发挥"银发经济"对旅游经济增长的正面影响,从而促进国民经济的良好发展。

2. 有助于提高老年人的幸福感

我国已进入老龄化社会,1/6 的人口为老年人。如何让老年人的生活更有意义、愉快、幸福是全社会都关心和重视的问题。通过参与旅游活动,不仅可以充实老年人的精神生活,提升老年人的生活品质、幸福感,实现成功老龄化;还能够促进家庭、社会关系的和谐,让老年人老有所乐也是建设社会主义和谐社会的内在要求,为提升老年人晚年生活质量、满足其对美好生活的需要提供了有效的途径。

3. 有利于老年旅游市场的开发

对老年人旅游制约的深入分析,有利于老年旅游产品和服务提供者针对存在的旅游制约实际情况,有针对性地解决老年人参与旅游的制约问题。旅游企业要根据老年人的实际身体健康状况和旅游需求,开发适合老年人身心特征的旅游产品,设计切合其实际需求的老年旅游服务,提高员工对老年旅游者的服务质量,开发多种多样的老年旅游产品,依托优质旅游产品和服务满足老年旅游者个性化、多样化和品质化的旅游需求,充分挖掘潜在的老年旅游市场。

4. 有利于实现旅游企业和老年游客之间的互惠互赢

通过对研究结果的深入剖析与总结,发现老年人外出旅游面临的制约因素,有助于相关老年旅游服务与产品提供者制定有针对性的解决方案。帮助旅游企业在资源和资金有效利用的基础上,最大限度地解决老年人出游面临的制约问题,更好地满足老年旅游者需求,进一步激发老年人参与旅游活动的欲望。同时,探究旅游制约的不同维度对老年人外出旅游的不同影响,也可为老年人自身克服出游障碍、及早做好旅游规划、合理利用旅游时间提供具有针对性的可行建议。

三、研究创新

本部分尝试深入剖析本书的创新之处。具体来说,本书在对研究内容提炼和总结的基础上,与已有文献深入对话提出研究的创新点。本书的创新点和研究贡献主要包括以下几个方面。

第一,本书以 60 周岁及以上的城市老年人为研究对象,尝试构建老年人旅游制约的结构维度模型,解释老年人旅游制约的理论框架。目前,我国尚缺乏对旅游情境下的城市老年人旅游制约的深入探究。本书立足于旅游情境,对城市老年人旅游制约进行系统探究,不仅扩大了旅游制约的研究范围、丰富了旅游制约理论,还为老年旅游研究提供了新的探索方向和内容,并拓展了旅游制约在特定群体中的理论研究。此外,本书扩大了老年旅游研究的理论边界与研究范畴,在一定程度上拓展和丰富了旅游消费者的研究内容和研究对象。

第二,目前,多数研究都是借鉴休闲制约量表对老年旅游制约进行测量,研究结果可靠性差,对旅游情景下老年人旅游制约的解释性较弱。本书在对城市老年人旅游制约结构维度探究的基础上,开发出具有针对性、可操作性较强和具有较高信度与效度,且适用于测量老年人旅游制约量表;为老年人旅游制约的实证测量研究,以及剖析其前因与结果变量的定量研究奠定了基础、提供了测量工具,有助于对老年人旅游制约开展深入、定量的理论研究和应用研究,丰富旅游制约测量的理论体系。

第三,本书从理论逻辑推演和实证检验的双重视角探究城市老年人旅游制约的作用机理,即剖析旅游制约是"如何"和"为何"对城市老年人的制约协商、旅游参与、主观幸福感产生影响的。相对完整、清晰地揭示出旅游制约—制约协商—旅游参与、旅游制约—旅游参与—主观幸福感在老年群体中相互作用的机理,在一定程度上丰富了主观幸福感和旅游参与的研究广度和深度,扩大旅游制约理论的研究范围与边界。

此外,现有研究多采用简单的数据调研或定性分析对老年人旅游制约进行探究,研究结果可靠性差、不严密,测量量表缺乏实证检验,量表的实用性和可操作性较差。本书采用定性与定量相结合的研究方法,构建城市老年人旅游制约的理论框架,开发城市老年人旅游制约测量量表;并探究老年人旅游制约的作用机理,为老年人旅游制约的研究提供了一种新的思路与方法。

第三节　研究方法

本书首先通过文献研究法梳理现有研究,并通过混合研究法厘清本书的逻辑思路和研究设计;其次,通过访谈搜集资料,运用扎根理论构建城市老年人旅游制约的理论模型;再次,运用定量研究方法开发老年人旅游制约的测量量表;最后,运用数理统计分析方法对旅游制约的作用机理模型进行实证检验。

一、混合研究路径

混合研究是指研究者以实用主义为基础建构知识观,运用顺序法或并行法等资料收集方法,以期较好地理解所研究的问题。资料收集包含数量信息(如工具性数据)和文本信息(如访谈数据),以使最后得到的数据库既能代表定性研究,也能代表定量研究(克雷斯威尔,2007)。本书采用克雷斯威尔(2007)提出的顺序性混合研究设计。这种设计具有如下优点:既适用于对定性研究阶段构建出的理论进行检验,也适用于向其他群体推广其定性研究结果(Morgan,1998);研究实施起来便捷,描述和报告简洁明了。在研究者打算研究创新的工具时,这个模型的优势尤其明显(克雷斯威尔,2007)。具体研究流程如图1.2所示。在定性研究阶段,通过深度访谈搜集老年人旅游制约的相关数据,采用扎根理论对资料进行分析以构建老年人旅游制约的理论模型,为后续的定量研究奠定基础。在定量研究阶段,一是根据定性研究得到的老年人旅游制约维度设计量表,同时,构建旅游制约与相关变量的理论模型并提出研究假设;二是通过对老年人进行问卷调研,搜集定量研究所需的数据;三是通过定量数据分析进行旅游制约测量量表开发和理论模型的实证检验;四是对定性与定量的混合研究进行整体分析和解释。

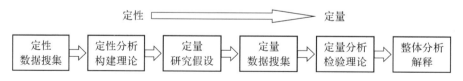

图1.2　混合研究路径

注:改编自约翰·W.克雷斯威尔. 研究设计与写作指导:定性、定量与混合研究的路径[M]. 崔延强,译. 重庆:重庆大学出版社,2007:168.

二、质性研究方法

（一）文献研究法

利用丰富的网络资源和图书馆资源，如中国知网、EBSCO、ScienceDirect、SpringerLink、Emerald、谷歌学术、百度学术等国内外数据资源，广泛收集国内外关于老年旅游、旅游制约等的相关研究资料，对其进行深入研究，吸收国内外前沿理论及最新研究成果。对有关旅游制约的概念、维度结构，老年旅游的相关研究，以及旅游制约的作用机理研究等问题进行深入剖析，厘清本书与现有文献理论观点的继承、完善及拓展关系，并发现在此方面的研究局限与不足。同时，在文献阅读的基础上确定本书的理论基础。

（二）访谈法

访谈法可以提供人们共同的认识、观点、对行为的回忆、态度和情感等方面的数据（阿克塞、奈特，2007）。访谈是非常基本的具有指向性的谈话（Lofland，1995）。具体来说，本书主要采用了深度访谈法，该方法是一种有用的数据搜集方法，一直被各种不同类型的质性研究所采用。对一个已经有相关经验的人进行深度访谈可以对具体问题产生深入的探究，通过与受访者面对面访谈可以收集数据。深度访谈的深刻本质会引发每个研究对象对其经验进行解释（卡麦兹，2009）。本书将对部分 60 周岁及以上的城市老年人进行深度访谈，以获取一手资料，为接下来的质性研究资料分析打下基础。

（三）扎根理论

扎根理论方法包括一些系统而又灵活的准则，让研究者搜集和分析质性数据，并扎根在数据中建构理论（卡麦兹，2009）。社会学家格拉泽（Glaser）和斯特劳斯（Strauss）于 1967 年首先提出扎根理论（Grounded Theory），这是一种从资料中建立理论的质性研究方法，提倡在基于数据的研究中发展理论，而不是从已有的理论中演绎可验证性的假设（卡麦兹，2009）。该方法是带着研究问题从实际观察入手，不受任务、地点和时间的限制，从资料中由下而上地归纳、提炼相关概念与范畴，最终构建出实质理论的一种探索性研究技术（Strauss、Corbin，1990）。Glaser（2001）认为，扎根理论是提出一个自然呈现的、概念化的和互相结合的、由范畴及其特征所组成的行为模式。形成这样一个围绕着一个中心范畴的扎根理论的目标是形成新的概念和理论。现有的关于中国背景下城市老年人旅游制约的研究较少，其结构维度、理论框架等并不清晰。基于此，本研究通过深度访谈，对部分城市老年旅游者进行访谈，搜集一手资料，采用扎根理论对城市老年旅游制约的结构维度、理论框架等基本问题进行探索性研究,构建城市老年人旅游制约结构维度模型和理论框架。

三、定量研究方法

(一)问卷调查法

本书基于扎根理论构建的城市老年旅游制约理论模型和结构维度,依据访谈资料、质性研究结果和相关文献研究设计出城市老年人旅游制约的测量指标和测量维度,开发城市老年人旅游制约的测量量表。主要通过问卷的预调研、两轮正式调研获取量表开发所需的数据,以及旅游制约对旅游参与、制约协商、主观幸福感作用机理的实证研究数据。调查问卷回收后,删除填写不完整和随意填写的无效问卷,将有效问卷编码并统一输入电脑,为后续的数据分析提供准确的数据资料。

(二)数理统计分析法

通过对城市老年人旅游制约的问卷调查,获取研究所需要的样本数据,并对问卷调查的数据采用 SPSS 22.0、Amos 22.0、Mplus 7.0 等统计软件进行信度和效度检验、描述性统计分析、探索性因子分析、二阶验证性因子分析、相关分析、回归分析、路径分析等定量数理统计方法。通过对数据资料的分析,开发城市老年人旅游制约测量量表,确定各变量之间具体的影响关系,验证理论假设模型是否成立,同时对理论模型进行修正和调试,使所构建的模型达到最优化。本书具体数据分析流程和所用方法见图 1.3。

第四节　研究内容与思路

本书将聚焦于前述的研究内容和问题,尝试对城市老年人旅游制约的相关研究问题进行全面系统的分析,阐明老年旅游者的概念和特征,构建城市老年人旅游制约的维度模型和理论框架,开发城市老年人旅游制约测量量表,挖掘不同年龄段城市老年人感知旅游制约的异同,探究城市老年人旅游制约对旅游参与、制约协商、主观幸福感的作用机理,在以上研究的基础上,从旅游企业、老年人、政府管理部门三个视角提出相应的对策与建议,构建老年友好型的旅游服务体系。

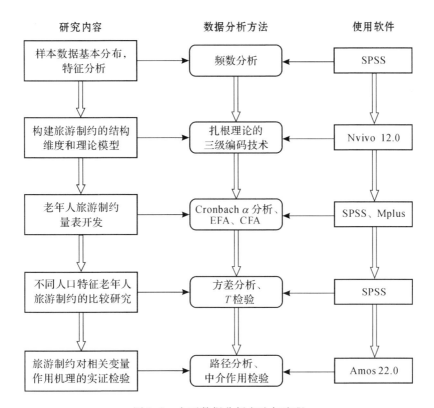

图 1.3　主要数据分析方法与流程

一、研究内容

第一章　绪论。本章首先阐明研究问题提出的实践背景和理论背景,说明具体的研究问题,将要达到什么样的研究目的,具有怎样的理论与实践研究意义。基于此,介绍研究的具体内容和研究所采用的方法,并详细说明研究总体构思和研究技术路线。

第二章　理论基础与文献回顾。一是对本书所采用的成功老龄化理论,选择、优化和补偿理论,活动理论进行梳理,说明本书对所使用理论的具体应用之处。二是在对国内外相关文献研究和分析的基础上,对老年旅游者、老年旅游研究、老年人旅游制约及其影响研究、制约协商、旅游参与、主观幸福感的研究发展历程和研究现状以及研究趋势进行回顾梳理与评述,找出现有研究的不足,厘清本书与现有文献理论观点的继承、完善及拓展关系。在此基础上,为本书的理论构建、研究假设和分析框架奠定理论和文献研究基础。

第三章　城市老年人旅游制约结构维度及内在机理研究。以 60 周岁及以上的城市老年人为研究对象,构建城市老年人旅游制约的结构维度模型和理论框架。主要采用理论抽样的方法选取具有代表性的样本,对他们进行深度访谈,并运用扎根理论对访谈得来的资料进行编码分析。访谈与编码是同时进行的,以访谈获得的资料为基础,运用扎根理论,通过开放式编码、主轴编码和选择性编码三个过程,层层挖掘、归纳总结,最终完成对原始资料自下而上的归纳整理,最终建立城市老年人旅游制约的结构维度模型与理论框架。

第四章　城市老年人旅游制约量表开发。第三章基于扎根理论的探索性研究是从下到上、逐级归纳的过程,而本章则从概念和范畴中分解出问项,是自上而下进行研究,两章的结合恰好是将理论模型中的概念维度与现实中观察到的变量联系起来的过程。以上文得到的城市老年人旅游制约维度模型为基础,同时结合文献分析和访谈资料,设计城市老年人旅游制约的测量量表,通过对城市老年人的两轮问卷调研搜集数据,运用探索性因子分析、一阶和二阶验证性因子分析、区别效度检验等方法开发城市老年人旅游制约的测量量表。

第五章　城市老年人旅游制约作用机理研究。通过理论逻辑推演,构建旅游制约对旅游参与、制约协商、主观幸福感的作用机理模型,在此基础上提出研究假设,分别探究旅游制约对旅游参与、制约协商的影响,制约协商对旅游参与的影响,以及旅游参与对主观幸福感的影响,制约协商和旅游参与的中介作用,深入探究旅游制约对旅游参与、制约协商、主观幸福感的作用机理和各变量之间的内在逻辑关系,使用问卷调研搜集数据,通过对量表进行信度和效度检验,采用定量分析方法进行实证检验,主要有相关分析、中介作用检验和路径分析。

第六章　不同人口特征的城市老年人旅游制约研究。老年旅游群体是一个异质市场,由于其心理与生理特征的不同,不同年龄层的老年人所感知的旅游制约也可能会有所不同。此外,不同受教育程度、职业、收入、性别的老年人旅游制约也会存在差异。基于此,本章将对不同年龄层和不同人口统计学特征的城市老年人旅游制约、制约协商进行更加深入细致的分析,为下文提出更具有针对性的建议与对策奠定基础。

第七章　研究总结与展望。本书始终围绕城市老年人旅游制约的相关问题,构建旅游制约的结构维度模型、开发旅游制约的测量量表,对旅游制约的作用机理进行实证检验。在上述章节研究的基础上,本章主要对相关问题的研究结论进行归纳总结,然后阐明本研究的理论贡献,并从多个视角提出具有针对性的管理建议与解决对策。最后阐明本书可能存在的不足之处,并提出老年旅游制约未来可能的研究方向,为研究者继续深入开展老年旅游相关研究提出具体的意见和建议。

本书的逻辑思路和章节内容安排如图 1.4 所示。

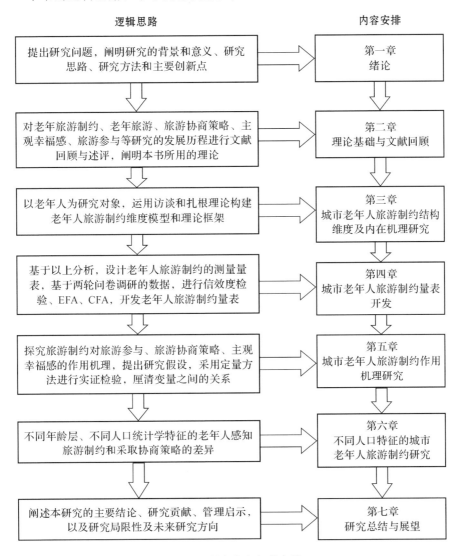

图 1.4　研究内容与章安排

二、研究思路

本书的基本思路是:文献与背景分析—核心概念探讨—实地调研与深度访谈—构建理论模型—量表开发—实证研究—结论分析与对策建议。具体思路与技术路线如图 1.5 所示。

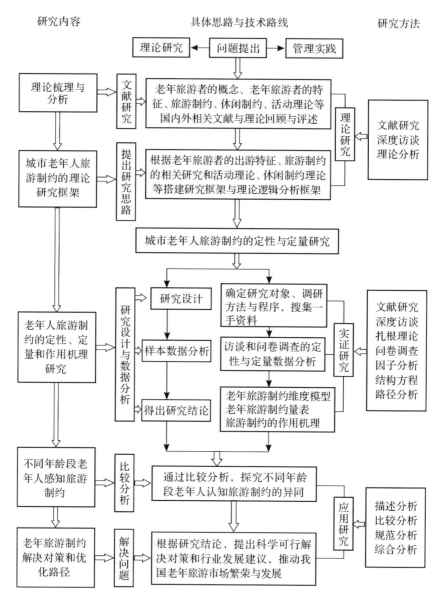

图 1.5　研究具体思路与技术路线

　　第一,进行文献回顾与理论分析,厘清研究的逻辑思路,搭建老年人旅游制约研究的理论框架,确定所使用的研究方法,设计需遵循的研究步骤和流程。

　　第二,根据研究目的和问题,对所选择的 60 周岁及以上的城市老年人开展调研,采用深度访谈搜集数据资料:一是使用扎根理论构建城市老年人旅游制约维度模型;二是基于研究所得到的理论模型,设计城市老年人旅游制约测量量表,通过对城市老年人的两轮问卷调研搜集数据,采用因子分析、信效度分析等定量研究方法开发城市老年人旅游制约的测量量表。

第三,使用研究所开发的量表,实证检验旅游制约对制约协商、旅游参与和主观幸福感的影响。

第四,通过对不同年龄段城市老年人旅游制约、协商策略的比较分析,深入探究不同年龄段城市老年人认知旅游制约的异同、采取协商策略的相同与不同之处。

第五,根据研究结论,针对老年人、旅游企业、相关政府机构等提出相应的建议与对策。

第五节　本章小结

本章主要是对本书的研究背景与问题、研究创新、研究目的和意义、研究方法,以及研究技术路线与逻辑思路等进行了阐述。

第一,探讨了本书选题的实践和理论背景,从社会背景、经济背景、市场背景、政策背景 4 个方面剖析了本书选题的实践依据;基于文献和理论分析了现有研究存在的不足之处,奠定了本书选题的理论依据。

第二,说明了本书尝试研究的五个问题,即城市老年人旅游制约的维度和理论研究框架是什么? 如何测量城市老年人面临的旅游制约? 旅游制约是"如何"和"为何"对旅游参与、制约协商、主观幸福感产生影响? 不同人口特征的城市老年人感知旅游制约和采取的制约协商有何异同? 如何从不同视角提出具有针对性的建议和对策来解决城市老年人面临的旅游制约问题?

第三,论述了本书的三个主要研究目的,即城市老年人旅游制约的结构维度模型和理论框架、量表开发、老年人旅游制约的作用机理和相应的对策与建议。

第四,剖析了本书的理论意义、实践意义,以及研究的可能创新之处。

第五,分别阐述了本书所采用的文献研究法、混合研究路径、访谈法、扎根理论方法、问卷调查法和数理统计分析法。

第六,深入介绍了本书的研究思路、章节内容安排和具体的技术路线。

第二章　理论基础与文献回顾

本章首先对研究所涉及的相关概念,即老年人、老年旅游者、旅游制约进行深入阐述及概念界定;其次,剖析本书所用的理论,主要对成功老龄化理论,活动理论,选择、优化补偿理论进行回顾与说明,阐明这些理论在本书中所起的具体作用和主要使用方法,为本书的研究打下扎实的理论基础;最后,通过文献综述,梳理本研究与现有研究在理论上的继承、完善与拓展关系。具体来说,本章对休闲制约理论、老年旅游者的特点、老年旅游相关研究现状、老年人旅游制约相关研究、制约协商相关研究、旅游参与相关研究、主观幸福感的相关研究进行了文献回顾。在此基础上,分析已有研究存在的不足之处,据此提出本书的主要研究问题和研究方向,此外,也为后续研究奠定基础。

第一节　概念界定

概念界定是研究的起点,本节将对本书所涉及的相关概念进行梳理与辨析,确定其边界,这是开展老年人旅游制约研究的基础。具体的,本节对老年人、老年旅游者、旅游制约的概念进行深入剖析,并做出概念界定。

一、老年人

目前,国外学术界对老年人的定义并没有达成共识,大多是根据自己的研究背景和研究目的做了不同的界定,并使用不同的名词来指代老年人,如seniors、the silent generation、mature 等。目前,我国学界主要有四种界定老年人的指标:自然年龄、生理年龄、心理年龄和社会年龄(应斌,2003)。

一是自然年龄,是指离开母体后一个人在社会上生存的时间。有学者根据自然年龄将老年人分成四个年龄层次,即 55～64 周岁的前期退休者(pre-retiree and early retiree)、65～74 周岁的退休者(retiree)、75～84 周岁的老年退休者(old retiree or mature adult)和 85 周岁及以上的高龄老人(elderly)(Walker,2002),见图 2.1。西方国家一般把 45～64 周岁称为初老期,65～89 周岁称为老年期,90 周岁以上称为老寿期(吴捷,2010)。而在大多数发展中国家,一般规定男子 55 周岁、女子 50 周岁为老年期的起始点。二是生理年龄,根据生理年龄可以将人的一生分为四个时期,分别是生长发育期、成熟期、衰老前期和衰老期,其中 60 周岁被作为衰老期的起始点。因此,生理年龄在 60 周岁以上的人被认为是老年人。三是心理年龄,根据心理年龄将人的一生分为未成熟期、成熟期、衰老期三个时期,心理年龄 60 周岁以上的人被认为是老年人。四是社会年龄,根据一个人在与其他人交往中的角色来确定其社会年龄(应斌,2003)。一般而言,一个人社会地位越高,其社会年龄就越成熟。

图 2.1　老年人分类

资料来源：Walker M C. Marketing to seniors[M]. Bloomington：1st Books Library,2002.

此外,世界卫生组织(WHO)于 2015 年根据现代人的生命状况,对人生的年龄阶段进行新划分:45～59 周岁为中年、60～74 周岁为年轻的老年人、75～89 周岁为老年人、90 周岁以上为长寿老人。也有学者把老年人划分成三个不同的生命阶段,分别是 55～64 周岁的空巢老人(empty nesters)、65～79 周岁的年轻老人(young seniors)、80 周岁及以上的老年人(seniors)(Möller、Weiermair、Wintersberger,2007)。

此外,也有研究把老年人的年龄分为自然年龄、心理年龄和主观年龄。研究表明,老年人通常认为他们比其自然年龄要年轻。Kohlbacher、Chéron(2012)的研究表明,老年人感知的年龄比他们实际的自然年龄平均要低 8 周岁。周刚、曹威、邓小海(2016)的研究表明,多数老年旅游者认为其主观年龄比自然年龄小,具体来说,主观年龄比自然年龄小 5.2 周岁、活动年龄比自然年龄小 6.5 周岁、心理年龄比自然年龄小 3.3 周岁。在任何情况下,当前对"老年"

的认知不再仅仅与一个人的自然年龄有关,因为人们发现它是一个不可靠的消费者行为或一个人身体健康的预测指标(Ruys、Wei,2001)。也就是说,一个人的主观年龄或心理年龄与他们的自然年龄之间存在实质性差异,在解释消费者决策时可能会产生误导(Faranda、Schmidt,2000)。研究表明,主观年龄对老年人的旅游行为有显著影响(感知旅游风险)(Le Serre et al.,2017),这就意味着在旅游市场营销中,使用自然年龄去界定老年人会有一定的弊端,使得我们不能客观了解老年人的真实心理需求。个人感知的主观年龄对老年消费者的消费决策影响可能比自然年龄更大(Moschis、Mathur,2006)。

综上所述,对老年人的界定随社会经济文化、学科以及研究目的不同而有所不同。根据本书的研究目的,本书认为自然年龄在 60 周岁及以上的人为老年人。

二、老年旅游者

目前,关于"老年旅游者"的年龄界定,学术界尚未达成共识,多以不同的研究目的和研究背景做界定,多数研究者都用自然年龄对老年旅游者做出概念界定。国际组织(如联合国)以及在心理学和老年学的相关研究中通常以 60 周岁或 65 周岁作为老年人的最低年龄(Sie、Patterson、Pegg,2016)。在旅游研究的英文文献中,研究者所用的学术名词和年龄界定也不同,如用"older travelers" "mature tourists""elderly tourists""gray nomads""senior tourists"等指代老年旅游者,并根据各自具体的研究问题界定老年旅游者的年龄,如 50 周岁及以上的老年人、60 周岁及以上的老年人、65 周岁及以上的老年人,以及其他年龄更大的老年人。有的研究以 55 周岁作为老年旅游者的最低年龄界限依据(Nimrod、Rotem,2012;Patterson et al.,2011;Alén et al.,2014;Hsu,2000),有的研究以 65 周岁作为老年旅游者的最低年龄界限依据(Woo、Kim、Uysal,2014;Kim、Woo、Uysal,2015)。

针对同一学术名词,学者们也根据自己的研究目的和研究对象,对老年人的最低年龄做了不同划分(Alén et al.,2014;Caber、Albayrak,2014)。Morgan、Pritchard、Sedgley(2015)以 68 周岁以上的老年人为调研对象,探讨了社会旅游对其幸福感的影响。有些学者认为出生在 1946—1964 年的"婴儿潮"一代也已经步入老年阶段,因此也可以被认为是老年旅游者群体中的一部分(Jeon、Hyun,2013;Gardiner et al.,2014;Gardiner、Grace、King,2015)。表 2.1 是在旅游文献研究中根据自然年龄对老年旅游者所使用的不同学术名词和分类。

表 2.1 国内外老年旅游者界定的示例

名称	年龄	来源
older tourists	50＋	Nimrod，Rotem(2012)
gray nomads	55＋	Patterson，Pegg，Litster(2011)
elderly tourists	65＋	Woo，Kim，Uysal(2014)，Kim，Woo，Uysal(2015)
pre-seniors traveler	50～59	Kristian，Sund，Boksberger(2007)
pre-seniors tourists	50～64	Caber，Albayrak(2014)
senior tourists	55＋	Alén et al.(2014)，Losada et al.(2016)
	65＋	Caber，Albayrak(2014)
mature tourists	55＋	Hsu(2000)
senior traveler	55＋	Sangpikul(2008)，Haemoon、Sara、Frederick(2002)、Lee(2016)

国内学者对老年旅游者的年龄界定也不一致，但所使用的研究术语基本一样，都称为"老年旅游者"。有学者以 50 周岁为最低年龄界限(任明丽、李群绩、何建民，2018；张运来、李跃东，2009)，有学者以 55 周岁及以上的老年人为研究对象(赵振斌、赵钧、袁利，2011；周刚、张嘉琦，2015)，有学者以 60 周岁为最低年龄界限(李享等，2014)。在 2016 年 9 月正式实施的《旅行社老年旅游服务规范》中，认为老年旅游者是年龄在 60 周岁以上(含 60 周岁)的老年旅游产品消费者。

2021 年，中国老龄产业协会发布的《中国老年旅游产业发展现状和趋势研究》表明：相比于农村老年人，城市老年人因其经济实力更强[1]；出游意愿更强烈，是目前老年旅游市场的主力军，且具有更高的消费能力[2]。《中国老年旅居康养发展报告》表明：65 周岁以上城市老年游客的每次人均花费 1209.20 元，65 周岁以上农村老年游客每次人均花费为 847.50 元。[3] 因此，本书基于我国的实际社会情境，通过对国内外相关文献的回顾与梳理，结合世界旅游组织对旅游者所下的定义和《旅行社老年旅游服务规范》中对老年旅游者的界定，确定本书

---

[1] https://www.thepaper.cn/newsDetail_forward_10728805? ivk_sa＝1023197a。

[2] https://baijiahao.baidu.com/s? id＝17703905445088764498.wfr＝spider&for＝pc。

[3] https://baijiahao.baidu.com/s? id＝17703905445088764498.wfr＝spider&for＝pc。

中所使用的老年旅游者的概念。基于此,本书研究对象是年龄在 60 周岁及以上的城市老年旅游产品消费者,而老年旅游者是指年龄在 60 周岁及以上的任何一个到他惯常生活环境以外的地方旅行,停留时间在 24 小时以上、一年以内,主要目的不是通过所从事活动从访问地获得报酬的人。

三、旅游制约

旅游制约源于休闲学研究中的休闲制约研究。近年来,学者们将休闲制约理论引入到旅游研究,用来探究不同游客群体的旅游制约因素,以及旅游制约对旅游决策产生的影响,研究的内容有邮轮旅游制约(Hung、Petrick,2010)、老年旅游制约(Huber、Milne、Hyde,2018)、女性旅游制约(Gao、Kerstetter,2016)、出境旅游制约(李享等,2014)等。在界定旅游制约的概念之前,需要对休闲制约的概念进行阐述与说明。

(一)休闲制约

目前,针对休闲制约并没有形成统一的概念界定,学者们从各自的研究目的和研究对象出发进行界定。制约通常被定义为"障碍、阻碍、妨碍、约束、限制,以及其他因素,这些制约因素主要是由个人自身、文化、社会或环境等产生的"(Edginton et al. ,2006),这些制约阻碍着人们获得满意的休闲体验。李经龙(2013)认为,休闲制约是指个体或组织在从事休闲活动过程中遇到的障碍、阻挠或限制,并由此造成人们原本可以参与或追求的休闲娱乐活动无法进行。王玮、黄震方(2006)认为,休闲制约是任何影响主体休闲偏好、休闲决策过程及休闲体验,而导致其无法、不愿意或减少参与休闲活动的因素及其内在制约机制。还有学者认为,休闲制约是指那些造成停止使用休闲服务项目、不能参与新的活动、不能继续保持或者增加参与的频率,或者给休闲体验质量(如:较低的满意度、没有获得期望的休闲益处)造成的负面影响(Nadirova、Jackson,2000)。

(二)休闲制约因素

有学者认为休闲制约因素是限制或妨碍参加休闲活动的质量、期限、强度、频率及其他妨碍享受休闲的因素(李经龙,2013)。休闲活动的制约因素定义为,"任何预先决定或限制个体参与休闲活动频率、强度、持续时间或质量的因素",制约因素可以来自自身、文化、社会以及环境等方面,以及以往的负面体验、工作负担、社会角色障碍等;制约因素通常受人口统计学意义上的变量影响较大(埃廷顿等,2009)。学者指出休闲制约因素研究主要是"分析阻碍人们休闲偏好的形成或限制其参与并享受休闲的因素,而这些因素往往通过研究者假定和/或通过个人感知体验而得出"(杰克逊,2009)。

(三)旅游制约的概念界定

目前,学者们多借用休闲制约的概念,同时结合自己的研究来对旅游制约进行概念界定,因此,旅游制约的概念并没有形成统一的共识,学者们根据自己的理解和研究进行了相应的界定。赵振斌、赵钧、袁利(2011)认为,旅游制约是任何可能对人们旅游活动的参与和决策产生阻碍作用的因素,这些因素有可能导致人们的旅游活动不能进行或使其满意度降低等。Nielsen(2014)认为,旅游制约是影响老年人参与旅游活动的障碍或因素。胡田(2018)认为,旅游制约是指那些抑制旅游意愿,造成无法保持或增加旅游频率、无法外出旅游,或负面影响旅游体验的因素。

通过对休闲制约和旅游制约相关概念的综合分析,本书认为旅游制约是那些造成停止参与旅游活动项目、不能参与新的旅游活动、不能继续保持或者增加参与的频率或者给旅游体验质量(如:较低的满意度、没有获得期望的旅游益处)造成负面影响的障碍和情境。

四、相关概念辨析

(一)制约和障碍的概念辨析

制约(constraint)和障碍(barrier)是不同的,休闲学中,制约是一系列不参加特定行为活动的原因,障碍一词并没有涵盖导致人们不能参与和停止参与休闲活动等行为的所有因素(埃廷顿等,2009)。20世纪80年代早期,休闲学研究者们在探究"休闲制约"时常采用"Leisure Barrier",但是由于"barrier"只是休闲偏好和休闲参与之间的某个方面的制约,不能从整体上涵盖休闲制约的全过程。20世纪80年代末,"Leisure Barrier"一词被"Leisure Constraints"所取代(罗艳菊、申琳琳,2012)。"障碍"通常可以理解成一种结构性的阻碍,也就是那些阻碍物;"制约"是一种限制和影响到行为活动过程及品质的力量,即一个人的行为活动过程会受到一系列身体的、道德的或者是环境的限制(爱丁顿,2009)。制约包括障碍物(obstacle)、限定(limitations)、妨碍(impediment)、限制(restriction)以及其他横亘在个体面前的自身因素或文化、社会以及环境因素,这些制约因素影响人们获得满意的休闲体验(埃廷顿等,2009)。

由上可知,休闲制约与休闲障碍是有区别的两个概念,前者是指一种限制和影响到休闲行为活动过程及品质的力量,这就意味着一个人的休闲行为活动受到一系列身体的、道德的或者是环境的限制；后者通常可以理解为一种结构性的休闲阻碍（郭鲁芳，2011）。因此，旅游制约和旅游障碍是有区别的两个概念，本书只对旅游制约进行探究。

（二）制约和制约因素的概念辨析

根据《现代汉语词典》的解释，制约是指一事物本身的存在和变化以另一事物的存在和变化为条件，即甲事物对乙事物的发展起管制、约束作用，但这种管制或者约束不等于让该事物停止。根据《现代农村经济辞典》的释义，制约因素是指经济发展过程中的约束或限制条件，主要包括经济因素和非经济因素两类。从字面意思来看，制约因素就是阻碍或限制事物发展、变化的条件或者客观事物，比如一个人想外出旅游，但是资金不足，则资金就是外出旅游的制约因素。综上可知，制约不仅包括制约因素，而且还含有一种内在的作用过程或者机理。因此，制约和制约因素是两个不同的概念。本书使用旅游制约的概念，不仅考虑到影响老年人外出旅游的具体因素，而且还考虑到旅游制约的内在作用机理和过程，以期对老年人旅游制约进行深入细致的剖析。

第二节　理论基础

理论是研究问题的基础，根据本书的研究问题，主要采用成功老龄化理论，选择、优化补偿理论，活动理论作为研究的理论依据。接下来，将对这三个理论的内涵进行深入阐释，并说明本书对这三个理论的应用。

一、成功老龄化理论

成功老龄化理论（Successful Aging Theory）最早源于20世纪40年代出现的老年社会适应性研究（Torres，2006）。在已有的研究中，Rowe、Kahn（1987）把成功老龄化界定为：在内在心理和外在社会因素对个体衰老过程的有益影响下，老年人的身体、心理等各方面机能很少下降，从而使他们的身心保持健康，进一步激发他们的生命活力，并通过社会参与更好地实现自我发展。"成功老龄化"是个体在老龄过程中成功调适的过程，体现的是老年人的发展意识，其中包括延长退休时间、退休后继续参与社会活动。老年人继续参与社会活动，既解决了精神寄托问题，又释放了老年人的正能量。Bowling（2007）通过对现有数据的分析得出结论，认为成功的老龄化包括五个重要方面：社会功能（如社会参与、参与和活动,以及与他人的积极关系)、生活满意度(包括良好的情绪和生活质量)、心理资源(包括创造力、自主性、应对能力、具有目标和自尊)、生物医学状况(包括寿命、活跃的生活、更少的慢性病、高认知和精神水平)和对成功老龄化的主观感知(此处标准由老年人自己确定)。应尽可能地给予老年人参与社会活动的机会,参与各类活动的机会越多,老年人的内在潜能就越可能被激发(穆光宗,2016),其生活满意度越高、身体越健康,愈能实现成功老龄化。事实上,随着社会福利保障水平的越来越高,更多的老年人将不再为衣食住行等基本生活需求而担忧,老年人将进一步渴望能满足精神需求和实现自我价值。而旅游活动作为一种特殊的社会活动,参与其中老年人的精神需求、心理需求得到满足,实现成功老龄化具有重要作用。

二、活动理论

活动理论(Activity Theory)认为,社会活动是生活的基础和核心,如果人们想要更顺利地进入老年阶段,就要保持参与足够多的社会活动,各类活动能帮助人们保持对自我形象和自我鉴定的积极看法,赋予生活更多的意义,获得更多的幸福感和满足感。哈维格斯特(Havighurst)在 1961 年介绍活动理论时,提出老年人的幸福感是由高度参与社会活动和休闲活动所产生的。活动理论的核心是参与有意义的活动和生活满意度之间的关系(杰克逊,2009)。个体进入老年过程的顺利程度取决于参与社会活动的积极程度。老年人只有参与足够多的社会活动才能保持与社会的持续互动,以尽可能缩小自身与社会的距离,从而获得令自己感到满意的老年生活方式。老年人应尽量保持年轻时的生活方式以弱化老年给自身造成的消极影响,并积极参与力所能及的各类社会活动,才能保持个体生命活力,赢得社会的尊重。通常来说,与那些不参加社会活动、不扮演新社会角色的老年人相比,参加社会活动比较多并且积极适应和扮演退休之后新社会角色的老年人拥有更高的心理健康水平、满意度。老年人不参与或较少参与社会活动和社会交往,会让其对自我形象、自我身份和自身价值的认知比较模糊。因此,基于活动理论,处在老年期的老年人也应该积极地参加社会活动和社会交往,与他人进行更多的社会互动,这不仅可以提高他们的心理健康水平,还能让其精神生活更加充实(Lemon、Bengtson、Peterson,1972)。许多娱乐活动、休闲活动、旅游活动、老年大学和各类老年中心举办的各种学习班都体现出明显的活动性特点。

与其他年龄群体相比,老年人的心理环境更复杂。老年人退休后会有大量的闲暇时间,但也没有了之前以工作和家庭为重心的规律生活。由于没有了工作时的忙碌,以及生活方式的改变,很多老年人一时难以适应角色的转变,在一定程度上感受到孤独和寂寞。旅游业作为幸福产业,在提高人们的幸福感方面具有重要作用,通过多种途径和方式营造老年友好型的旅游环境,让老年人能积极的参与到旅游活动中,避免其因社会角色转变而产生消极情绪,进而提升他们的生活满意度和幸福感。

活动理论也支持传统的制约视角和方法。一个制约因素不是抑制就是防止用其他活动来替代丧失的活动或者角色。制约可能不仅影响活动的参与,而且还影响心理健康。活动理论认为,制约不仅是与年龄因素相关(如身体机能的下降),也与社会结构的多种因素相关,例如其他群体对老年人的年龄歧视和负面偏见。在活动理论中,诸如金钱、时间、健康和设施的制约也是存在的(杰克逊,2009),这些因素也会限制活动的参与。

三、选择、优化补偿理论

选择、优化补偿理论(The Model of Selection,Optimization,and Compensation,SOC)是由 Baltes、Carstensen(1996)提出的,以反映晚年继续成长所需要的一个过程。从这个观点出发,个人要追求利益的最大化和损失的最小化。成功老龄化被定义为利益最大化和损失最小化,这主要是通过选择、优化和补偿三种机制的相互作用来实现的。选择是缩小可能活动范围的过程,选择可能和避免整个领域的活动一样广泛,也可以是有限参与一个单独范围中的活动,结果是个人能够将精力和努力集中到较少的活动中去。优化是允许个人最高水平地利用剩余的能力,在有限的活动范围内优化地参与。优化可能包括集中注意力,坚持朝着目标不断努力、练习技能、获得新的资源或技能、花费更多的时间或努力去参与一项具体的活动。补偿是修改活动和技能,使它们符合目标要求的过程,补偿可以通过外部的帮助、加倍的努力等实现。在 SOC 中,制约不仅干涉选择、优化和补偿之后活动的参与和选择能力,还是成功老龄化中的积极因素,因为它迫使个人启动成功老龄化所需要的 SOC 过程。制约是 SOC 的催化剂,使得个人会缩小预期的生活范围(杰克逊,2009)。该理论在一定程度上解释了旅游制约协商策略的选择与采用。

第三节　文献回顾

本节将对与研究问题和主题相关的文献进行较为全面、系统和深入的回顾、梳理与述评,厘清现有研究内容和存在的不足之处,以及本书对已有研究内容的继承与发展。一是对休闲制约进行深入的回顾与分析,主要对休闲制约维度、休闲制约等级模型、休闲制约等级/协商模型、休闲制约的影响进行梳理与阐释。二是对老年旅游相关研究进行深入剖析,明晰老年旅游的研究现状,具体来说,主要对老年人旅游特征、老年旅游者市场细分、消费决策行为与偏好、老年人旅游目的地选择、旅游对老年人产生的影响、信息技术使用行为等方面进行阐述。三是对老年人旅游制约的相关研究进行梳理与回顾,尤其对中国老年人旅游制约的相关研究进行了深入的阐述与剖析。四是对旅游制约测量、制约协商、主观幸福感等变量的相关研究进行了回顾。五是在以上文献回顾的基础上,对文献进行了述评,明晰老年旅游的研究现状,构建了老年旅游研究的知识体系框架,剖析了本书对现有理论的借鉴,以及老年人旅游制约研究存在的不足之处。

一、休闲制约

休闲制约是指那些造成停止使用休闲服务项目、不能参与新的活动、不能继续保持或者增加参与的频率,或者给休闲体验质量(如:较低的满意度、没有获得期望的休闲益处)造成负面影响的情境或条件(Nadirova、Jackson,2000)。休闲制约理论认为,在参与休闲活动的过程中,各种类型的制约会影响个体参与的效果和程度,无法使人们在参与休闲活动的过程中获得满意的体验,甚至会因为制约的存在而不能参与休闲活动。在休闲制约理论的研究中,主要以Crawford、Godbey(1987)和 Crawford、Jackson、Godbey(1991)提出的理论为代表,他们的理论受到普遍认同并成为指导理论与实证研究、推动休闲学科向纵深发展的重要理论基石(施林颖、林岚、邱妍,2014;Woo、Kim、Uysal,2014)。

(一)休闲制约维度

1. 二维度休闲制约

按制约发生在休闲活动之前或者进行之中,分为前置性制约(Antecedent Constraints)和干涉性制约(Intervening Constraints)两个大的维度(Hultsman、

1995)。前置性制约维度影响人们对某些活动的偏好喜爱,发生在休闲活动之前,包括个人的休闲信念、社会性的强制、对休闲机会和活动方面的信息知识不完整了解、个人对休闲权利的观点以及社会性别角色等。干涉性制约是指影响个体由倾向于选择某一种休闲活动向实际参与过渡发展的因素,发生在休闲活动选择与实际参与决策之间,主要包括个体消费能力、娱乐休闲设施的可用性、设施安全性以及活动持续时间等(埃廷顿,2009)。在干涉性制约方面,经过学者们的研究,总结出了一系列与休闲制约有关的指标。特别是 Hultsman (1995)针对干涉性制约总结了六个小的维度,分别是可接近性、社会隔绝、个人原因、花费、时间保证和设施装备(见表 2.2)。

表 2.2　六个可识别制约维度

维度	制约
可接近性	交通费用高
	缺少交通方式
	没有机会参加家附近的活动
社会隔绝	缺乏可参加休闲活动的信息
	较难找到其他人一起参加休闲活动
个人原因	缺乏必要的技能
	身体不允许参加
	需要较强的自律
	缺少参加休闲活动的精力
	没有兴趣参加休闲活动
花费	参与休闲活动需要的装备、材料和供给用品花费高
	入场费、租金以及其他设施设备或项目的收费高
时间保证	工作时间长
	家庭时间占比大
	由于参加其他休闲活动而没有时间
设施装备	设施设备或场所供应不足、人满为患
	设施设备或场所缺乏维修保养

资料来源:Hultsman W. Recognizing patterns of leisure constraints:An extension of the exploration of dimensionality[J]. Journal of Leisure Research,1995,27(3):228-244.

具体来说：一是可接近性主要包括人们前往休闲活动场所是否方便，到达休闲场所需要支付的交通费用，以及有没有机会参加家附近的活动。如果距离较远或需要支付的交通费用较高，将会阻碍人们参加休闲活动。二是社会隔绝主要包括缺乏参加休闲活动信息，以及较难找到其他人一起参加休闲活动。三是个人原因主要是指缺乏参与某项休闲活动的必要技能、需要很强的自律、身体健康不允许参加、体力和精力有限、缺少参与休闲活动的兴趣。四是花费主要涉及参与休闲活动所需要的装备、材料和供给用品，以及入场费、租金、其他设施设备或项目的收费。五是时间保证主要是指参与休闲活动需要一定的时间保证，如果没有足够的休闲时间，许多休闲活动都不可能进行。而一个人的休闲时间与其工作负担、家庭负担有关。如果工作负担重，经常加班；或者家庭事务需要花费很多时间，人们就很难有足够的闲暇时间参与休闲活动。此外，参与另外的休闲活动也会在一定程度上制约人们参与其他的休闲活动。六是设施装备主要是指参与某项休闲活动的人过多，设施设备或场所供应不足、人满为患，以及设施设备或场所缺乏维修保养影响使用，这些都将制约人们参与休闲活动。

2. 三维度休闲制约

Crawford、Godbey(1987)在研究家庭休闲制约时，提出休闲制约主要包括个人内在制约、人际制约和结构性制约三个维度。其中，个人内在制约涉及个人的心理状态，这些心理状态与休闲偏好相互作用，对参与产生影响，主要是指个体参与休闲活动的主观态度与动机，包括个人的情绪、身体健康状况、宗教、亲属和非亲属等参考群体的态度、对休闲活动的主观认识等的内在品质（如情绪状态、个人能力、知识、技能、兴趣等），以及对各种休闲活动的适当性和可用性的主观评价，会影响个人的休闲偏好（见图 2.2）。

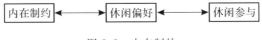

图 2.2 内在制约

资料来源：Crawford D W，Godbey G. Reconceptualizing barriers to family leisure [J]. Leisure Sciences，1987，9(1)：119-127.

人际制约是人际交往或个体特征之间关系的结果，指休闲活动参与者受到身边朋友、亲戚或同事等人群的影响或没有上述人员的陪同而造成的制约状态，这种制约可能是由于亲戚、朋友与个体的休闲偏好不同，或其他人不愿意一起（如缺乏同伴、异性的态度、缺乏家人的支持等）等，被认为是外部因素，其形成于人际交往中,这类制约可能同时对同伴休闲活动的偏好以及随后的参与产生影响(见图 2.3)。如一个人找不到合适的伴侣参与某项特定活动,他可能会遇到人际休闲制约。这类制约因素随着生命阶段的改变而发生变化,取决于其他因素,如婚姻状况、家庭规模和活动类型(Nyaupane、Mccabe、Andereck,2008)。

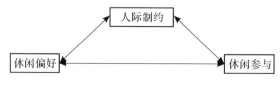

图 2.3 人际制约

资料来源:Crawford D W. Godbey G. Reconceptualizing barriers to family leisure
[J]. Leisure Sciences,1987,9(1):119-127.

结构性制约是指作为休闲偏好和参与之间的干预因素,是影响个体休闲活动选择、行为与态度的客观制约因素,包括:社会结构制约,主要指社会上可供使用的休闲设施不足、地域经济发展交叉导致可参与的休闲活动种类较少;个人结构制约,如可支配资金、工作时间安排、家庭生命周期阶段、季节、气候、机会的可用性(以及对这种可用性的了解)、关于某些活动适当性的参考群体态度,以及有无代步工具等客观现实引起的制约现象,往往介于休闲偏好和休闲参与之间(林岚、施林颖,2012;施林颖、林岚、邱妍等,2014;Crawford、Godbey,1987;Crawford、Jackson、Godbey,1991)(见图 2.4)。

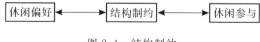

图 2.4 结构制约

资料来源:Crawford D W, Godbey G. Reconceptualizing barriers to family leisure
[J]. Leisure Sciences,1987,9(1):119-127.

两个截然不同但相互关联的主题总结了 Crawford、Godbey(1987)对休闲制约的贡献。Crawford、Jackson、Godbey(1991)认为,一是制约的作用机理只能在偏好—参与关系的广泛背景下理解;二是与普遍的假设相反,制约不仅通过干预活动的偏好和在参与活动("结构性"障碍)中起作用,而且还通过其他两种重要方式,即它们对偏好的影响以及它们对偏好和参与的影响(Crawford、Jackson、Godbey,1991)。此外,Crawford、Godbey(1987)进一步指出,上述休闲制约分类方法主要从休闲主体、主体相关者、客观环境三个方面诠释了引发休闲制约的原因。自提出之后,该理论就被研究者认同和广泛使用,并作为理论模型构建的基础,根据不同研究需要进行变化使用。

(二)休闲制约等级模型

在对休闲制约维度进行分类研究的基础上,Crawford、Jackson、Godbey
(1991)进一步提出休闲制约维度序列等级模型(见图2.5),他们指出个人内在
制约、人际制约和结构性制约三个维度并非相互独立,而是具有一定的内在等
级制层级关系,该模型认为休闲制约的发展过程是遵循个人内在制约—人际制
约—结构性制约的等级流程,即休闲活动参与者若想克服制约因素,首先,个体
得有积极参与休闲活动的态度和心理期望,克服自身的内在制约,就会形成休
闲偏好,之后才能到达人际制约。其次,分析使自身不想参与休闲的人际制约
因素并予以修正,才能面对下一阶段的结构性制约。最后,再排除社会结构与
个人结构问题,如金钱来源、能够获得的时间和机会等,成功进行休闲活动。其
中,个人内在制约是直接影响休闲参与的最重要因素,其次分别为人际制约和
结构性制约(Crawford、Jackson、Godbey,1991;Samdahl、Jekubovich,1997)。
该模型把休闲参与行为作为一个有等级、动态的变化过程来研究,拓展了研究
视角。Crawford、Jackson、Godbey(1991)还提出三个论题,一是休闲参与在很
大程度上取决于对通过顺序排列的多种因素的协调和谈判的过程;二是制约的
顺序表示重要性的层次结构;三是社会阶层对休闲参与和非参与的影响可能比
目前公认的更大,也就是说,制约经验与社会特权的等级有关。

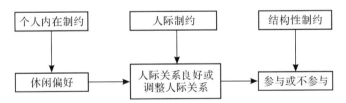

图 2.5 休闲制约等级模型

资料来源:Crawford D W, Jackson E L, Godbey G. A hierarchical model of leisure
constraints [J]. Leisure Sciences,1991,(13):309-320.

(三)休闲制约等级/协商模型

休闲制约并非静止的、不能逾越的。休闲制约的影响程度需要通过协商来
解决。虽然遭遇制约,人们还是能设法参与并享受休闲体验,即使这种参与和
享受与不受制约时的情况是不同的。人们参与休闲活动并非取决于制约因素
的有无,而在于同这些因素进行协商,协商的结果往往是对人们现实休闲路径
的修改,并非取消。另外,制约的强弱并不是它本身的强弱,还包括对制约进行

协商的意愿及对协商能力的预期。休闲制约等级/协商模型可以看作是一个改良了的休闲制约等级模型。从制约维度的序列等级角度来看,结构性制约维度是影响休闲行为最次要的维度。个体人际制约维度更为直接,因而也可能是影响休闲更重要的维度。人们可以通过协商来解决这些有等级关系的制约维度。图2.6的休闲制约等级/协商模型反映了这个过程,具体来说,个人内在制约和休闲动机共同影响休闲偏好,而人际制约和结构性制约在休闲实现过程中对其产生影响,最终共同作用于休闲的参与过程。当休闲动机远远高于个人内在制约时,个人内在制约就可以被克服,从而产生强烈的休闲偏好。强烈的休闲偏好能促使人们克服各种困难,包括人际交往方面的和结构方面的,最终实现休闲目的。

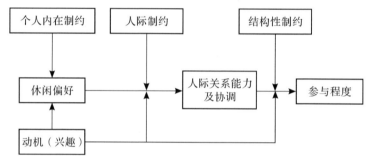

图 2.6 休闲制约等级/协商模型

资料来源:Jackson E L, Crawford D W, Godbey G. Negotiation of leisure constraints [J]. Leisure Sciences, 1993, 15(1): 1-11.

Jackson、Crawford、Godbey(1993)总结了协商论题,并提出六条特别建议。一是制约因素并不能决定人们的休闲活动参与行为(尽管对某些人来说可能是决定性制约因素),而是取决于个体与所面临制约进行的协商,这样的制约协商常常是修改休闲活动的选择而不是取消参与休闲活动;二是人们报告的制约变化不仅可以被看作是对制约体验的变化,也可以看作是对这些制约维度成功协商的变化;三是缺乏改变当前休闲行为的愿望,可以部分通过事先成功的结构制约协商来解释;四是对一个或多个不可克服的人际或结构制约的预期可能抑制参与的愿望;五是预期不仅包括对制约的存在或强度的预期,还包括对协商能力的预期;六是协商过程的启动和结果都取决于参与活动的相对强度和相互作用,以及参与活动的制约和参与动机。

(四)休闲制约的影响

休闲制约理论认为,在参与休闲活动的过程中,一方面,制约会影响个体参与休闲活动的程度、参与的效果,进而影响其参与休闲活动的体验;另一方面,个体会因为休闲制约甚至失去参与休闲活动的机会。但学者提出,虽然存在制约因素,人们不会因为自己遇到的制约而轻易放弃休闲参与的意愿,而是会采取多种策略来克服休闲制约(Jackson,1993;Jackson、Crawford Godbey,1993),人们会采取不同的协商(Negotiation)策略来达到休闲参与的目的(Lyu、Oh、Lee,2013)。休闲制约协商(Negotiation of Leisure Constraints)是指人们单独或集体地使用改善或减轻制约的策略(Jackson,2005)。Jackson(1993)提出消除休闲参与的制约因素取决于个人休闲制约协商的能力,个人休闲动机越强,休闲制约协商的成功率越大。

Hubbard、Mannell(2001)进一步拓展了休闲制约协商模型,通过建立休闲动机、休闲制约、休闲制约协商和休闲参与之间的关系,构建了休闲制约作用缓冲模型,该模型是基于这一假设,即与制约因素的冲突会触发更大的努力来采取制约协商或使用协商资源,即制约会正向影响协商策略,虽然制约仍然会负向影响参与,但触发的协商努力可以完全抵消或减轻这些负面影响,或者至少在一定程度上减少制约的影响程度,因此,协商策略正向影响参与,在这个模型中,动机不仅直接正向影响参与,而且通过对协商的正向影响间接影响参与;此外,协商策略在休闲制约和休闲参与、休闲动机和休闲参与的关系中具有部分中介作用,以此来预测休闲行为的发生与否。戈登·沃克、梁海东(2012)基于先前的研究,构建了"综合休闲参与理论框架",在该框架中也提出协商策略在休闲制约和休闲参与意向、实际休闲参与之间有部分中介作用,同时休闲意向也会对实际参与产生影响。

二、老年旅游相关研究

(一)老年人旅游特征研究

一方面,老年人存在年龄的增长、身体健康水平的下降、心理变化等因素;另一方面,多数老年人已经退休,与年轻人相比,有较多的闲暇时间和较强的经济能力。这使得他们在选择旅游产品、旅游行为特征等方面具有不同之处。

1. 经济特征

与之前老年人相比,而今的老年人拥有更多的闲暇时间、金钱,以及更强的旅游欲望(赵振斌、赵钧、袁利,2011;Baloglu、Shoemaker,2001;Huang、Tsai,2003)和更高的教育水平(Vigolo,2017),他们中的许多人都有团体旅行和单独旅行的经历,并且是为了享乐外出旅行(Hayslip、Hicks-Patrick、Panek,2007)。

退休老年人更偏爱外出旅游(Statts、Pierfelice,2003),且出游时间更为灵活和自由,尤其喜欢在旅游淡季出游(Tiago et al.,2016),这不仅能够消除旅游淡旺季带来的弊端,还可以增加旅游市场的淡季收入(Soocheong、Chi-Mei,2006)。就外出旅游所需具备的条件而言,如时间、金钱及旅游意愿,老年人是最能满足外出旅游条件的群体(马桂顺、龙江智、李恒云,2012)。研究表明,与年轻人相比,他们更富有、经历更丰富,而且有更多的闲暇时间、更少的家庭和社会约束(Martin、Preston,1994),更倾向于加入组织完善的旅游活动(Alén、Nieves、Trinidad,2017)。在旅游和游憩市场中,老年人比年轻人多贡献40%的市场份额(Joanna,2006)。

根据《中国中老年人旅游消费行为研究报告 2016》,就退休状态而言,处于已退休状态的中老年旅游者占比57%,24%的中老年旅游者仍然在职,处于半退休状态的中老年旅游者占比12%,退休后重新开始工作的占比7%;在收入结构方面,31.3%的高收入中老年旅游者月收入超过7000元,57.8%的中老年旅游者月收入5000元以上。在出游时间节点的选择上,节假日期间出游的中老年旅游者占比不足20%,表示"随时可出游"的中老年旅游者超过80%。[①]

2. 旅游行为特征

中老年游客是特殊的,因为在这个人生阶段,他们的身体状况和社会角色都在发生变化(Chen、Shoemaker,2014)。由此,他们的旅游行为也可能具有独特之处。中国社会科学院旅游研究中心根据原国家旅游局 2016 年"中国国民旅游休闲状况调查"的数据,提取其中 638 位 65 周岁以上老年人的旅游调查数据,分析结果表明:老年人由于退休在家或子女独立的原因,除去身体条件的限制,外出旅游的愿望与倾向较为强烈;有 49.1%的老年人每年外出旅游2~3次,38.4%的老年人每年外出旅游 1 次,而出游 4 次以上的占比12.5%;老年人旅游消费在 1 万元以上的占比 31.8%,5000~10000 元占比 25.3%,3000~5000 元占比21.8%。[②] 与其他旅游群体相比,老年人外出旅游的次数更多、游览行程更长(Vigolo,2017)。携程发布《2023 银发人群出游行为洞察》表明:老年人出游意愿更强烈、消费均价上涨、更喜欢跟团游。[③]《中国中老年人旅游消费行为研究报告 2016》也得出了类似的结论,就单次出游天数而言,对行程天数无明确偏好的中老年旅游者占比 23%,单次出游天数为 4~7 天的中老年旅游

---

① http://www.sohu.com/a/119019303_537105。

② https://www.fjshuchi.com/news/jdmdjjjmju998bh.html。

③ https://new.qq.com/rain/a/20231020A0ALPM00。

者占比 38%,单次出游行程在 8 天及以上的中老年旅游者占比 33%。而由携程发布的《2016 中国老年游市场报告》可知,中国老年人每年平均外出旅游 4 次,单次人均消费 4000 元。① 由此可知,老年人才真正是"有钱有闲"、最有资格"说走就走"的一族。

3. 旅游消费行为特征

老年人更倾向于购买包价旅游产品出游(Vigolo,2017),2011 年欧洲统计局的数据表明,老年人旅游花费中的 38% 用于购买包价旅游产品(Eurostat, 2012)。然而,也有调查表明,老年旅游者更倾向于自主的规划和管理行程,并不经常选择全包价旅游产品,喜欢独立组织他们的度假旅行(AGE Platform Europe,2015)。2015 年携程发布的《老年自由行市场报告》显示,越来越多的老年人喜欢自由行,他们更倾向于自己选择合适的旅游线路和旅游目的地,而不完全依赖子女或者旅游团。社科院旅游研究中心的数据分析结果还表明,交通与餐饮是老年群体旅游花费占比最重要的两个项目,其次是购物与住宿。② 在购物方面,老年群体也与年轻群体不同,《中国中老年人旅游消费行为研究报告 2016》表明,仅有 9.6% 的中老年旅游者表示从不购物,而在出游途中有过购物经历的中老年旅游者占比 90.4%;中老年旅游者最常购买的旅游商品是土特产、特色手工艺品等。此外,老年旅游者在旅游产品需求方面也有独特性,产品设计要符合其身心特征,如宽松的游览线路、安全舒适的交通工具、良好的医疗服务保障(吴巧红,2015)。

4. 不同年龄段老年人的旅游特征

老年旅游市场是一个异质市场(heterogeneity)(Sudbury、Simcock,2009),不同年龄段的老年人也具有不同的身体特征、经济特征和旅游特征,如表 2.3 所示。Möller、Weiermair、Wintersberger(2007)将老年人划分成三个不同的年龄层次,分别是 55～64 周岁的空巢老人(empty nesters),这一阶段的老年人处于空巢期,身体健康状况好,有足够的资金满足消费需要;65～79 周岁的年轻老人(young seniors)已经进入退休期,时间充裕,使用积蓄来应付日常的消费;80 周岁及以上老年人(seniors)的身体健康状况可能正在下降,对医疗保健或养老院的需求在增加。在旅游特征方面,空巢老人倾向于短途旅行,但旅行更加频繁(Collins、Tisdell,2002)。年轻老人在身体条件允许的情况下会选择旅行,并且愿意在高质量的商品和服务上花费更多的钱(Collins、Tisdell,2002;Lawson,

---

① http://tech.ifeng.com/a/20160907/44448161_0.shtml。

② https://www.fjshuchi.com/news/jdmdjjjmju998bh.html。

1991)。80 周岁及以上的老年人很少旅游或几乎不外出旅游,他们更喜欢在家庭周围的目的地游玩(Lawson,1991)。

表 2.3 不同阶段老年人旅游特征

生命阶段	年龄段	老年人特点	旅游特征
空巢老人 (empty nesters)	55~64 周岁	这一阶段的老人仍然在工作,但是他们的孩子已经离家出走,不再依赖父母;没有孩子的群体也包括在这个年龄组中。他们没有多少金融债务,有足够的资金满足他们的需要。由于收入相对较高且稳定,可以负担起奢侈品购买	他们倾向于短途旅行,但旅行更加频繁(Collins、Tisdell,2002)
年轻老人 (young seniors)	65~79 周岁	这一阶段的许多人已经退休,成为时间富裕的群体,他们用过去的积蓄来应付目前的开支	这一群体的健康意识很高,如果没有严重的健康问题,他们会选择旅行,并在高质量的商品和服务上花费更多(Collins、Tisdell, 2002;Lawson,1991)
老年人 (seniors)	80 周岁及以上	这一阶段的老年人都处于退休后期,他们健康状况可能正在下降,对医疗保健或养老院的需求在增加	这一阶段的老年人很少旅游或几乎不外出旅游,他们更喜欢家庭周围的目的地(Lawson,1991)

资料来源:Möller C,Weiermair K,Wintersberger E. The changing travel behaviour of Austria's ageing population and its impact on tourism[J]. Tourism Review,2007,62(3/4): 15-20.

Vigolo(2017)的研究认为,老年旅游者的行为具有以下变化趋势:一是家庭组成的变化(即从传统的大的"水平家庭"转移到垂直的"代际家庭")正在改变老年旅行同伴的组成;二是独居的老人越来越多,意味着单人旅行会越来越多;三是信息和通信技术在老年人中的应用增强了他们自主组织旅行的可能性;四是人口老龄化使得在旅游情境中需要增强医疗保健;五是由于年龄增长造成行动不便,这就需要供应商针对老年人群体重新考虑服务设计和员工培训,尤其是在交通和接待方面。其他学者也指出,现有的研究需要从享乐服务和商业服务扩展到专门为老年人设计的新服务(Pizam,2014)。

(二)老年旅游者市场细分研究

许多学者的研究表明,老年旅游市场是个异质市场,对其进行市场细分是非常有必要的(Sangpikul,2008a)。学者们根据自己的研究目的,从不同角度对老年群体进行了市场划分。You、O'Leary(2000)基于老年人最近一次参与的旅游活动,确定了三个老年游客群体,"超级活跃的旅行者""传统的大众旅行者"和"惰性旅行者"。Nimrod、Rotem(2010)根据老年人在目的地参加活动的类型,把老年旅游者细分为城市型旅游者、精神享受型旅游者、学习型旅游者和娱乐型旅游者;并且在目的地活动中,不同的老年游客细分市场之间存在显著不同。Lehto、O'Leary、Lee(2001)根据老年人的旅行偏好把其分为三个不同的细分市场,"独立的生态游客""热情的女性体验者"和"有预算意识的放松寻求者"。Boksberger、Laesser(2009)把老年旅游者分为令人尊敬的生活达人、复古旅游者、头发花白的探险家。Ward(2014)基于推力和拉力动机,把老年旅游者分为逃离者、文化探险者、精神旅行者、热情的旅游者四个市场群体。Tiago 等(2016)的研究结果也说明老年群体是个异质市场,可进一步细分为宅男、探险者、度假者和生活者四个子群体市场,每个细分市场群体在旅游偏好、旅游动机、旅游消费特征等方面存在显著不同。周刚、张嘉琦(2015)基于旅游动机将老年人划分为四种不同类型的旅游者:健康疗养型、需求多样型、文化休闲型、精神追求型。

González 等(2009)基于老年人的认知年龄将老年旅游者划分为积极活跃的旅游者和稳定被动的旅游者。也有学者从健康的视角将老年旅游者分为三种类型。健康乐观主义者,那些真正健康的人和那些认为自己健康的人,他们充满精力和热情去追求国内和国际的旅行生涯;旅行接受者,那些先前有健康并发症的人和那些认为自己健康状况不佳的人,他们在制订旅行计划决策过程中直接受健康状况的影响;护理者,那些消费模式受损的人,通常是由于需要非正式照顾他人(家人和朋友)而受损;他们的假期可能会减少,通常由于环境制约而进行国内旅游,但这不是自己选择造成的(Hunter-Jones、Blackburn,2007)。

Vigolo(2017)通过对现有关于老年旅游市场细分文献的梳理与总结,提出了老年旅游市场细分方法的综合分析框架,主要根据先验和后验细分方法对这一群体进行市场划分(见图 2.7)。文献中的先验细分方法主要是基于社会人口统计学变量,包括年龄、代际或同辈、性别、原籍国和职业等因素,以及旅游对生活质量的重要性、旅游类型。旅游组织通常使用先验的细分方法作为解决某些旅游细分问题的手段。在后验市场细分研究中,主要使用消费心理、老年人画像和活动行为等变量。消费心理变量主要包括生活方式、价值取向、旅游偏好、主观年龄、旅游动机、旅游制约等;老年人画像主要包括社会、心理和生物物理学变量;活动行为变量主要包括使用信息来源、目的地的活动、使用信息沟通技术。

在回顾以往旅游研究中的老年旅游者市场细分方法时,Dolničar(2004)进一步将先验和后验分类如下:一是根据纯常识进行市场细分,即基于现有知识的先验市场细分,其中旅游特征与分组游客相关;二是基于后验分析的纯数据驱动市场细分;三是先进行先验细分,再进行后验细分;四是两轮先验分割,其中游客在后续两个步骤中根据概念标准进行分类。

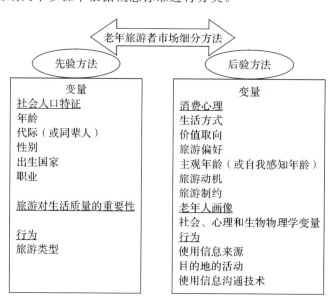

图 2.7 老年旅游者市场细分方法分类

资料来源:Vigolo V. Older tourist behavior and marketing tools [M]. Springer International Publishing AG,2017:80.

(三)老年旅游动机研究

目前,众多国内外学者对老年人的旅游动机进行了深入探究,这个领域的文献相对较多,研究也较为成熟,是近年来学者们关注的老年旅游研究热门领域之一。通过相关研究梳理与总结,表明:基于推拉理论,老年人的旅游拉力动机是目的地要有良好的服务设施、丰富多样的自然与人文风光、丰富的活动形式和活动内容;至于旅游推理动机则包括自我实现、休闲放松、探亲访友和求新求异等(见表 2.4)。Gibson(2002)的研究发现,老年人参与旅游活动的目的是多种多样的,例如通过教育旅行获得某种新的技能或知识。对大多数老年人来说,通过旅游来拜访朋友和家人是生活中有意义的一个组成部分。学者们针对中国老年人的旅游动机也进行了研究,周刚、张嘉琦(2015)以重庆老年人为研究对象,发现老年人的旅游动机主要是求新求异、社交归属、文化艺术、自我提升、放松休闲、健康疗养、情感怀旧。Wang 等(2016)以中国出境老年人为研究对象,结果表明:他们的出游动机是享受服务、社交网络、寻求知识、自我实现、放松和逃离、兴奋和好奇。Lu 等(2016)的研究发现,中国老年出境旅游者的旅游动机是感觉寻求、提高知识、自我实现、逃离、寻求快乐、社会化。陈圆(2018)以福建老年人为研究对象,结果表明:老年人的旅游动机主要包括情感交流、观光体验、怀旧寄托、健康促进、享乐炫耀。Hsu、Cai、Wong(2007)采用访谈法收集数据,采用扎根理论方法构建了中国老年旅游者的旅游动机模型,研究发现,中国老年旅游者除了有社交和享乐、知识寻求等旅游动机,他们还有不同于其他国家老年旅游者的出游动机,主要是自豪感与爱国主义、乡愁等特有的旅游动机。

表 2.4 老年旅游者的旅游动机研究

来源	旅游者	基本结论
张运来、李跃东(2009)	北京老年旅游者	追求美与异、身心健康、思乡动机、实现儿女孝敬心愿动机、带孩子增长见识动机
Hsu et al. (2007)	中国老年旅游者	逃离惯常环境、提高幸福感、社会化、个人奖励、寻求知识、自豪感、爱国主义、乡愁
Nimrod(2008)	美国老年旅游者	探亲访友、邀请家人朋友一起、陪伴孩子
Sangpikul(2008)	日本老年旅游者	推力动机:休闲放松、求新和寻求知识、自我提升 拉力动机:旅游安排和设施、文化和历史景点、购物和休闲活动
Jang et al. (2009)	台湾老年旅游者	求新、自我实现、自尊、休闲放松、社会化
Musa、Ongfon(2010)	马来西亚老年旅游者	犒劳自己、放松、学习经历、宗教朝觐、和亲朋好友一起欢度时光
付业勤、郑向敏(2011)	三亚老年旅游者	休闲放松、养生康体、享受环境、个人事务、亲情社交
Prayag(2012)	去尼斯的旅游者	推力动机:与家人共度时光、休息和放松、全家一起玩 拉力动机:海岸和水上运动、天气和气候、美丽的风景

续表

来源	旅游者	基本结论
Chen、Shoemaker (2014)	美国老年旅游者	社会化、拥有新的体验、参加体育活动、休闲和放松
周刚、张嘉琦(2015)	重庆老年旅游者	求新求异、社交归属、文化艺术、自我提升、放松休闲、健康疗养、情感怀旧
Wang et al. (2016)	中国出境老年旅游者	寻求知识、享受服务、社交网络、自我实现、放松和逃离、兴奋和好奇
陈圆(2018)	福建老年旅游者	情感交流、观光体验、怀旧寄托、健康促进、享乐炫耀

此外,Otoo、Kim(2020)对1980—2017年关于老年旅游者的旅游动机研究文献进行了梳理、分类和整合,在此基础上对研究现状进行了述评,把老年旅游者不同的旅游动机归类为四大类、13个不同的亚主题领域,其中推理动机包括:健康、乡愁、知识;放纵动机包括:逃离、享乐主义、休息和舒适、社会化;超个人动机包括:旅行条件、目的地吸引力、质量/专业化;地位动机包括:求新、自我、自我实现。基于此,进一步构建了老年旅游者的旅游动机研究概念框架(见图2.8)。

(四)老年旅游者信息技术使用行为研究

Wang等(2016)以中国出境老年旅游者为研究对象,探究了他们的信息技术使用行为,数据分析结果表明,老年旅游者的性别、教育水平、年龄等人口特征与其信息技术使用水平显著相关;调研样本中多数人的信息技术使用在中等水平,通常在出境旅游中携带笔记本电脑或手机;老年旅游者的信息技术使用水平与旅游意向和旅游动机显著相关,老年旅游者的信息技术使用水平越高,其旅游动机就越高,并且越倾向于去北美或欧洲旅游。郭一炜、李青松、王媛慧(2017)以北京的老年人为研究对象进行研究,结果表明:大多数老年人会使用智慧旅游App,但这些App并没有针对老年人的身心特征进行开发设计,导致他们的使用意愿较低。Kim等(2016)的研究发现,社交媒体的易用性对老年人内在动机和外在动机有显著影响,社交媒体的有用性、使用的享受动机显著影响使用依恋,而使用依恋又会进一步影响使用意图;其中高知识老年群体中的易用性与有用性、享乐性和易用性、依恋和享乐性的关系比低知识的老年群体更强,对于低知识老年群体而言,使用的有用性和依恋之间的关系比对高知识老年群体更强;而使用的有用性和享乐性对以旅游为目的老年旅游者使用移动设备有显著影响,先验信息技术知识对老年旅游者移动设备使用欲望和行为意向有显著影响(Kim et al.,2016;Kim、Preis,2015)。

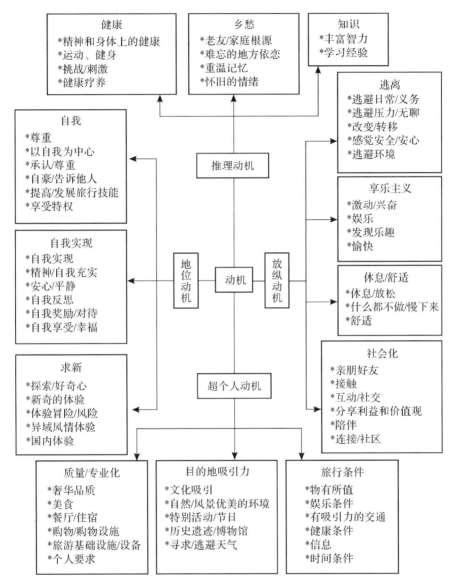

图 2.8　老年旅游动机研究概念框架

资料来源:Otoo F E,Kim S. Analysis of studies on the travel motivations of senior tourists from 1980 to 2017:Progress and future directions[J]. Current Issues in Tourism,2020,23(4):393-417.

此外,研究表明,移动社交网站创新扩散对老年旅游者的真实体验影响大于网站依恋,使用和满足对真实体验的影响也比网站依恋更大,购买组中使用和满足对网站依恋和真实体验的影响比非购买组更强,创新扩散对网站依恋和真实体验的影响在非购买组比在购买组更强(Kim、Lee、Noshir,2019)。具体而言,老年人在使用移动社交网站购买旅游产品应用方面,内在动机(享乐/自我效能)对流畅体验的影响比外在动机(有用性/社会互动)强,流畅体验对主观幸福感影响最大,进而主观幸福感对旅游产品购买意愿产生较大影响。同时,不同焦虑依恋程度的老年旅游者在使用移动社交网站程度方面有显著差异(Kim、Lee、Bonn,2017)。除此之外,当老年旅游者以旅游为目的时,其使用社交媒体的信息可靠性、信息质量、共同身份和共同连结显著影响其重新访问社交媒体的意向(Kim et al.,2016;Kim、Bonn、Lee,2017),而利他主义和社会资本对社交网站的共同身份和共同连结有显著影响(Kim et al.,2016)。

在具体的信息搜索方面,研究表明,老年旅游者在搜索旅游信息时,首先关注的是旅游目的地的信息,他们不仅关注旅游景点、活动、天气状况等有形事物的信息,而且还关注目的地所提供体验产品方面的无形信息,如社会互动的机会、与其他游客和/或当地居民的关系等,还包括其他类型的旅游信息以解决到目的地的交通问题,特别是航班和火车时刻表,以及酒店信息,尤其是房价、酒店设施和客房设施(Mungall、Schegg、Courvoisier,2010)。

（五）旅游消费决策行为与产品偏好研究

研究发现旅游者的行为会随着时间的推移而发生变化,如在旅游偏好,目的地活动参与和旅行哲学方面,并且年龄和世代群体对其都有影响(You、O'Leary,2000)。基于此,学者们也深入分析了老年人的旅游偏好和旅游消费行为。自我感知时间的可用性、性别和经济状况对老年人的出游频率有决定性作用(Losada et al.,2016);不同宗教信仰和民族的老年人在出游行为、出游方式等方面存在显著差异(Musa、Ongfon,2010);就老年人在目的地的旅游逗留时间而言,旅行目的、年龄、住宿类型、气候、旅行类型和活动、团队规模是决定性因素(Alén et al.,2014)。从老年人的旅游消费偏好来看,他们喜欢过夜旅游,喜欢重游最喜欢的目的地,偏好度假胜地,喜欢团队出游,喜欢两至三天的旅游行程(Chen、Shoemaker,2014;Musa、Ongfon,2010),而且年龄与逗留时长呈负相关,年龄在66周岁以上的老年人,其年龄越大,旅游逗留时间就越短(Bulent、Feride、Aydan,2018)。

就住宿选择而言,自我感知价值和可利用时间、逗留时间、自我感知经济状况、在目的地的安全保障、气候、节庆、医疗覆盖率、景点/自然景观、历史/艺术景点是影响老年旅游者住宿选择的决定因素(Losada et al.,2017);酒店提供老年友好型房间和服务设施可以显著提高老年人对舒适、照明、装修、客房清洁、总体满意度和房间推荐的满意度(Chen et al.,2014)。Albayrak、Caber、Bideci(2016)对英国老年顾客感知的酒店属性的重要性与满意度进行了探究,研究发现,最基本的酒店属性是员工响应度、员工仪容仪表、安全、公共场所和卧室光线充足、物有所值,如果酒店不能满足以上最基本的属性需求,顾客就会对酒店不满意。Caber、Albayrak(2014)以德国、荷兰和英国的老年人为研究对象,通过对比研究发现,英国的老年旅游者认为物有所值、酒店有可参与的娱乐活动是最重要的属性;荷兰的老年旅游者认为酒店提供小份量的食物和特色风味餐是最重要的属性。另外,酒店员工的礼貌和友好对满意度有重要影响。

在旅行社选择方面,老年人更倾向于选择秩序良好、产品规划合理,以及品牌知名度高的旅行社,喜欢能够彰显自己地位和身份的旅游产品(李真、李享、刘贝贝,2018)。老年人对旅行社提供的服务、旅游过程中的饮食和住宿条件等要求较高(孙乐,2017;Johann、Padma,2016)。对于具体的旅游产品而言,老年人最关注的旅游产品特征包括:安全、清洁、旅游景点、合理的价格、旅游信息和对外国人的友好,以及一些外部旅游产品属性,如结识新人的机会、残疾人设施(Johann、Panchapakesan,2015)。Wang 等(2013)以中国大陆的老年人为研究对象,研究结果表明,老年人最关注的包价旅游服务特征是领队、导游、餐馆、酒店、游船和旅游景点。

(六)旅游给老年人带来的影响研究

旅游作为重要的幸福产业之一,不仅能够丰富老年人的生活、提高生活满意度、幸福感和身心健康水平,而且还能缓解退休后的孤独感、心理寂寞等。研究表明,旅游作为重要的休闲类型,在很大程度上不仅丰富了老年人的休闲活动方式、休闲活动内容、休闲计划制订,还扩大了休闲活动范围、休闲目的等(Nimrod,2008),进而让老年人通过旅游形成新的身份、有机会接触新的朋友、发展新的人际关系、提高社会交往水平、追求自由等(Eunju et al.,2015;Tung、Ritchie,2011),从而在心理上获得放松、享受、兴奋、愉悦等旅游体验(Nimrod、Rotem,2010),而这种愉悦或满意的旅游体验又能够进一步提升老年人的生活满意度,从而提高其主观幸福感和生活质量(Kim、Woo、Uysal,2015)。Morgan、Pritchard、Sedgley(2015)的研究发现,由于旅游给老年人提供了离开惯常生活的机会,能够让他们在旅游中获得陪伴和社交互动,这将会增强其信心和自尊心,因而旅游能对老年人的社会参与水平和主观幸福感产生积极影响。

Roberson(2001)发现,旅游体验为老年游客提供了新的视角,改变了他们的自我认知和态度,增强了他们的独立感和自由感。Nimrod、Rotem(2010)的研究表明,老年人参与旅游活动能够获得五个方面的益处:社会联结、兴奋、满足角色期望、一般性享受、放松。老年游客的参与程度和旅游体验的感知价值提高了其满意度,且旅游体验在休闲活动和总体生活质量中发挥着重要作用(Kim、Woo、Uysal,2015)。Roberson(2003)探究了老年人在旅游中的学习经历与收获,研究结果表明:老年人在旅游中主要包括四个学习过程,即学习自我、学习信任、学习世界、学习家庭。老年人似乎专注于 Houle(1984)所说的刻意教育旅行,这些自我导向教育的旅游有可能教会旅行者想要的任何东西,并在一生中持续学习教育。Pearce、Wu(2018)通过对澳大利亚老年房车旅游者进行研究,结果发现,通过旅游能让他们获得更多的快乐、结识新的朋友、保持身体健康、获得新的知识,以及拥有更加健康的生活方式。此外,老年旅游者的旅游满意度还受旅游企业的旅游产品与服务、旅游过程中的情感收获、出游中的成本的影响(季战战、武邦涛,2018)。

(七)老年旅游的比较研究

与其他群体相比,老年旅游者在身体健康、心理状态、旅游需求、行为能力等方面具有独特之处,因此在旅游动机、旅游需求、产品偏好等方面存在差异(见表2.5)。同辈的老年旅游者在目的地选择标准、旅游态度、旅游动机和旅行活动中,不会随着年龄的增长而改变;处于不同生命周期阶段的同辈老年旅游者在目的地选择标准、旅游动机、旅游活动或旅游态度上没有差异;属于不同辈但处于同一生命周期阶段的老年旅游者在旅游态度、旅游动机、旅游活动或目的地选择标准方面没有差异(Chen、Shoemaker,2014)。Javalgi、Thomas、Rao(1992)发现老年人和非老年人在旅游类型、旅行团和旅行社的选择以及其他旅行相关特征方面存在显著差异。而且城市空巢与非空巢老人在旅游行为方面也存在不同,与非空巢老人相比,空巢老人有更多的空闲时间和钱财参加旅游活动,他们以寻求社会交往为主要旅游动机,参加旅游的次数更多,旅游逗留时间更长,更喜欢参加团队游和与朋友一起旅游(刘力,2017)。

在代际比较研究方面,年轻旅游者与老年旅游者在重复购买行为、旅游动机、花费模式和消费偏好、感知价值观、态度与意向等方面存在不同(Gardiner、Grace、King,2015;Han、Jinsoo、Yunhi,2015;Moschis、Ünal,2008);"沉默一代"

的老年旅游者和"婴儿潮一代"的老年旅游者在旅游花费、旅游动机、旅游活动、旅游参与方面存在显著不同(Jang、Ham,2009;Lehto et al.,2008)。Teaff、Turpin(1996)的研究发现,与其他人群相比,美国老年人的出行更频繁、出游距离更长、停留时间更长、更依赖旅行社出游。此外,Caber、Albayrak(2014)以德国、荷兰和英国的老年人为研究对象,通过对比研究发现,英国老年旅游者认为物有所值、酒店有可参与的娱乐活动是最重要的酒店属性,酒店提供小份量的食物和特色风味餐是荷兰的老年旅游者认为最重要的酒店属性。Hossain、Bailey、Lubulwa(2007)发现年轻旅游者和老年旅游者之间的旅行模式(如一日游、过夜游、游客花费)存在差异。老年人的旅游行为在旅游类型、住宿偏好、户外活动、交通方式、使用的信息类型以及与之一起旅行的人等方面也有所不同(Batra,2009)。

表 2.5 老年旅游比较研究

研究者	年份	研究发现
Benckendorff、Moscardo、Pendergast	2010	Y 一代、X 一代、婴儿潮一代在旅游行为方面存在不同,代际价值观、态度、信仰使得他们的需求特征呈现不同。
Jang、Ham	2009	已婚的老年夫妇比没有配偶的老年人更有可能旅行;受过高等教育、受过大学和研究生教育的老年人更有可能外出旅游;与其他老年家庭相比,婴儿潮一代的老年家庭更多地参与休闲旅行;在那些选择旅行的家庭中,老年人群体的平均支出高于婴儿潮一代。
Sund、Boksberger	2007	年轻老人和老人都希望在度假租赁上花更少的钱,重视旅游过程中的便利性和安全性。
Alén、Losada、Domínguez	2016	参加旅游的老年人和不参加旅游的老年人之间存在差异,这取决于社会人口学特征和以前的旅行经历,其中不参加旅游的主要原因包括经济状况和健康。

注:Y 一代(Generation Y):1979—1995 年出生,X 一代(Generation X):1965—1978 年出生,婴儿潮一代:1946—1964 年出生。

(八)老年人旅游目的地偏好研究

就旅游目的地选择而言,影响老年旅游者目的地选择的主要因素是亲朋好友推荐、体育活动设施、旅游距离、娱乐活动、旅游花费、自然和历史景观、当地气候(Mahadevan,2014;Chen、Shoemaker,2014;Musa、Ongfon,2010)。谈志娟等(2016)的研究结果表明,目的地生态环境、休闲养老配套设施、医疗水平与老年人的旅游者决策存在明显的相关性。Jang、Wu(2006)发现健康的老年人更加关注目的地属性。老年旅游者比较关注目的地的气候、节庆事件、旅游景点（Norman et al.，2001）。Zimmer、Brayley、Searle(1995)探究了老年人的目的地选择影响因素，研究结果表明，收入、受教育水平、在农村居住、休闲旅游意愿和健康状况等因素影响目的地的选择。其他学者还发现受教育的老年旅游者比较喜欢拥有历史遗迹和自然风光的目的地，不同类型的节庆事件和旅游景点，便利的交通，安全、质优、价廉的服务，商业区和舒适的气候(Sangpikul，2008)。伍百军(2015)利用层次分析法对中国老年人的旅游目的地选择影响因素进行了研究，结果表明，目的地舒适度、行程节奏舒缓度、目的地游览观光类型、饮食安全是影响老年人目的地选择的重要因素。同时，设施和卫生、对目的地的熟悉度、物有所值和与目的地距离、当地景点和旅行设施是拉动老年人选择他们想要访问的国际目的地的影响因素(Wijaya et al.，2018)。Lee(2016)的研究表明，目的地提供针对老年人的旅游产品和业务、娱乐景点、无障碍旅游设施，这些对老年人的旅游满意度具有显著的正向影响，而文化和自然资源的多样性能够对老年人的旅行频率进行预测。

此外，还有学者提出要创建老年友好型旅游目的地，Lee、King(2016)通过文献回顾生成了20个目的地特定属性列表，然后使用旅游目的地管理实践的"4As"对其进行分类：景点、可达性、便利设施和辅助服务，利用层次分析法确定了老年友好型旅游目的地的基本组成部分，即包括无障碍公共交通设施、无障碍住宿设施、仅为老年人提供服务的各种住宿、沿定制旅游路线的无障碍设施以及各种便利的公共交通。虽然无障碍设施和便利设施构成了老年人友好目的地的重要和/或基本体验要素，但辅助服务和旅游资源也有助于提升目的地对老年人的旅游吸引力。在异地出游方面，城市老年人的旅游兴趣和健康状况会制约其异地出游，而且老年人的健康状况、旅游兴趣、外出旅游的花费、年龄、身体承受能力也会影响其在异地出游时间的长短(甘露、卢天玲，2013)。

三、老年人旅游制约相关研究

由于老年人存在身体机能减弱、收入下降等制约，在一定程度上会影响其外出旅游。因此，老年人旅游制约也开始受到学术界的研究关注。旅游制约被认为是影响老年人参与旅游活动的障碍或情景(Nielsen，2014)。对旅游制约的研究能够帮助我们了解为什么人们不参与旅游活动(Chen、Wu，2009)，进而采取有针对性的措施，提高老年人的旅游参与(Fleischer、Pizam，2002)。老年人外出旅游不仅受制于预算，而且受制于时间和健康状况，以及远离熟悉环境的心理能力(Mungall、Schegg、Courvoisier,2010)。McGuire(1984)是最先研究老年休闲制约的学者之一,他的研究表明,有五种老年休闲制约类型:外部资源制约(如缺少设备和设施、缺少信息和金钱、缺少交通工具、需要提前计划),时间制约(如没有时间参加休闲活动、需要工作、忙于其他事情、不想打破日常的计划),他人支持(如家人朋友不支持、害怕犯错、需要做很多决策、对出去休闲有负罪感),社会制约(如缺少参与休闲活动的技能、没有休闲伴侣),身体健康制约(如没有精力、身体不好、害怕受伤等)。在该研究的基础上,随后学者们对老年人的旅游制约开展了一系列研究。此外,社会人口统计学变量(如年龄、收入、生命阶段)也会对旅游偏好、旅游意向、目的地选择等产生不同程度的制约(Kattiyapornpong、Miller,2009)。

(一)老年旅游制约维度研究

Huang、Tsai(2003)以台湾老年人为研究对象,确定了老年人旅游制约的三个维度,第一个维度是旅游者能力维度,主要指老年旅游者的体能、害怕离开家无人照料、考虑经济条件、缺乏旅行伙伴;第二个维度是旅游产品直接供应者,包括诸如缺乏旅游信息、饮食安全、未享受到好时光和浪费钱财等;第三个维度是间接的旅行动机,包括害怕麻烦与困难、寻找时间和与年龄有关的问题。Chen、Wu(2009)发现老年人旅游制约主要包括感知风险(如担心在目的地的安全等)、时间承诺(缺少时间、缺少家人支持)和个人原因(害怕离家、感到不安)等三个维度。Hung et al.(2016)探讨了分别住在公共和私人住房中的老年人旅游制约,主要包括三个制约维度:内在制约(对旅行感到内疚)、人际制约(如缺乏旅行伙伴)和结构制约(如缺乏时间或金钱);同时发现,西方国家的老年游客更容易受到结构性制约的影响,而亚洲的老年游客则更多地表现为内在旅行制约或人际制约。

(二)人际制约研究

对于老年旅游者来说,配偶不喜欢旅游、缺少旅游伙伴或伴侣也是重要的旅游制约因素(Huang、Tsai,2003;Lee、Tideswell,2005;Nyaupane、Mccabe、Andereck,2008;Kazeminia、Chiappa、Jafari,2015;Gao、Kerstetter,2016;Woo、Kim、Uysal,2014)。Lee、Tideswell(2005)以韩国60周岁以上的老年人为研究对象,探究他们外出旅游所面临的制约因素,研究结果表明,旅游制约主要包括其他人的负面影响(如"其他人告诉我,我太老了不能旅行"或"我的配偶不喜欢旅行"),以及老年人内心制约,即对外出旅游感到内疚;而在身体、财务和实际行动方面,很少有真正的制约因素去阻止他们旅游,他们自己的信念和其他人的意见看法是制约他们外出旅游的心理制约因素。尽管受制约的旅行者并不认为旅行对他们的生活质量很重要,但认为旅行活动会减轻他们的厌烦情绪。

（三）健康制约研究

年龄是最重要的旅游制约因素（Kattiyapornpong、Miller,2009）。与年龄直接相关的就是健康问题,健康作为一个制约因素,是老年旅游研究中的一个常量（Balderas-Cejudo、Rivera-Hemaez、Patterson,2016）。在度假中长时间旅行带来的缺少帮助、健康问题、疲劳是老年人面临的旅游制约（Musa、Ongfon,2010；Alén、Losada、Carlos,2016；Chen、Shoemaker,2014）。Hunterjones、Blackburn、Chesworth（2007）以英国57～81周岁的老年人为研究对象,探讨了自我评估健康在旅行决策中的作用,受访者表示担心访问长途或欠发达的目的地会存在健康风险,如飞行持续时间长、湿度大等会影响健康;此外,一些受访者也表达了对健康保险的担忧。Hunterjones、Blackburn（2007）识别出的老年人制约包括对照射、湿度、机场压力、时差、深静脉血栓形成的关注,以及不同类型目的地的风险。Kim、Wei、Ruys（2003）的研究表明,年龄较大的以色列人认为医生的可用性、生病、偷窃、安全、清洁卫生、人身安全、心灵安宁是老年游客最关心的问题。Fleischer、Pizam（2002）的研究表明,健康制约对年龄较大游客（65周岁以上）的影响变得更加突出,这会使得他们缩短假期的天数。Romsa、Blenman（1989）研究并比较了德国老年人的度假模式,以确定年龄和环境因素对游客参与的影响,研究表明,社会经济、身体、心理、生理（年龄相关）制约对老年度假者行为起着重要影响作用;度假的动机因年龄组而异,随着年龄的增长,度假或娱乐就会减少;老年人的身体状况制约了度假目的地和度假活动的选择。同时,老年人更容易受到年龄、行动能力、健康状况和体力的影响（Kattiyapornpong、Miller,2009）。

（四）外在资源制约研究

怕麻烦、担心没有时间和缺少金钱是老年人感知的外在资源制约（Chen、Shoemaker,2014；Alén、Losada、Carlos,2016）。Musa、Ongfon（2010）的研究表明,在度假中缺少外在其他人的帮助也是老年旅游者面临的重要旅游制约因素。Fleischer、Pizam（2002）发现时间和收入制约一直持续到65周岁,而退休后,时间制约不再存在,收入处于顶峰;但从那时起,收入减少使得经济状况成为一个制约因素,从而影响旅游天数。Hong、Kim、Lee（1999）通过对美国老年人出游决策的研究,结果发现种族、受教育程度、经济因素（税后收入、固定资产）和家庭主导权等是制约老年人出游的关键因素。此外,信息缺失等也是制约老年人出游的主要因素（Mayo、Jarvis，1981；Mcguire、Dottavio、O'Leary，1986；Romsa、Blenman，1989）。Zimmer、Brayley、Searle(1995)发现经济支付能力、周围环境等也制约老年人出游。杨蕾、杜鹏(2016)的研究表明，老年旅游群体旅游信息使用过程中最常见的障碍主要包括图文阅读、信息甄选、操作难度、安全顾虑。

（五）安全制约研究

安全制约也是影响老年人外出旅游的重要因素。Lindqvist、Björk、Steene(2000)认为感知安全是影响芬兰老年旅游者决策的一个重要因素，这一因素的重要性随着年龄的增长而增加。此外，我国台湾老年人（Jang、Wu，2006）和马来西亚老年人（Musa、Ongfon，2010）外出旅游的制约因素是担心安全和旅游保险。Batra(2009)的研究发现多数老年旅游者担心在目的地的人身安全。研究表明，目的地的社会治安已成为阻止潜在游客前往的最明显的制约因素之一（Kim、Chalip，2004；Pizam，1999）。此外，过去的旅行经历也会影响游客的风险和安全感知，以及重游意向（Kim、Chalip，2004）。例如，Sönmez、Graefe(1998)指出，过去到特定地区的旅行经历既增加了再次到那里旅行的意愿，也降低了到风险地区的旅行意愿。

（六）与人口学特征相关的老年旅游制约研究

老年群体是个异质市场，不同人口学特征的老年人感知的旅游制约可能会有所不同，研究发现，不同性别、年龄段、社会阶层、社会群体等老年人对制约的感知强度和程度是不一样的（林岚、施林颖，2012）。赵振斌、赵钧、袁利(2011)的研究发现，不同年龄段的老年人感知的自身制约、经济制约存在显著差异，尤其是70周岁以上老年人感知的自身制约更为强烈；不同学历水平、不同收入的老年人感知的经济制约达到显著水平；不同居住状况的老年人在支持制约上呈显著差异；不同健康状况的老年人在自身制约、支持制约、经济制约方面存在显著差异。刘力(2016)的研究表明，年龄、性别、家庭结构、工作状态、教育水平、个人月收入等都是影响老年人旅游参与的重要因素。

此外，老年人的工作状况会制约其能否出游，而工作状况又通常与经济和时间制约相关联。Blazey(1992)的研究结果表明，老年人的工作状况也是旅游制约因素，具体而言，仍在工作的老年人比退休的老年人更容易受经济和时间制约的影响；相反，与没有退休的人相比，退休的人面临的更大旅游制约是健康状况。但退休的个人通常被认为有更多的可用时间（Fleischer、Pizam，2002；Sund、Boksberger，2007；Alén et al.，2014；Losada et al.，2016）。

（七）老年旅游制约的定性研究

以上关于老年旅游制约的研究多采用定量研究方法，在定性研究中，Gladwell、Bedini（2004）探讨了老年人作为家庭照顾者时，家庭照料责任对休闲旅游行为的影响，分析表明，制约他们追求或维持休闲旅游的因素主要有物理制约、社会制约和情感制约，具体来说，物理制约包括，可进入性和建筑障碍，以及旅行期间的精力损失；社会制约包括，缺乏金钱、缺少家庭和人力服务支持；情感制约包括，对未知的恐惧、失去自由和失去自发性。这三个制约维度存在潜在等级关系，而情感制约代表了最高的制约维度。Nimrod（2008）以美国东南部的城市老年旅游者为研究对象，采用深度访谈搜集数据，运用扎根理论进行分析，研究表明：可支配收入减少、缺少旅行同伴、照顾其他人的压力、身体健康是制约他们不能出游的主要因素。Kazeminia、Chiappa、Jafari（2015）基于老年游客在互联网上的叙述内容，采用内容分析法对老年人旅游制约进行探究，结果表明，老年人旅游制约主要包括：身体健康问题、缺少旅游陪伴、有负罪感、旅游决策、缺少家人的支持、缺少钱财、缺少网络预定知识和技能。

（八）中国老年人旅游制约研究

与国外相比，针对中国老年人旅游制约的研究较少，只有少数文献对该研究问题进行了探讨。在定性研究中，Hsu、Cai、Wong（2007）发现中国老年人的旅游制约因素是身体健康、家务（如帮助子女照看小孩）和经济条件。Gao、Kerstetter（2016）的研究发现，影响中国老年妇女出游的制约因素是旅游知识有限、健康与安全问题、文化冲击、缺乏旅游伙伴、低质量的服务设施、信息可得性有限、导游负面声誉、很少有带薪休假。

在定量研究中，赵振斌、赵钧、袁利（2011）等借鉴休闲制约理论，采用问卷调查对成都市老年人旅游制约进行了研究，结果表明，老年人旅游制约主要表现为自身制约、支持制约、经济与经历制约、环境制约等四个维度，其中自身制约为最主要的制约维度。刘力（2016）通过问卷调查对安徽省六个城市的老年人旅游制约进行研究，结果发现，老年人旅游制约主要包括缺少同伴、负面认知、费用制约、时间制约和家庭责任等五个维度；其中，老年人对旅游的负面认知是制约其外出旅游的主观维度，直接影响老年人参与旅游活动的意愿。任明丽等（2018）利用中国健康与养老追踪调查（China Health and Retirement Longitudinal Study，CHARLS）2011 年和 2013 年数据对中国老年家庭旅游制约因素进行了探究，分析结果表明，老年人旅游参与确实会受到身体健康状况的制约，就家庭旅游参与的层面而言，老年人参与旅游活动的主要制约因素是行为能力;老年人的心理状态好,具有较稳定的情绪和精神状态,即使处于暮年也会对未来充满希望,并且将会增加其对旅游参与支持的概率。Serre、Legohérel、Weber(2013)的研究表明,中国老年人的旅游风险感知可能影响其外出旅游,一是感知的物理设备风险,主要指在度假期间的旅游服务设施设备可能出现风险,使得自己可能生病受伤等;二是时间和心理感知风险,主要是家人不支持旅行、度假浪费时间等。丁志宏(2016)以城市老年人为研究对象,发现性别、受教育程度、年龄、健康状况、时间因素、经济状况对老年人是否外出旅游具有显著影响。Hsu、Kang(2009)的研究认为年龄、健康、家庭责任、收入水平、居住状况、受教育程度是中国城市老年人所面临的旅游制约。

此外,还有学者和机构探究了中国老年人出国旅游制约因素。李享等(2014)借鉴休闲制约理论,使用问卷调查了中国老年人出国旅游制约因素,研究表明,除了自身、外在、惯常生活和消费理念制约因素,与中年人相比,老年人出国旅游更容易受到安全因素,特别是心理安全的制约。2015年携程发布的《老年自由行市场报告》显示,制约老年人出境旅游的因素主要有:哪里购买适合自己的当地游产品,如何规划旅游行程,游中无人陪伴,游中突发事件和情况怎样处理,与当地人的沟通交流问题等。

四、旅游制约测量量表

目前对旅游制约的测量并没有形成比较权威或公认的测量量表,学者们根据自己的研究对象和目的进行了探究,多基于休闲制约的三维度设计相应的调查问卷。Nyaupane、Morais、Graefe(2004)以参加自然旅游活动的人为研究样本,开发了包含内在制约、人际制约、结构制约三维度和9个条目的自然旅游制约量表。Hung、Petrick(2010)以香港的老年人为研究对象,基于休闲制约的三维度模型,开发了包含人际制约、内在制约、结构制约、不是选择(Not an option)等四个维度、共12个条目的老年旅游制约量表。目前,在中国文化背景下,还未有相关研究对老年人旅游制约的测量量表进行深入、细致的探究,开发具有针对性的,适用于中国老年人的旅游制约测量量表。

相关研究指出,一是旅游制约的条目和结构可能不同于人们在休闲环境中所体验的;二是不同群体和不同活动之间的旅游制约并不相同,因此,为了理解与特定人群或活动相关的旅游制约,旅游制约量表的开发应基于特定背景下,而不是针对一般公众或一般旅行背景;三是大多数的旅游制约研究都是直接从休闲环境中采用的测量题项来测量旅游制约;考虑到旅游和休闲制约之间的差异,休闲环境中的度量量表是否同样适用于特定的旅游环境尚不清楚(Hung、Petrick,2010)。四是不同细分市场群体所面临的制约也不同,如不同社会人口因素使得人们面临的制约也不同,而且目前关于旅游制约的研究主要集中于西方国家,尤其是在北美进行研究较多。因此,需要在中国文化背景下,开发适合中国老年人的旅游制约量表。

五、制约协商

虽然存在制约,但人们通常能够参与休闲活动。制约协商意味着"参与行为并非一定要取决于排除制约,而是通过制约协商策略,这样的协商可能会修正参与,但不会终止参与"(Jackson、Crawford、Godbey,1993)。休闲制约协商是指人们努力面对制约,并通过促进参与的认知策略与行为策略提升适应力(Jackson、Crawford、Godbey,1993)。一方面,认知策略与个体为克服参与特定休闲活动的制约而采取的行动有关,这些策略可以是技能获取和时间管理;另一方面,行为策略的制定与休闲参与对个人的感知价值有关(Jackson、Rucks,1995)。许多人倾向于采用认知策略来减少他们在经历因制约感知而产生的态度——行为不协调时的心理不适(Jackson et al.,1993)。行为策略和认知策略可以包括修正人们的休闲活动(如休闲的持续时间和活动强度)或者非休闲活动(如家务和工作)(杰克逊,2009)。Jun、Kyle、Mowen(2009)的研究表明,行为策略用于缓解人际关系和结构层面的各种制约,而认知策略则用于缓解内部人际制约。

虽然不是所有休闲制约协商都会修改休闲活动,但所有对休闲活动的修正都可以被视为人们对休闲制约的协商。如 Henderson 等(1995)的研究表明,残障妇女经常遇到休闲制约(如精力缺乏、没有机会参加、依赖他人等),但她们会利用协商策略使她们在制约情况下继续参与休闲活动,这些策略包括改变对不同性别角色的期待、平衡参与成本和收益、改变休闲偏好等。Kazeminia、Chiappa、Jafari(2015)的研究表明,老年人在面临旅游制约时,采用的协商策略主要有,选择可靠的旅游运营商、通过参加团队游来克服人际制约、对某一品牌的旅游运营商忠诚、选择包价旅游产品来简化旅游决策、降低旅游风险和不确定性。Nimrod(2008)以美国东南部城市的老年旅游者为研究对象,研究结果表明:老年人采取的旅游制约协商主要包括寻找其他替代旅游的活动、改变旅游的方式、忽视旅游的障碍、减少外出旅游。Gao、Kerstetter(2016)探究了中国老年女性旅游者的旅游制约协商策略,结果表明:中国老年女性旅游者主要采用的制约协商策略包括"选择有口碑的广告产品""与朋友一起开展团体旅行""通过虚拟社区寻找驴友,自愿参加每周或每月的旅游""通过广场舞寻找旅游伙伴""获得孩子的支持"和"积极品尝有机食品和呼吸新鲜空气"。

六、主观幸福感

主观幸福感(Subjective Well-being)被定义为一个人对其生活的认知和情感评估(Diener、Lucas、Oishi,2002),这些评估包括对事件的情绪反应,以及对满意度和满足感的认知判断(Diener、Lucas、Oishi,2002),具有主观性、整体性、稳定性三个特点(刘仁刚、龚耀先,1999)。主观幸福感强调幸福的主观性,如情感和情绪,而不是现实生活中的客观标准,如收入和教育水平,让个人成为自己幸福的最佳评判者(Kesebir、Diener,2008)。相关研究表明,学者们常用生活满意度或生活质量来衡量个体的主观幸福感(Uysal et al.,2016)。有研究表明,健康状况、休闲活动参与会影响老年人的主观幸福感(陶裕春、李卫国,2017)。Zhang等(2017)以上海市老年人为研究对象,探究休闲参与和主观幸福感之间的关系,结果表明:社会活动和表演艺术活动与老年人的主观幸福感最为相关。现有研究已经表明,旅游不仅能够满足人们"吃喝玩"等基本物质幸福,还能实现人们的享乐、审美、精神愉悦等更高层次的精神幸福(张丹婷、邢占军,2019)。旅游(强调活动、自我选择和自我提升)可以提升老年人的幸福感,为他们注入新的目标感(Hawes,1988;Wearing、Wearing,1996)。

目前,相关研究已经对旅游领域的主观幸福感进行了探究,并积累了一定的成果,但仍然处于初级研究阶段,因此,有学者指出应更多的基于中国情境对主观幸福感进行研究,这将有可能构建新的模型和解释理论(梁增贤,2019)。然而具体到以老年旅游者为研究对象,国内还鲜有研究探讨老年旅游者的主观幸福感。基于此,本书将基于活动理论和休闲制约理论探究中国老年旅游者的旅游制约如何影响其主观幸福感。

第四节　研究述评

在本章第三节文献回顾的基础上,本节对相关文献的研究现状进行了梳理与述评。具体来说,主要梳理了我国老年旅游研究现状、国外老年旅游研究现状;阐述了本书对相关理论和研究的借鉴之处;分析了老年旅游研究的不足,尤其是对老年旅游制约研究的不足之处进行了详细的阐述,厘清了本书尝试弥补的理论差距。

一、现有研究形成的共识

(一)国内老年旅游研究现状

目前,我国对于老年旅游的研究还很不足(刘力,2016)。究其原因,一是对该群体进行研究存在难度,主要是与非老年群体相比,多数老年人存在听力、体能、视力、行动能力等身体机能下降的问题,这在一定程度上增加了对其开展调研的难度;二是相关理论和旅游知识体系存在不足,一定程度上制约了对老年旅游进行深度研究;三是老年群体样本具有特殊性,这就需要有一些独特的方法和程序对其开展研究,而旅游研究者对相关调研方法和程序的理解还存在不足(姚延波、侯平平,2019a)。

目前,虽然也有不少研究者对老年旅游的相关议题进行了探究,但在文献检索中表现出发表在较高质量期刊的文章较少。截至 2024 年 10 月,研究者以"老年旅游""银发旅游""老年旅游者"等为关键词,在知网中搜索发表在 CSSCI(包括 CSSCI 扩展版)期刊上关于老年旅游研究的文献约 80 篇。在研究内容方面,我国老年旅游研究主要集中在旅游动机、老年旅游市场细分、老年旅游消费者行为、老年旅游市场特点、老年旅游产品开发(张润莲,2013)、养老旅游和老年旅游影响(罗栋、陈恬,2018),以及行业指导、政策研究等方面(刘力,2016)。在研究方法上,主要有描述性统计分析、方差分析、聚类分析、因子分析等,并且存在研究数据收集方式不够严谨科学、样本代表性不好、样本数量较少等问题,导致研究结果的解释性较弱、可靠性不高(刘力,2016)。在理论上,缺少理论对研究的支撑,由于多数研究的质量不高,对老年旅游研究的理论贡献更是缺少,因而没有形成中国背景下老年旅游研究的知识体系。

(二)国外老年旅游研究现状

从 20 世纪 80 年代起,国外学者就开始对老年旅游开展研究,研究领域主要集中于老年旅游决策(Gladwell、Bedini,2004)、老年旅游动机(Phillips、Jang,2012)、老年群体市场细分(Chen、Liu、Chang,2013)、旅游消费行为(Jang、Ham,2009)等。总体而言,其研究成果已趋于成熟化和系统化,呈现出从现象到机理分析的研究趋势(任明丽、李群绩、何建民,2018)。姚延波、侯平平(2019a)通过对近十年国外主要旅游和酒店期刊的文献回顾与分析,发现国外关于老年旅游的研究可以系统的归纳为三个主题,分别是出游前、出游中、出游后;出游前的相关研究主要包括老年旅游者的人口统计学特征、旅游动机、消费偏好、信息技术使用行为等;出游中的相关文献研究主要关注于服务提供者对老年人提供的各种服务、老年旅游者的消费内容、旅游体验;出游后的相关研究则探讨旅游给老年人在认知上、情感上、行为意向上带来的影响,以及最终给老年人的生活满意度、主观幸福感等带来的益处(见图2.9)。

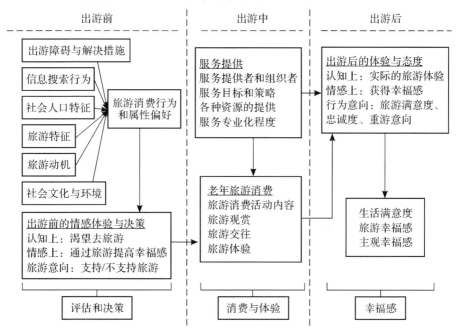

图 2.9　老年旅游研究知识体系框架

资料来源:姚延波,侯平平. 近十年国外老年旅游研究述评与展望[J]. 旅游论坛,2019,12(2):82-94.

二、相关理论和研究的借鉴

(一)相关理论的借鉴

休闲制约概念自20世纪80年代被提出以来,经过了30多年的发展,休闲制约已经在不同文化背景、不同休闲活动、不同群体等方面得到进一步的发展与完善,休闲制约模型也被学者不断地修订以适应不同群体、情境或活动等,目前已经形成了较为完善的休闲制约理论体系,有了可借鉴的分析和研究方法。旅游活动是休闲活动的一种特殊类型,老年人旅游制约是对休闲制约跨群体的细化研究,因此,休闲制约理论、活动理论和选择、优化补偿理论是本书城市老年人旅游制约研究的理论基础。文献回顾可知,虽然休闲制约阶层理论作为描述休闲行为制约因素的经典模型,为旅游行为研究提供了有益的理论框架(李慧,2016)。但旅游情境和休闲情境又存在诸多不同,该模型不能直接应用于老年旅游制约研究,有必要探究中国情境下的老年人旅游制约。

目前,休闲制约在旅游行为研究中的应用处于探索阶段(李慧,2016),该理论强调个体制约体验,而缺乏对社会阶层、价值观、宗教信仰、意识形态等宏观社会文化因素的充分考虑,尤其是在东西方社会价值观和物质环境条件存在巨大差异的情况下,有必要对休闲制约的适用性进行研究(施林颖、林岚、邱妍等,2014),而且旅游制约与一般的休闲行为在成本花费、持续时间和承诺等方面有很大的不同(Kattiyapornpoon、Miller,2009)。基于此,本书以休闲制约模型为基础,结合活动理论和选择、优化补偿理论,尝试探究中国情境下的城市老年人旅游制约的结构维度和理论模型,旅游制约的测量量表,旅游制约对制约协商、旅游参与、主观幸福感的影响机理。

(二)相关文献研究的借鉴

在相关文献借鉴方面,老年旅游相关研究和老年人旅游制约相关研究为本书探究城市老年人旅游制约的结构维度模型提供了研究思路和理论启示,并帮助本书梳理已有的研究现状和存在的不足之处。旅游制约测量相关研究为本书开发老年人旅游制约量表提供了方法和测量题项的借鉴。通过对制约协商、旅游参与和主观幸福感相关研究的梳理,本书借鉴了已有研究中对这三个变量的概念界定、测量量表等,为老年人旅游制约对制约协商、旅游参与、主观幸福感的影响机理提供文献支撑。

三、研究不足之处

(一)老年旅游研究不足

从中国的研究情况来看,在老龄化背景下,尚缺乏对老年人旅游的相关研究(李享等,2014)。总体来说,在内容上,我国老年旅游的研究内容较为单薄、研究层次较为肤浅、研究广度和深度不够(李琳、钟志平,2011);在方法上,数据分析较为简单、研究方法较为单一;在理论上,缺乏理论支撑、研究质量不高(刘力,2016),所借鉴的心理学、旅游学等领域的理论有待进一步扩展。而且由于目前我国老年旅游还未能广泛地开展,许多研究成果还停留在理论或是设想层面,难以通过实践得以检验,也难以指导和引领实践(李琳、钟志平,2011)。尤其是缺乏对中国情境下的老年人旅游特征、偏好、制约等问题的深入探究(刘力,2016;任明丽、李群绩、何建民,2018)。因此,有学者指出要加强对中国老年人的旅游需求、旅游产品、旅游服务等的研究(Hung、Lu,2016)。就研究现状来看,目前针对中国老年旅游的研究仍多停留在对现状的描述和分析,或者强调重视老年旅游,但关于老年旅游的理论研究还处于初级阶段,尚未形成学界和业界公认的理论体系(曹芙蓉,2008)。

(二)老年旅游制约研究不足

由上可知,关于老年人旅游制约的因素主要有三个方面:一是与老年人自身相关的制约因素,如没有时间、缺乏钱、缺乏兴趣、缺少其他人的支持、缺少旅游伴侣和健康状况恶化等;二是与旅游产品提供者相关的制约因素,如花费考虑、提供的信息不充分等;三是与政府旅游政策相关的制约因素,如外在资源、出游交通系统、安全保障和环境等。此外,有学者也对安全的重要性进行了讨论,所有受访的老年人表示,安全是一个重要的关注点。虽然学者们对老年旅游制约进行了研究,但是研究还存在以下不足。

一是现有针对老年人旅游制约的研究不系统,所得到的制约因素没有体系化和理论化。二是现有研究基本采用休闲制约理论,多采用休闲制约量表进行调研,并没有考虑旅游与休闲存在不同之处,以及中西方文化与情境存在差异等,这些都决定了该量表不一定适用于对中国老年人的旅游制约进行测量;而且学者指出,休闲制约因素方面的研究也应该把文化的影响考虑进去(Walker、Jackson、Deng,2007)。三是我国关于老年人旅游制约的相关研究也较少,学者指出,这主要是由于国内老年旅游研究是在"老年旅游市场前景广阔"这一假设下开展,基本忽略了中国情境下老年人旅游制约的相关研究(刘力,2016;任明丽、李群绩、何建民,2018)。四是近两年发表的国外的研究也指出,关于老年人旅游制约的相关研究较少(Hung、Bai、Lu,2016;Kazeminia、Chiappa、Jafari,2015),而且旅游制约与一般的休闲行为在成本、持续时间和承诺等方面有很大的不同(Kattiyapornpong、Miller,2009)。这就使得老年人旅游制约与一般群体所面临的休闲制约或旅游制约存在不同之处。

综上所述,首先,目前对中国老年人旅游制约还缺乏系统的研究,尚未形成比较系统的理论。基于休闲情境得出的休闲制约并不完全适用于旅游情境中的老年人旅游制约。而对于城市老年人到底面临哪些旅游制约、城市老年人旅游制约的结构维度和理论模型是什么这些问题,现有的研究还存在诸多不足。目前的研究更多的是直接套用休闲制约理论的三维度,并没有考虑到东西方文化背景的差异性、旅游产品和服务的特殊性,以及老年人自身所具有的独特身心特征。因此,需要在中国社会文化情境下探究城市老年人所面临的旅游制约的结构维度,构建解释和预测城市老年人旅游制约的理论框架。

其次,中国情境下城市老年人旅游制约测量量表是什么?目前的研究多借用休闲制约量表对老年人进行测量,并没有开发关于中国城市老年人旅游制约的科学测量量表。基于此,本书将在定性研究的基础上,通过定量研究开发出具有较高信度和效度,适合测量中国城市老年人旅游制约的量表。

再次,面临旅游制约的城市老年人又会采用什么样的旅游制约协商?旅游制约对老年人的旅游参与、主观幸福感有什么样的作用机理?这也需要开展具体的实证研究,厘清老年人旅游制约的作用机理。本书对中国情境下城市老年人旅游制约结构维度、测量量表,及其作用机理进行系统研究,对于丰富老年旅游制约理论和老年旅游研究的内容具有重要的理论意义与实践启示。

最后,不同人口学特征的城市老年人面临的旅游制约和制约协商有何异同?这也是值得探究的问题。因此,本书将探究不同人口学特征的城市老年人感知旅游制约和制约协商的异同,并进一步剖析人口学特征的相关变量对城市老年人旅游制约和制约协商产生的影响,尝试对城市老年人的旅游制约和制约协商进行精细化研究。研究结果对老年旅游市场细分和老年旅游产品开发具有重要的参考价值。

第五节　本章小结

本章主要对以下几个方面进行了剖析,一是对老年人、老年旅游者、旅游制约等研究所涉及的核心概念进行了界定;二是对本书所采用的理论进行了回顾与梳理;三是对休闲制约、老年旅游的相关研究、老年旅游制约等进行了文献回顾与述评,厘清现有的研究内容,梳理出现有研究存在的不足。

第一,通过对相关文献、行业标准、政策法规的回顾与梳理,对老年人、老年旅游者的概念进行了清晰的界定与阐释;通过对相关文献的梳理,对本书的核心概念——旅游制约进行了界定,阐明其定义。同时,本书还对相关概念进行了辨析,以对旅游制约做出更加科学严谨的界定。

第二,本章对所使用的休闲制约理论,活动理论和选择、优化补偿理论进行了梳理与分析。基于以上三个理论,对老年人的旅游制约维度、测量量表和旅游制约协商进行探究,以老年旅游者为研究对象,剖析旅游制约、旅游制约协商、旅游参与和主观幸福感之间的关系。

第三,本章对老年旅游、老年旅游制约的相关研究进展进行了梳理与分析,在此基础上厘清现有研究现状和不足之处。具体来说,一是对休闲制约的发展历程、维度、休闲制约协商模型等进行了梳理与分析,为本书奠定了相应的研究基础。二是对老年人的旅游特征进行了剖析,说明老年旅游群体的不同之处。三是从老年旅游的市场细分、旅游动机、信息技术使用行为、消费决策行为、目的地偏好、旅游给老年人带来的影响等多个不同方面对现有文献进行梳理与分析,基于出游前、出游中、出游后三个阶段形成了目前老年旅游研究的知识体系框架。四是对老年旅游制约的相关研究进行了系统的梳理与分析,关于老年人旅游制约的研究主要集中在人际制约、健康制约、外在资源制约、安全制约、工作制约等方面;并进一步从定性研究方法的角度,梳理关于老年旅游制约的定性研究。此外,本章还进一步对中国老年人的旅游制约进行了梳理。基于文献回顾与述评,明晰现有关于老年人旅游制约研究存在的不足之处,并进一步提出本书的具体研究问题和内容。

第三章　城市老年人旅游制约结构维度及内在机理研究

目前,学术界关于中国城市老年人旅游制约的结构维度和理论框架并不清晰。从第二章的文献梳理中可知,国外基于休闲情境得出的休闲制约理论为老年旅游制约的研究提供了借鉴,但是旅游情境所涉及的方方面面和休闲情境存在很大不同,这就决定了休闲制约模型不能直接适用于研究中国情境下的老年人旅游制约。国内关于老年人旅游制约的研究不仅在数量上少,在研究细度深度上也较为粗浅,尤其是在测量上多采用国外的休闲制约维度和量表,没有充分考虑国内老年人面临旅游制约的特殊性;而且关于城市老年人旅游制约的研究也较为分散,并没有形成系统的研究成果。基于此,本章将采用深度访谈搜集数据,采用扎根理论对城市老年人旅游制约进行深入探究,构建解释、预测老年人旅游制约的理论模型,为后文的老年人旅游制约量表开发和作用机理研究提供理论依据。

第一节　研究方法与研究设计

科学、严谨的研究方法与研究设计是开展整个研究工作的基础,能够有效推动研究内容和问题的有序开展和一手、二手数据资料的搜集。本节将采用深度访谈法和扎根理论方法对城市老年人旅游制约的结构维度进行深入剖析,构建解释老年人旅游制约的理论模型。

一、深度访谈法

深度访谈法是各种不同类型的质性研究所采用的一种有用的数据搜集方

法。深度访谈法在结构上不仅可以设计成半结构性的聚焦问题,也能够对问题进行松散的引导性探究(卡麦兹,2009)。扎根理论方法特别适合采用质性访谈搜集数据,两者都是既被形成又自然生成,既开放又有方向性,既有科学严谨步骤又很灵活的方法,深度访谈法弥补了其他方法比如观察、调查以及研究对象的书面陈述(卡麦兹,2009)。访谈根植于被访者的经验,成为研究者搜集和整合材料的来源,为了获得对参与者丰富和深刻的理解,研究者在访谈的过程中,通过追踪提问来鼓励参与者更深入地阐述其已经谈到过的重要内容,由此更详细地探究(访谈中的)关键词、重要观点和主题(鲁宾、鲁宾,2010)。通过深度访谈,老年人关于旅游制约的想法和观点在访谈过程中生成,访谈者也可以及时追踪有价值的观点和线索。

二、扎根理论方法

扎根理论方法是一种被广泛应用的质性研究方法,该方法描述了研究过程的步骤,并提供了进行这一过程的路径(卡麦兹,2009)。"扎根"是指研究以经验为主,根植于复杂的日常生活现实中(陈晓萍、徐淑英、樊景立,2012)。扎根理论方法是一种通过层层归纳从下往上建立理论的方法,是一个从资料中发现、发展和检验理论的过程(陈向明,2015),即主要是通过对资料的系统分析,提炼出反映社会现象和研究问题的核心概念,通过建立概念之间的联系以构建相应的社会理论(陈向明,1999)。Glaser(2001)指出,扎根理论是提出一个自然呈现的、概念化的和互相结合的、由范畴及其特征所组成的行为模式,其目的在于形成围绕着一个中心范畴的新概念和理论。此外,扎根理论方法所使用的数据分析资料多种多样,包括非技术性文献,如文档、传记、回忆录、日记、录音、手稿、手册、报告,以及其他田野观察记录的材料、补充访谈资料、可以用作原始资料的材料等;技术性文献,主要是指研究报告、相关理论论文、哲学论文等(科宾、施特劳斯,2015)。

Glaser、Strauss(1967)、Glaser(1978)、Strauss(1987)认为扎根理论实践的规定成分包括以下几点:(1)数据搜集、数据整理与分析和理论构建同时开展。(2)从数据中建构分析代码和类属,而非从逻辑演绎的假设中建构。(3)使用不断比较的方法,在数据分析的每一阶段不断比较概念和类属。(4)在数据搜集和分析的每一个步骤中都推进理论的发展。(5)使用备忘录、编码和作图等方法完善类属,进而阐述其属性并且定义类属之间的相互关系,随后形成基本假设和进行理论构建。(6)以构建理论为目的进行抽样,而非为了研究对象的代表性进行抽样。扎根理论的核心是对概念、属性的不断比较(Roy,2006),要求从客体对象处搜集具有真实性、广泛性和代表性的客观资料和信息,规避实证研究范式下预设性理论模式或经验性观念对采用资料和所得结论范围的"程式化"限制,因此,采用扎根理论得到的结论更加真实、全面和准确(高军、马耀峰、吴必虎,2010)。当现存理论框架不够完善、不能提供清晰的假设时,作为质化研究的扎根理论就特别有用(陈晓萍、徐淑英、樊景立,2012),而且质性研究的主要目的就是形成构念、详尽阐述以及精细改良已有的理论(Charles、Nagel、White,2004)。

基于对文献回顾和以上方法的分析,扎根理论方法和深度访谈法适合本章的研究问题和内容。因此,本书拟采用目的性抽样,通过对 60 周岁及以上的城市老年人的访谈搜集一手数据资料,使用扎根理论方法对数据资料进行深入分析,通过不断的归纳、比较,总体提炼出城市老年人旅游制约的结构维度,构建解释老年人旅游制约的理论框架,为后续研究打下坚实的理论基础。

三、研究设计

本节研究采用深度访谈方法和扎根理论方法,探究中国社会文化情境下的城市老年人旅游制约的结构维度和理论模型。具体的研究流程如图 3.1 所示。

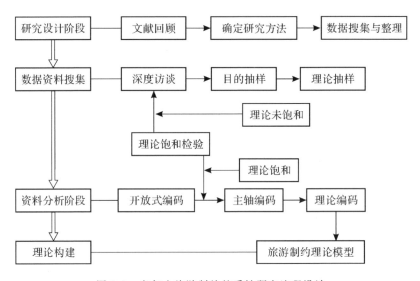

图 3.1　老年人旅游制约的质性研究流程设计

第二节　数据资料搜集与整理

本节将详细阐述本书数据资料搜集的抽样方法,即采用目的性抽样和理论抽样的缘由,受访者样本的基本信息、具体的访谈实施过程、访谈资料的整理过程和注意事项,以及在数据搜集过程中所遵循的研究伦理,最后详细地阐释了本书是如何保证扎根理论研究的信度和效度。

一、数据资料搜集

本书综合目的性抽样和理论性抽样两种方法选取访谈对象,所选取的受访者来自不同城市、行业、不同教育水平和不同年龄段等。质性研究在选择样本时,最重要考虑的是:选择那些能够为你提供信息、回答研究问题的时间、现场与个人(马克斯威尔,2007)。目的性抽样有以下三个目的:一是研究者选择的调研现场、受访者或个体行为要具有典型性或代表性。二是研究者要正确理解研究群体的异质性,旨在保证结论适当代表整个变化范围,而不仅仅是这个范围的代表性成员。三是有意识的检验受访者,他们对研究初始所选用的理论或者随后构建的理论都是及其重要的(马克斯威尔,2007)。在目的性抽样中,研究在充分考虑受访者的年龄段、性别、地区等背景资料的基础上,又遵循以下受访者选择原则。鲁宾、鲁宾(2010)指出当访谈对象是有经验的人并且拥有关于研究问题的第一手资料时,访谈就获得了信度,因此,他们建议在选择被访者时,可以遵循以下几个原则:一是找到能提供有用信息的受访者,即受访者应该是在所访的领域内有经验和见识的,找到具有相关第一手经验的受访者是使研究具有信度的关键。二是视角多样性,即确保已经访谈了体现不同视角的人,旨在强化研究信度。三是有针对性地选择受访者,有助于建构并检验理论,以便将研究结论推广到直接的研究场景之外。

理论抽样是一种资料搜集方法,其主要建立在概念/主题基础之上,这些概念/主题也来源于资料;该方法以资料的搜集和分析同时进行为基础,目的是从人物、地点和事件来搜集资料,从而最大化地形成概念、类属,最终揭示变量和建立概念之间的相互关系(科宾、施特劳斯,2015)。理论抽样开始于第一次分析之后,并贯穿于整个研究过程(科宾、施特劳斯,2015)。理论抽样作为一种研究样本选择策略,可以使研究者关注的焦点集中在生成的编码类属上;作为一种抽样技术可以发展和完善编码类属,有助于检验、限定和详细阐述编码类属的边界,使所生成类属的关系具体化;同时关注进一步的数据搜集,以此完善研究中的关键类属(卡麦兹,2009)。理论抽样能够保证研究者构建充分而可靠的类属,并让研究者厘清类属之间的关系(卡麦兹,2009)。基于此,本书也采用理论抽样选择受访者,因为他们有相关的经验,这些受访者能够为后续的扎根理论提供丰富且直接的洞见。

遵循理论抽样,在访谈的过程中根据编码所得到的类属选择后续访谈所需的研究对象,对其继续进行访谈和编码,直到所有提炼的核心类属都达到理论饱和为止。理论饱和主要是指当新搜集的数据不再能产生新的理论见解时,也不再能揭示核心理论类属新的属性时,理论就饱和了(卡麦兹,2009)。

综合目的性抽样和理论抽样,本书共访谈了 29 位 60 周岁及以上的城市老年人,这些老年人位于不同的城市,分别是天津、北京、唐山、沈阳、阜阳、广州等城市,涵盖了不同年龄段、不同行业、不同性别的老年人。他们都在 60 周岁及以后有出游的经历,能够提供关于旅游制约的第一手经验数据,具体受访者信息见表 3.1。根据扎根理论的原则,为了增加研究的可信度,并不是访谈人数越多越好,相反只需要针对不同的观点都做了访谈,然后把这些观点集合起来就可以获得较为全面的事实图景(鲁宾、鲁宾,2010)。此外,扎根理论方法的研究者反对关注数据的数量,认为进行只有有限数据的小型研究也是合理的,小样本和有限数据并不会带来什么问题,因为扎根理论方法的目的就在于形成概念类属(卡麦兹,2009)。数据搜集的典型做法是研究者多次搜集访谈数据,通常是访谈 20～30 个人,得到饱和范畴(米勒、萨尔金德,2004)。

表 3.1　受访者基本信息

序号	性别	年龄/周岁	受教育状况	退休前职业	每年出游次数	出游方式	访谈时间	访谈地点
T1	女	65	专科	医护人员	5 次以上	自由行	2018.11.16	老年活动中心
T2	男	88	本科	教师	3 次以上	自由行	2018.11.16	老年活动中心
T3	女	68	高中	工人	2 次以上	子女同行	2018.11.16	老年活动中心
T4	女	65	专科	工人	3 次以上	自由行	2018.11.16	老年活动中心
T5	男	71	初中	技术人员	1 次以上	子女同行	2018.11.20	SS 景区
T6	男	66	专科	自由职业者	5 次以上	自由行	2018.11.20	SS 景区
T7	男	65	专科	机关工作	2～3 次	跟团游	2018.11.20	SS 景区
T8	男	83	本科	自由职业者	5 次以上	自由行	2018.11.20	SS 景区

序号	性别	年龄/周岁	受教育状况	退休前职业	每年出游次数	出游方式	访谈时间	访谈地点
T9	女	64	本科	事业单位	1 次以上	自由行	2018.11.20	SS 景区
T10	男	67	专科	防疫工作	2 次以上	跟团游	2018.11.22	XX 小区
T11	女	71	专科	机关工作	2 次	跟团游	2018.11.22	XX 小区
T12	男	82	初中	工人	3 次	自驾游	2018.11.22	XX 小区
T13	男	72	专科	教师	2 次	背包游	2018.11.22	XX 小区
T14	女	65	高中	行政工作	2~3 次	自驾游	2018.11.22	XX 小区
T15	女	67	本科	教师	1 次以上	自由行	2018.11.25	ZJ 公园
T16	男	68	本科	新闻工作者	1 次以上	自由行	2018.11.25	ZJ 公园
T17	男	73	本科	机关公务员	1 次	跟团游	2018.11.25	ZJ 公园
T18	女	65	初中	工人	3 次以上	跟团游	2018.11.25	ZJ 公园
T19	男	81	本科	企业工作	1~2 次	自由行	2018.11.27	ZJ 公园
T20	男	75	本科	律师	多次	自由行	2018.11.27	ZJ 公园
T21	女	65	专科	会计	多次	跟团游	2018.11.27	ZJ 公园
T22	男	83	专科	老师	多次	跟团游	2018.11.27	ZJ 公园
T23	男	84	本科	研究人员	3~5 次	自由行	2018.11.27	ZJ 公园
T24	女	71	高中	老师	1 次以上	自由行	2018.11.30	RM 公园
T25	男	82	高中	技术人员	1~2 次	自由行	2018.11.30	RM 公园
T26	女	70	高中	企业工作	3 次以上	自由行	2018.11.30	RM 公园
T27	女	65	高中	服务人员	1 次以上	自由行	2018.11.30	RM 公园
T28	女	80	高中	报社工作	2 次以上	跟团游	2018.11.30	RM 公园
T29	男	73	本科	技术人员	4~5 次	跟团游	2018.11.30	RM 公园

受访者人口统计特征为：男性 16 人，女性 13 人。年龄在 60~69 周岁的有 13 人，70~79 周岁的有 8 人，80 周岁及以上的有 8 人。初中学历的有 3 人，高中学历的有 7 人，专科学历的有 9 人，本科学历的有 10 人。退休前职业为医护人员的有 2 人，教师有 5 人，工人有 4 人，技术人员有 4 人，自由职业者有 2 人，事业单位从业者有 4 人，企业从业者有 8 人。出游次数在 5 次以上的有 6 人，3~5 次的有 9 人，1~2 次的有 14 人；自由行的有 15 人，子女同行的有 2 人，跟团游的有 9 人，自驾游的有 2 人，背包游的有 1 人。在老年活动中心访谈的有 4 人，在景区访谈的有 5 人，在居民小区访谈的有 5 人，在公园访谈的有 15 人。

研究选取不同类型的访谈对象,目的是避免共同方法偏差,多源资料获取可使得本书的访谈资料内容更加丰富与翔实。

二、访谈过程

基于本章第一节的研究思路,采用半结构化的面对面深度访谈法对 60 周岁及以上的城市老年人进行访谈,对城市老年人出游面临的旅游制约问题进行探究。在访谈之前,首先,研究人员设计好半开放式的访谈提纲。其次,研究人员征询 2 名旅游管理专业的教授和 2 名旅游管理专业博士生的意见,请他们就访谈提纲提出修改意见。最后,确定访谈提纲。访谈时间为 2018 年 11 月 16 日至 11 月 30 日,具体的访谈过程如下。

第一,研究者到选取的访谈地点后,随机选取 60 周岁及以上的城市老年人作为受访者,并告知受访者关于研究者的基本信息和本次调研的目的。

第二,研究者询问受访者是否在 60 周岁及以上,如果受访者回答"是",则询问其是否愿意接受访谈,如果受访者回答"是",则开展具体的访谈。如存在以下两种情况则终止访谈:一是受访者回答"年龄在 60 周岁以下",二是受访者回答"不愿意接受访谈"。

第三,研究者向受访者说明本次访谈完全匿名,不会询问任何关于个人隐私的信息,访谈的资料仅供学术研究所用,所有资料都会保密,受访者所说话语不分对错。此举旨在让受访者放松,能够更加翔实地回答受访者的提问,提高访谈的信度和效度。

第四,询问受访者是否同意在访谈的过程中使用录音笔记录访谈内容,如果受访者回答"是",研究者用录音笔记录访谈内容,同时手写记录受访者所说的关键内容,以形成访谈备忘录;如果受访者回答"否",则完全依靠手写速记受访者所说的关键要点,并在访谈结束后及时回忆和记录受访者所说的内容。

第五,城市老年人旅游制约深度访谈的主题主要包括以下几个方面。

(1)受访者在 60 周岁及以上是否有外出旅游的经历。

(2)如果受访者回答"否",则询问其为什么不参加旅游活动,有哪些因素制约其不能外出旅游。

(3)如果受访者回答"是",则询问其在外出旅游的过程中有没有遇到一些因素使得 a.不能维持或增加参与旅游活动的频率;b.不能参加新的旅游活动。

(4)询问受访者是否遇到一些制约因素使得他们停止参加旅游活动。

(5)在旅游活动的过程中是否遇到一些制约因素,影响其参与旅游活动的体验或者旅游满意度。

第六,在访谈的过程中,如果遇到受访者所说的内容对研究有帮助,且不在以上研究主题内,则研究者追问受访者,以进一步探究相关的内容。此外,访谈结束时,研究者向受访者反馈总结的访谈内容,以补充和修正访谈资料。同时,询问受访者基本的人口统计学信息,如职业、受教育程度等。

三、访谈资料整理

研究共访谈了 29 位 60 周岁及以上的城市老年人,总访谈时长为 1305 分钟,每位老年人的平均访谈时长约为 45 分钟,通过对录音的整理,共转录出约 15 万字的访谈文本。转录访谈是将访谈内容从口语形式转换到书面形式,使访谈会话形成更易于分析的形式,而转录过程本身就是最初的分析过程(苛费尔、布林克曼,2013)。本书的录音转录主要遵循以下步骤。

(1)由研究者亲自进行访谈录音的转录,研究者在转录过程中还会在访谈情境的社会方面和情感方面得到展现或激发,并且开始所谓的意义分析(苛费尔、布林克曼,2013)。

(2)研究者对访谈录音进行逐字逐句的转录,并注明相应的语气词和情感,如嗯、哎,高兴、笑声、愤怒、停顿等,最大限度的保留受访者所说话语的本意。

(3)研究者整理好访谈文本后,再次对访谈录音和转录文本进行第二次审核校对,以保证转录文本的真实性和可靠性。

四、研究伦理

研究伦理必须是从事研究的任何人最优先关心的内容(米勒、萨尔金德,2012)。由于本书会对受访者的观点、意见、经历和个人信息进行访谈,在整个研究过程中充分遵从社会研究的伦理规定,具体如下:

(1)在进行访谈时,首先,询问受访者的意愿,是否接受访谈;其次,将访谈的目的告诉受访者;再次,受访者自由回答访谈问题,当拒绝回答问题时,研究者保证不追问;最后,受访者可以随时终止访谈,严格遵循受访者自愿参与的原则。

(2)在征询受访者同意的前提下进行访谈手写记录和录音,并且受访者有权利删除某些不想被列入研究的录音对话或者记录。在访谈过程中,研究者完全尊重受访者的意愿,尽可能让受访者没有访谈心理负担和压力。

（3）在访谈录音转录和扎根理论编码研究的过程中，受访者的个人信息和访谈内容均通过编码记录呈现，充分保护受访者的个人信息。

五、研究信度与效度

（一）研究信度

信度（Reliability）是指研究结果的稳定性和一致性，一致性被认为是研究结果的可重复性，稳定性是研究结果的一致性不随测量时间的改变而改变（托马斯·W.李，2014），即之后的研究如果完全按照之前的研究所阐述的研究步骤，再次开展相同的研究，将得到同样的研究结果和结论。信度检验的目标是降低、减少研究中的错误和偏见（罗伯特·K.殷，2004）。采用提出的两种方法来确保本研究的信度，这两种方法分别是设计一个周密的研究草案、创建研究所需的资料库（托马斯·W.李，2014）。具体来说，一是本书设计了周密的研究计划，在该计划中充分说明研究目的和研究主题；详细展示了研究程序，如受访者的选择、研究方法、研究设计、受访者的基本信息、数据资料的收集过程、访谈过程等；深入剖析了具体的研究问题、访谈的时间和地点、研究所采用的数据分析方法——扎根理论等；详细的呈现了整个研究过程，形成了完整的内容结构。二是本书对所搜集得到的一手资料和二手资料进行了梳理整合，建立了研究所需的资料库。

（二）研究效度

效度是指一个结论、描述、解释、说明或其他描述的可信度或准确性（马克斯威尔，2007）。格拉泽和施特劳斯提供了三个标准来判断一个研究的可信度，一是要有足够的细节描述，让读者有身临其境的感觉；二是对于资料是如何搜集的以及如何进行分析的都要有充足的证据；三是研究者要具体说明所使用的资料类型（科宾、施特劳斯，2015）。本书严格遵循以上标准，以保证研究的效度。具体来说，首先，本书详细阐述了质性研究的每个步骤和过程，如在数据分析的过程中，通过引用受访者的原话来详细展示本研究的证据；其次，研究说明了质性研究的数据收集、数据整理和数据分析步骤，如对目的性抽样和理论性抽样访谈的详细过程、数据整理的过程等的清晰阐释。最后，研究也在文中充分说明了一手资料和二手资料的来源。

通常来说，定性研究的效度又可分为内部效度（Validity）和外部效度（Generalizability）。就定性研究而言，其越深入细致的对某一社会现象进行研究，就越具备一般性，研究结论能获得外部效度，所得结论就越准确。而内部效度是指研究者对研究对象(本书中指 60 周岁及以上的城市老年人)认知的有效性,具体表现为"可靠性"与"真实性"两个方面。在本书中,主要从以下两个方面做准备来提高研究的内外部效度。

(1)在数据的收集过程中,通过多种数据搜集方式来保证数据来源的多元化。研究者不仅通过对城市老年人的深度访谈来收集一手数据,还通过旅游博客、新闻报道、旅游公司发布的老年旅游消费报告、文献等途径收集所需要的二手数据,及时与受访者反馈沟通、对不同资料反复比较等方法确保资料的真实性,以保证本研究的内部效度。这种多途径数据资料的搜集,一方面可以降低共同方法偏差,另一方面可以搜集更加全面翔实的资料,有利于本书对城市老年人旅游制约做出相对全面的研究与评价。

(2)对于二手资料,研究通过团队讨论、与一手访谈资料进行比对、咨询旅游企业专家等方法对其进行深入的分析与校对,即研究通过三角验证的方法,一方面可以确保一手访谈资料的信度与有效性;另一方面为接下来的扎根理论分析提供丰富、可靠的数据资料,提高研究结果的效度。

第三节　数据分析

扎根理论方法要求通过对原始资料的逐级编码,不断的抽象出新的概念和范畴,力求获得的概念维度具有高度抽象性、高度凝炼性和高度整合性,所得出的理论应该具有较强的运用价值,适用于比较广阔的范围,具有较强的解释力。本书采用扎根理论的三级编码技术对数据进行分析,即采用开放式编码、主轴编码和选择性编码对一手数据资料和二手数据资料进行层层编码总结,并遵循扎根理论的编码要求,辨析与维度有关的理论性问题,最终构建具有较强解释力和应用价值的城市老年人旅游制约的结构维度模型和理论框架。

扎根理论方法的具体分析步骤是,首先,通过对原始资料的开放性编码进行初步概念化,发掘范畴意义。其次,通过主轴编码对初始范畴进行提炼归纳,建立概念类属之间的关系,以说明资料中编码之间的有机关联,从而提取主范畴。再次,通过选择性编码将所有独立的主范畴联系起来,以建立不同主范畴间的潜在联结关系,通过分析发现各范畴在概念层面上确实存在内在联系,并根据其相互关联和逻辑顺序,进行重新归类总结,进而提取核心范畴。最后,以陈述范畴之间关系或呈现命题的方式构建理论模型,结束扎根理论研究。同时,本书还将借助 Nvivo12.0 质性数据分析软件对资料进行分析。在三级编码的数据分析过程中,还使用不断比较的方法对资料和编码进行分析,一是对数据进行比较,发现相同与差异;二是通过比较更快的从描述层次推进到抽象层次;三是帮助连接、压缩范畴和概念;四是有助于发现变量以及普遍的模式(科宾、施特劳斯,2015)。

本书在以上研究流程的基础上建立数据库。由于从单一渠道进行调查所得的数据不可避免地会出现共同方法偏差。因此,本书除了通过访谈得到资料进行文本转录,还搜集关于老年人旅游的新闻事件、老年人的旅游博客、相关企业发布的关于老年旅游的市场报告(如《中国中老年人旅游消费行为研究报告2016》《老年人旅游消费报告 2018》《老年群体旅游行为报告》《2023 银发人群出游行为洞察》)等二手资料对一手资料进行补充和验证。这种多途径数据资料的搜集,一是可以降低共同方法偏差,二是可以搜集更加全面翔实的资料,有利于本书对老年人旅游制约做出相对全面的研究与评价。对于这部分二手资料,通过与研究团队讨论、与一手访谈资料进行比对、咨询同程百旅会中做老年旅游业务的员工等方法对这部分二手资料进行深入的分析与校对,即研究通过三角验证的方法,一方面,可以确保一手访谈资料的信度与有效性;另一方面,为接下来的扎根理论分析提供丰富、可靠的数据资料。此外,本书对收集的所有相关一手资料和二手资料统一梳理建立资料库。

一、开放式编码

编码是研究分析的第一步,是对数据资料内容进行定义的过程;编码就是把数据片段贴上标签,并对每一部分数据进行分类、概括和说明,也是超越数据的具体描述、进行分析性解释的第一步(卡麦兹,2009)。编码是搜集数据和形成解释这些数据的生成理论之间的关键环节(卡麦兹,2009)。开放式编码是一个数据资料收集与分析同时进行的过程,通过编码发现初始概念与范畴并予以命名来客观、正确的反映原始资料内容。具体来说,在开放式编码的过程中,首先对原始资料进行分析定义,之后通过归类提炼出"概念",然后进一步归纳以形成"范畴"的形式呈现。此外,陈向明(2000)认为,在开放式编码阶段,研究人员主要关心的不是所使用资料中有什么概念,而是这些概念如何使研究进一步深入开展下去。

本书的访谈资料搜集与开放性编码同时开展,以保证编码结果的有效性与可靠性,每次深度访谈结束后,研究者即开始对资料进行整理与编码。在具体编码过程中,本书按照"定义现象—发展概念—发掘范畴"的流程进行编码(彭伟、符正平,2015)。首先,贴标签就是对原始资料中与旅游制约相关的词语、短语和句子进行标注,用 ai 标记;其次,定义现象就是对所标注的内容进行初步整合,提炼出概念;再次,概念化,即对初步形成的概念进一步归类、提炼,用 Ai 表示;最后,范畴化,即对得到的概念进行归类和抽象形成范畴,用 AAi 表示。

(一)贴标签与定义现象

本书对原始资料进行逐句分析和贴标签,并通过不断比较对所贴标签定义现象。同时,借助 Nvivo 12.0 软件中的节点分类功能来建立节点,即贴标签。具体是一边浏览,一边进行编码形成节点(由下而上),共建立了 322 个节点,即形成 322 个标签(见表 3.2)。

表 3.2 原始资料标签化与定义现象示例

原始资料(贴标签)	定义现象(ai)
……进商店买东西太烦了,不买都不行,唉!你不买导游给你脸色(a1)……可以说让你心情特别烦(a2)……有时候我们不得不买,阻碍我旅游的就是买东西(a3),他给你带到商店,有次去香港 4 个小时,就在一个地方待着,非得让买手表。……其实就是一个安全,安全最重要(a4);去台湾的旅游小火车出多少事(a5)……跟团也累,光喊着你坐车,唉哟!也没意思(a6)……有时候退票都成问题,要么不退,要么就给你退一点,就这样(a7)	a1 导游摆脸色、a2 购物影响游览心情、a3 强迫购物制约旅游、a4 旅游人身安全、a5 旅游交通事故、a6 团队游服务、a7 退票不顺利
……有经济方面的(a31),有身体方面的(a32)……还有主办者的(a33)……就是说导游要赚钱,他带你去买东西,引起了种种不便(a34)……你要说这个主办单位的制约,他是不是诚信有守时(a35)……在旅游过程中还有很多未知因素的,对不对?像意外的损伤(a36),意外的飞机延误(a37),不可抗拒的天灾人祸(a38),都是这个情况……我家这狗就是没人照顾,出不去(a39),好多家都因为狗啊,出不去……在那个时间内有演出任务也走不了(a40)	a31 经济因素、a32 身体因素、a33 旅游企业的因素、a34 导游因素、a35 旅游企业的诚信、a36 意外损伤、a37 飞机延误、a38 不可抗拒的天灾人祸、a39 照顾宠物、a40 有演出任务

续表

原始资料（贴标签）	定义现象（ai）
……需要伺候老人（a81），家里有孩子，你还得带孩子（a82）。支配时间就没有那么充沛（a83），对吧？……还有其他的一些家庭责任（a84）……跟旅行社安排时间太紧（a85），再一个现在十个有九个旅行团都有购物，所以你不买，购物把你时间都给耽误了（a86），而且你心情不好，进去待3个小时，即使不买心里也不痛快（a87）。所以跟旅行社就是没有自由（a88），失去了旅游的快乐（a89）……他说那话跟实际价格不相符（a90），我到重庆以后，报了一个一日游，因为从重庆市区到各个景点，坐车不方便（a91）。一日游导游告诉你有多少景点，实际就8个，2个购物，到最后这个景点有的就一过，有的原本规划20分钟（a92），最后在那购物场所待了3小时，整个这一天时间都给浪费（a93），对不对？……有些景点门票贵，进去以后一看根本就不值，跟实际的价值不符（a94），一个就是饮食、一个就是门票物不所值（a95）……还有就是像铁路旅游，现在铁路旅游其实挺好，我在网上看过好几次，就是它的宣传力度不够（a96），而且不知道在哪报名（a97）……好多景点就为了拉客变相降价（a98），完了再从购物之类的其他方面再把钱给找回来，所以旅游市场很乱	a81 伺候老人、a82 带孩子、a83 时间不充沛、a84 家庭责任、a85 旅行社安排时间太紧、a86 购物耽误时间、a87 购物影响心情、a88 跟团游没有自由、a89 跟团游缺少快乐、a90 产品质价不符、a91 目的地交通不方便、a92 景点游览服务不好、a93 购物影响旅游体验、a94 景点门票贵、a95 饮食和门票物不所值、a96 旅游产品宣传力度不够、a97 缺少报名的渠道、a98 景点为拉客变相降价
……一个就是座位安排，最好能把座位排好了，咱抢不过人家，那么大岁数了，不这样我也不乐意了（a121）……一个团餐问题，团餐要组织好了，老年人吃得慢，喝什么的，就跟饿虎扑食一样的，我已经受不了，我最后吃不饱（a122），我们都自己下饭馆，我跟我们老头在外面吃。团餐好坏不说，最起码能吃得上，有时连吃都吃不上（a123），你还没吃两口，菜没啦（a124）……我觉得导游对游客一定要平等对待，别有薄有厚（a125）……现在有规定70周岁以上老人必须得签字了（a126），需要体检（a127），坐飞机还不行了（a128）	a121 座位安排、a122 团餐组织、a123 吃不饱和吃不上饭、a124 餐饮份量不足、a125 导游平等对待游客、a126 参团游需要家属签字、a127 参团游需要体检、a128 可能不让坐飞机

资料来源：本研究整理，由于整个表的篇幅过大，此表只展示其中一部分。

（二）概念化与范畴化

在开放式编码的过程中，研究者必须摒弃个人的"定见"和"偏见"，根据数据资料自然呈现的状态和内容进行编码（陈向明，1999）。同时，本书还采用鲜活编码的方法，即在编码的过程中使用受访者的真实语言来命名概念（科宾、施特劳斯，2015）。在定义现象的基础上，本书利用 Nvivo 12.0 软件对325个节点进行提取、归纳、整合，形成概念。在概念化的基础上，本书通过剔除无效与重复概念聚拢后,进一步对概念归类、提取和抽象化,发现概念之间的关系以形成范畴,最终研究共提取了 116 个概念和 26 个范畴,表 3.3 是部分编码示例。这 26 个范畴分别是:人身安全、旅游设施安全、交通安全、饮食安全、目的地交通不便利、目的地人文与社会环境、目的地治安、目的地自然状况、导游服务质量、导游平等对待游客、导游自身素质与技能、拥挤、其他游客行为、旅游设施、旅游购物、旅行社产品与服务、旅游景区产品与服务、酒店产品与服务、旅游信息宣传与产品缺失、缺少旅游伴侣、朋友不能一起、家庭责任、参加其他活动、身体因素、心理因素、经济因素。

表 3.3　老年人旅游制约开放式部分编码示例

定义现象	概念化	范畴化
a1 导游给脸色 a43 旅行社导游态度不好 a134 服务态度差	A1 导游服务态度	AA1 导游服务质量
a138 导游服务质量差 a288 导游甩团	A2 导游服务质量	
a12 参加唱歌集体活动 a40 有演出任务 a207 参加跳舞活动	A7 参加其他休闲活动	AA5 参加其他活动
a4 旅游人身安全 a42 意外损伤 a119 担心人身安危 a245 自然灾害	A9 人身安全	AA8 人身安全
a11 舍不得花钱 a112 感觉出去旅游就是很费钱	A11 经济因素	AA10 经济因素
a45 不喜欢旅游 a142 也不愿意出去 a178 没有旅游的兴趣 a246 没了旅游兴致	A14 不喜欢旅游	AA11 心理因素
a102 缺少出游的知识 a103 游客出行经验不足	A40 游客知识和经验	AA13 缺少旅游知识与经验
a96 旅游产品宣传力度不够 a97 不知道在哪个地方报名参团	A20 旅游信息宣传	AA15 旅游信息宣传

续表

定义现象	概念化	范畴化
a171 景点同质化 a180 没什么看头 a251 现在的旅游景点基本上雷同	A25 景点同质化	AA18 旅游景区产品与服务
a247 景区旅游产品同质化 a248 缺少特色 a252 感觉旅游产品没有特色	A30 旅游产品同质化、无特色	
a159 景点强迫收费 a160 景点乱收费 a234 景区强制消费	A70 景区不合理收费	
a94 景区门票贵 a148 门票物价太高 a161 景点费用特别高 a268 景点门票花费高	A75 景区门票贵	
a55 景区服务质量不好 a61 景区夸大宣传	A80 景区服务与宣传	
a26 旅行社压缩游览时间 a225 旅行社服务不达标准 a276 随意变更或减少项目 a278 不按旅游合同履约	A85 旅行社不按合同履约	AA22 旅行社产品与服务
a61 旅行社诚信很重要 a72 旅游公司是否诚实守时 a79 可靠的旅游公司	A90 旅行社诚信	
a45 旅行社产品夸大宣传 a66 旅行社产品与实际不符	A95 旅行社产品夸大宣传	

二、主轴编码

主轴编码是编码的第二个主要阶段,主轴编码是使用出现最频繁和/或最重要的初始范畴,并用更加抽象的概念综合和解释更大范围的数据(卡麦兹,2009)。但开放式编码得到的所有范畴还是相互独立的,其所蕴含的范畴意义和关系仍较为模糊和广泛,还需要对范畴之间的关系进行深入探究。可以通过不断比较的方法进一步抽象、归类、提炼出更高一级的概念。因此,第二阶段的主轴编码则聚焦于将各个独立的范畴联系起来,以进一步发现与建立不同范畴间的潜在联结关系,通过分析发现各范畴在概念层面上确实存在内在联系,并根据其相互关联和逻辑顺序,再次进行重新归类,进而提取主范畴。通过对 26 个范畴的分析、归类和抽象,研究共提炼出 10 个主范畴,分别是安全感知制约、服务与设施制约、人文与自然环境制约、旅游环境体验制约、服务体验制约、旅游企业产品和服务供给制约、支付能力制约、身心制约、时间制约、旅游伴侣制约。

（一）安全感知制约主范畴

安全感知制约主范畴主要指老年人在出游前和出游过程中比较担心的各方面安全问题。通过主轴编码方法对开放性编码结果进行比较、归类,发现该主范畴共包括四个对应范畴,分别是人身安全、旅游设施安全、交通安全、饮食安全,具体的对应范畴和范畴内涵见表 3.4,相应的受访者代表性语句见图 3.2。

表 3.4　安全感知制约主轴编码

主范畴	对应范畴	范畴内涵
安全制约	人身安全	担心旅游中的意外事件、自然灾害等给老年人造成人身伤害,以及其他不可抗拒事件和意外损伤给老年人安全带来的危险
	旅游设施安全	担心在出游过程中旅游设施给老年人安全造成伤害
	交通安全	担心在出游过程中各种交通工具给老年人造成安全损害
	饮食安全	担心在出游过程中食品卫生、餐饮等给老年人带来安全隐患

Nvivo 12.0 软件具有文本搜索功能,以关键词为依据,从选择的文本中搜寻包含关键词的文本。本书以主范畴为关键词,搜寻受访者所说的包含关键词或与关键词相近的代表性语句编码参考点。具体的,在保持受访者语义不变的情况下,本书通过省略原语句、增加括号及里面的内容对代表性语句进行了适当的调整,以使代表性编码点表达的内容更完整、更精炼。此外,本书还手动检索原始文档对自动检索内容进行补充。

（二）人文与自然环境制约主范畴

目的地人文与自然环境制约是指与旅游目的地相关的因素对老年人旅游产生制约,如气候、环境、自然状况等。通过主轴编码方法对开放性编码结果进行比较、归类,发现该主范畴共包括两个对应范畴,分别是目的地人文与社会环境、目的地自然状况,具体的对应范畴和范畴内涵见表 3.5,相应的受访者代表性语句见图 3.3。

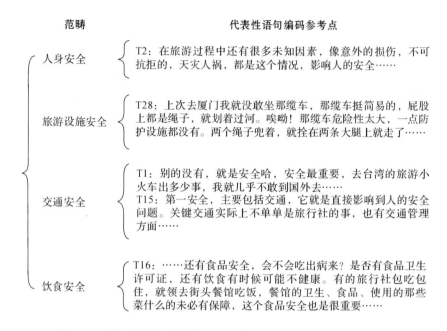

图 3.2　主范畴"安全感知制约"相关范畴和代表性语句编码参考点

表 3.5　人文与自然环境制约主轴编码

主范畴	对应范畴	范畴内涵
人文与自然环境制约	目的地人文与社会环境	老年人在目的地感受到的人文与社会环境的友好程度。如目的地居民态度不友好、社会环境差等都会制约老年人出游
	目的地自然状况	主要是指目的地的自然环境状况,如目的地气候、自然灾害情况等,会影响老年人在目的地的旅游体验和出游决策

　　同上,本书以主范畴为关键词,用 Nvivo 12.0 软件的检索功能,搜寻受访者所说的包含关键词或与关键词相近的代表性语句编码参考点。具体的,在保持受访者语义不变的情况下,本书通过省略原语句、增加括号及里面的内容对代表性语句进行了适当的调整,以使代表性编码点表达的内容更完整、更精炼。此外,本书还手动检索原始文档对自动检索内容进行补充。

　　(三)服务与设施制约主范畴

　　目的地服务与设施制约是指旅游目的地交通设施、游览设施、相关人员的服务能力与技能等对老年人旅游产生的影响,研究通过主轴编码方法对开放性编码结果进行比较、归类,发现该主范畴共包括两个对应范畴,分别是目的地交

范畴　　　　　　　　　　代表性语句编码参考点

目的地人文环境
T14：……很多地方都去过，从来没有像现在环境这么差、这么恶劣。人的素质太低。这个环境是指社会人文环境、社会环境。现在不出去旅游的主要原因就是去旅游的目的地社会环境不好……

目的地自然状况
T13：……这个地方的危险程度，比如说去高原，去西藏，高原反应到底是什么样的……
T27：……你出行去目的地的季节要考虑，比如夏天到三亚，就会下大雨，有时候还有台风，你得了解它的季节、气候，再去！……

图 3.3　主范畴"人文与自然环境制约"相关范畴和代表性语句编码参考点

通不便利、目的地服务跟不上，具体的对应范畴和范畴内涵见表 3.6，相应的受访者代表性语句见图 3.4。

表 3.6　服务与设施制约主轴编码

主范畴	对应范畴	范畴内涵
服务与设施制约	目的地交通环境	交通不便利，缺少适合老年人出行的交通工具等会影响老年人在目的地的旅游活动和体验
	目的地服务	各类服务，如医疗服务、旅游公共服务、公共交通等给老年人出游造成的制约

范畴　　　　　　　　　　代表性语句编码参考点

目的地交通环境
T6：……重庆市区到各个景点，坐车不方便……
T27：……给老年人免公交、地铁票，可以降低他们的出行成本……
T27：……交通方面主要是指目的地的黑的士，绕来绕去，你也不知道，得要个百八十……

目的地服务
T26：……万一发生了意外事件，不知道当地的医疗服务怎么样？
T19：……当地的餐饮服务胡乱收费……公共厕所甚至要收钱，环境卫生质量也不好……

图 3.4　主范畴"服务与设施制约"相关范畴和代表性语句编码参考点

同上，本书以主范畴为关键词，用 Nvivo 12.0 软件的检索功能，搜寻受访者所说的包含关键词或与关键词相近的代表性语句编码参考点。具体的，在保持受访者语义不变的情况下，本书通过省略原语句、增加括号以及里面的内容对代表性语句进行了适当的调整，以使代表性编码点表达的内容更完整、更精炼。此外，本书还手动检索原始文档对自动检索内容进行补充。

（四）旅游环境体验制约主范畴

旅游环境体验制约是指老年人在旅游过程中经历的一些不好的事件、看到的不文明现象、不好的服务体验而导致的旅游满意度下降，导致不愿意再次出游等。通过主轴编码方法对开放性编码结果进行比较、归类，发现该主范畴共包括四个对应范畴，分别是拥挤、其他游客行为、旅游设施体验、旅游购物体验，具体的对应范畴和范畴内涵见表 3.7，相应的受访者代表性语句见图 3.5。

表 3.7　旅游环境体验制约主轴编码

主范畴	对应范畴	范畴内涵
旅游环境 体验制约	拥挤	旅游景点人太多，拥挤造成游览体验不好
	其他游客行为	旅游中的其他游客素质太差，存在游客霸座、大声说话等不文明现象，一些老年团太乱，团队中其他游客素质差
	旅游设施体验	旅游途中的厕所设施太少且不健全、卫生间环境比较差，都会影响老年人的旅游体验和旅游心情
	旅游购物体验	旅游中强迫购物，购物店商品质量没保障等影响旅游心情，进而负面影响老年人的旅游体验

同上，本书以主范畴为关键词，用 Nvivo 12.0 软件的检索功能，搜寻受访者所说的包含关键词或与关键词相近的代表性语句编码参考点。具体的，在保持受访者语义不变的情况下，本书通过省略原语句、增加括号及里面的内容对代表性语句进行了适当的调整，以使代表性编码点表达的内容更完整、更精炼。此外，本书还手动检索原始文档对自动检索内容进行补充。

（五）服务体验制约主范畴

服务体验制约是指老年人在旅游过程中受到的服务人员对其不好的服务对待而导致的旅游满意度下降，不愿意再次出游等。通过主轴编码方法对开放性编码结果进行比较、归类，发现该主范畴共包括三个对应范畴，分别是服务质量、服务人员平等对待游客、服务人员自身素质与技能，具体的对应范畴和范畴内涵见表 3.8，相应的受访者代表性语句见图 3.6。

| 范畴 | 代表性语句编码参考点 |

拥挤 T14：……景点到处都是人，看到的都是人，哪个地方都这么多人……现在人特别多，特别挤，感觉很不舒服……

其他游客行为 T11：有一次团里有几个人不睡觉，一直说话，并且说话频率快、嗓门高，闹得脑瓜疼……
T20：现在旅游环境感觉很不好、比较乱，坐飞机打架，霸座、大声说话等不文明现象也影响出去旅游的心情

旅游设施体验 T7：卫生设施太少，不健全，过分的是一些有偿服务，比如上厕所要钱……

旅游购物体验 T1：我们最不愿意的就是进商店买东西，太烦了。本来心里挺高兴的，购物就让人感到特别烦……

图 3.5　主范畴"旅游环境体验制约"相关范畴和代表性语句编码参考点

表 3.8　服务体验制约主轴编码

主范畴	对应范畴	范畴内涵
服务体验制约	服务质量	服务人员对老年人的服务质量会影响老年人的旅游体验，如导游甩团、强制消费、服务态度不好
	服务人员平等对待游客	服务人员不能平等对待老年人、有薄有厚、公平性差，进而影响了老年人服务公平体验
	服务人员自身素质与技能	服务人员的自身素质影响老年人对服务质量的感知，如导游讲解能力与素质等

| 范畴 | 代表性语句编码参考点 |

服务质量 T1：……你不买都不行，导游给你脸色，这就不乐意出去了……

服务人员平等对待游客 T11：……我觉得导游对游客一定要平等对待，别有薄有厚。……本来没有这个项目，结果导游就偷摸带人单独参加活动，买票我们也买票，既然都到泰国了，咱就想看一看，别失去这回机会。这让我心里特别不高兴了……

服务人员自身素质与技能 T28：……第二个是说服务人员的技能和素质，这个对旅游体验很重要……

图 3.6　主范畴"服务体验制约"相关范畴和代表性语句编码参考点

同上,本书以主范畴为关键词,用 Nvivo 12.0 软件的检索功能,搜寻受访者所说的包含关键词或与关键词相近的代表性语句编码参考点。具体的,在保持受访者语义不变的情况下,本书通过省略原语句、增加括号及里面的内容对代表性语句进行了适当的调整,以使代表性编码点表达的内容更完整、更精炼。此外,本书还手动检索原始文档对自动检索内容进行补充。

(六)旅游企业产品和服务供给制约主范畴

旅游企业产品和服务供给制约主要是指旅行社提供的产品与服务、旅游景区的产品和服务、酒店的产品与服务质量等不规范,不能满足老年旅游者的需要。通过主轴编码方法对开放性编码的结果进行比较、归类,发现该主范畴共包括三个对应范畴,分别是旅行社产品与服务、旅游景区产品与服务、酒店产品与服务,具体的对应范畴和范畴内涵见表 3.9,相应的受访者代表性语句见图 3.7。

表 3.9 旅游企业产品和服务供给制约主轴编码

主范畴	对应范畴	范畴内涵
旅游企业产品和服务供给制约	旅行社产品与服务	旅游行程安排不合理,旅行社不按合同履约,旅行社产品夸大宣传、不诚信,旅行社团餐和座位安排不合理
	旅游景区产品与服务	旅游景点同质化、景区门票贵、景区乱收费、景区服务质量差、景区失真宣传会影响老年人的旅游体验和出游意向
	酒店产品与服务	酒店设施与服务、酒店餐饮、酒店卫生失真宣传

同上,本书分别以主范畴和对应范畴为关键词,用 Nvivo 12.0 软件的检索功能,搜寻受访者所说的包含关键词或与关键词相近的代表性语句编码参考点。具体的,在保持受访者语义不变的情况下,本书通过省略原语句、增加括号及里面的内容对代表性语句进行了适当的调整,以使代表性编码点表达的内容更完整、更精炼。此外,本书还手动检索原始文档对自动检索内容进行补充。

(七)旅游伴侣制约主范畴

旅游伴侣制约主要是指老年人外出旅游时所面临的没有人一起出游而使得自己不能参加某些旅游活动或不能出去旅游。通过主轴编码方法对开放性编码的结果进行比较、归类,发现该主范畴共包括两个对应范畴,分别是缺少旅游伴侣、朋友不能一起,具体的对应范畴和范畴内涵见表 3.10,相应的受访者代表性语句见图 3.8。

范畴	代表性语句编码参考点
旅行社产品与服务	T2：……旅行社是不是诚信守时，我们要选择一个好的旅游公司 T6：旅行社安排时间太紧，现在十个团有九个都有购物，把时间都给耽误了，即使不买，心里也不痛快…… T7：担心的就是旅行社的宣传，夸大宣传…… T11：……这团餐组织太不行了，团餐好坏不说，最起码你能吃得上，有时你连吃都吃不上，还没吃两口，菜没啦，吃饭就麻烦，所以我就不愿意去了。还有一个就是座位问题，咱抢不过人家，那么大岁数了，就这两个问题……现在有规定70周岁以上的老人，家属必须得签字，需要体检了，坐飞机还不行，我说又坏了，没赶上那趟车……
旅游景区产品与服务	T7：景区门票太高，主要就这个……景区宣传的跟实际不相符，有的太夸张了，实际上一看并没有宣传的好……你进庙了，比如上去以后烧香，有时候甚至是强迫你买香…… T14：像五台山，从一个口进去收费，进了大门还收费，几乎是景点都收费了，不收费景点很少，乱收费太多……
酒店产品与服务	T19：住的地方有的环境卫生差一些，这就没办法…… T23：……酒店很破，住宿暴露出来的是鱼龙混杂。从网上订的住宿，在网上看的时候感觉挺不错的，但宣传和实际是不一样的

图 3.7 主范畴"旅游企业产品和服务供给制约"相关范畴和代表性语句编码参考点

表 3.10 旅游伴侣制约主轴编码

主范畴	对应范畴	范畴内涵
旅游伴侣制约	缺少合适的旅游伴侣	找不到合适的旅游伴侣出游，会影响老年人的出游意向和旅游活动选择
	朋友不能去	朋友有事情不能出去旅游在一定程度上也会制约老年人出游

　　同上，本书分别以主范畴和对应范畴为关键词，用 Nvivo 12.0 软件的检索功能，搜寻受访者所说的包含关键词或与关键词相近的代表性语句编码参考点。具体的，在保持受访者语义不变的情况下，本书通过省略原语句、增加括号及里面的内容对代表性语句进行了适当的调整，以使代表性编码点表达的内容更完整、更精炼。此外，本书还手动检索原始文档对自动检索内容进行补充。

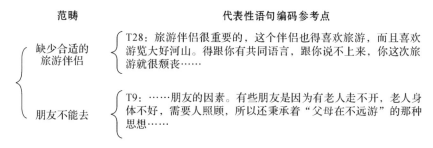

图 3.8　主范畴"旅游伴侣制约"相关范畴和代表性语句编码参考点

（八）支付能力制约主范畴

支付能力制约主要是指老年人外出旅游时所面临的财务制约而减少旅游的次数、行程的天数，不能参加某些旅游活动或不能外出旅游。通过主轴编码方法对开放性编码的结果进行比较、归类，发现该主范畴共包括两个对应范畴，分别是没有足够的钱、不舍得花钱，具体的对应范畴和范畴内涵见表 3.11，相应的受访者代表性语句见图 3.9。

表 3.11　支付能力制约主轴编码

主范畴	对应范畴	范畴内涵
支付能力制约	没有足够的钱	主要是指老年人收入有限，缺少足够的钱以支付出去旅游的花费
	不舍得花钱	主要是指老年人舍不得花钱、感觉出去旅游很费钱

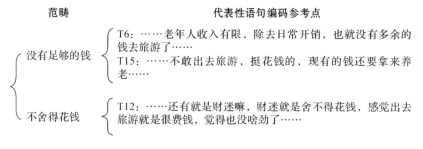

图 3.9　主范畴"支付能力制约"相关范畴和代表性语句编码参考点

同上，本书分别以主范畴和对应范畴为关键词，用 Nvivo 12.0 软件的检索功能，搜寻受访者所说的包含关键词或与关键词相近的代表性语句编码参考点。具体的，在保持受访者语义不变的情况下，本书通过省略原语句、增加括号及里面的内容对代表性语句进行了适当的调整，以使代表性编码点表达的内容更完整、更精炼。此外,本书还手动检索原始文档对自动检索内容进行补充。

（九）身心制约主范畴

老年人身心制约主要是指老年人外出旅游时所面临的来自外部性的制约而减少旅游的次数、行程的天数,不能参加某些旅游活动或不能出去旅游。通过主轴编码方法对开放性编码的结果进行比较、归类,发现该主范畴共包括两个对应范畴,分别是身体制约、心理制约,具体的对应范畴和范畴内涵见表3.12,相应的受访者代表性语句见图3.10。

表 3.12　身心制约主轴编码

主范畴	对应范畴	范畴内涵
身心制约	心理制约	很多地方都去过了,感觉出去旅游也没意思,不喜欢出去旅游,以及感觉出去旅游很麻烦等心理因素而不愿意出去旅游
	身体制约	老年人存在身体健康问题,如体力和精力不足、有慢性病、听力和视力下降等,对其出游有所制约,如担心在旅游过程中犯病

范畴	代表性语句编码参考点
心理制约	T4：唉呀！我还真不喜欢旅游。我看到处都差不多，现在都是人造的。……我以前都去过了，我看看也差不多，就是看看山、看看水，是不是啊…… T14：……我不怎么太感兴趣，好多地方也都是原来的单位组织免费去的……
身体制约	T12：……身体原因，不敢出去，一旦得病了怕赶不上救治，不能及时治疗…… T4：……我不要出去，上了年纪都不怎么想动了，跟你说，这个旅游出去要有体力的，没有体力不行的，上了年纪还真不行……

图 3.10　主范畴"身心制约"相关范畴和代表性语句编码参考点

同上,本书分别以主范畴和对应范畴为关键词,用 Nvivo 12.0 软件的检索功能,搜寻受访者所说的包含关键词或与关键词相近的代表性语句编码参考点。具体的,在保持受访者语义不变的情况下,本书通过省略原语句、增加括号及里面的内容对代表性语句进行了适当的调整,以使代表性编码点表达的内容更完整、更精炼。此外,本书还手动检索原始文档对自动检索内容进行补充。

（十）时间制约主范畴

时间制约主要是指老年人因为参与其他活动或者照顾家里而没有外出旅游的时间,从而不能参加某些旅游活动或不能外出旅游。通过主轴编码方法对

开放性编码的结果进行比较、归类,发现该主范畴共包括两个对应范畴,分别是
参加其他活动、家庭责任,具体的对应范畴和范畴内涵见表 3.13,相应的受访者
代表性语句见图 3.11。

表 3.13　时间制约主轴编码

主范畴	对应范畴	范畴内涵
时间制约	参加其他活动	老年人参加唱歌、跳舞、集体演出等休闲活动,这些活动在一定程度上占用了出游的时间
	家庭责任	有些退休后的老年人需要照顾孩子、照顾家里的老人、照顾老伴,有些老年人家里养有宠物,需要照顾宠物等,这些都减少了其可用时间

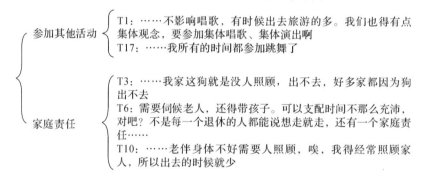

图 3.11　主范畴"时间制约"相关范畴和代表性语句编码参考点

同上,本书分别以主范畴和对应范畴为关键词,用 Nvivo 12.0 软件的检索
功能,搜寻受访者所说的包含关键词或与关键词相近的代表性语句编码参考
点。具体的,在保持受访者语义不变的情况下,本书通过省略原语句、增加括号
及里面的内容对代表性语句进行了适当的调整,以使代表性编码点表达的内容
更完整、更精炼。此外,本书还手动检索原始文档对自动检索内容进行补充。

三、选择性编码

归纳出主范畴后需要进一步系统地处理范畴与范畴之间的联系,而选择性
编码是对主轴编码的主范畴内容进行再一次的整合和提炼,即从主范畴中提炼
"核心范畴",利用"故事线"建立核心范畴与主范畴的逻辑关系,使用相关理论
来完善范畴之间的相互关系,最终达到理论饱和要求,发展出系统的理论框架。
本书通过对 26 个范畴和 10 个主范畴的深入分析,在与编码资料和相关文献比

较互动的基础上,梳理故事线,并对主范畴、对应范畴进行阐释,进而抽象提炼出核心范畴,在此基础上提出理论命题。本书的典型关系结构见表3.14。

表 3.14　典型关系结构

结构	关系结构内涵
安全感知制约—身心安全制约	安全制约是老年旅游者出去旅游之前最先考虑的问题之一,主要指老年人内心对于安全风险的感知,担心在旅游过程中发生安全、意外事故等,这会直接影响老年人的旅游偏好和能否参加旅游活动
身心制约—身心安全制约	老年人自身制约主要指老年人出去参加旅游活动时受到自身的心理或身体等内在个体制约条件影响,这将会直接影响老年人的旅游偏好和活动选择
旅游伴侣制约—人际制约	旅游伴侣制约主要指老年人因为找不到合适的旅游伴侣、朋友等而影响其旅游参与,在旅游伴侣形成与人际交往中,主要是老年人希望通过结伴旅游来达到互相照顾的目的
旅游企业产品和服务供给制约—支持性制约	旅游企业产品和服务供给制约主要是外在的一些客观支持性制约,具体是旅行社、景区、酒店等旅游企业的产品、服务等不能满足老年旅游者的需要,如虚假宣传、产品不适合等
支付能力制约—支持性制约	支付能力制约是外在支持性制约的一种类型,缺少外在的财务、金钱的支持,老年人也是不能参加旅游的
闲暇时间制约—支持性制约	闲暇时间制约是外在客观支持性制约的一种类型,老年人由于需要承担家庭责任、参与其他活动等而没有时间旅游
服务与设施制约—目的地属性制约	目的地服务与设施制约主要是目的地的各方面服务和基础设施、游览设施等对老年人旅游活动产生的影响,如气候、社会人文环境等
人文与自然环境制约—目的地属性制约	目的地人文与自然环境制约主要是目的地的气候、自然状况、社会人文环境等对老年人旅游活动产生的制约
旅游环境体验制约—参与后体验制约	旅游环境体验制约是老年人旅游结束后对整个旅游行程做的评价,体验的好坏直接影响其未来出游意愿和旅游活动选择
服务体验制约—参与后体验制约	服务体验制约是参与后体验的构成部分之一,老年人在旅游结束后都会对服务人员做出评价,服务人员作为整个旅游行程的关键人物,其服务体验也会影响老年人下次出游的意向、旅游动机、旅游偏好、内在的心理状态等

通过对典型关系结构的分析,本书最终提炼出核心范畴"那些造成老年人停止参与旅游活动、不能参与新的旅游活动、不能继续保持或者增加参与的频

率,或者给旅游体验质量(如:较低的满意度、没有获得期望的旅游益处)造成负面影响的障碍和情境——城市老年人旅游制约",在对已有理论和原始资料进行比较分析,以及典型关系结构的基础上,本书提出六个理论命题。

(1)身心安全制约由安全感知制约和身心制约两个子维度构成,城市老年人的内在制约主要是指其个人的心理品质、个人能力等,会直接影响其旅游偏好、旅游活动的选择等,是制约老年人外出旅游的最基本维度。

(2)人际制约主要是指影响旅游参与的社会人际关系,由于老年人自身的身体、心理等方面都具有特殊性,其在出游中更倾向于结伴出游,以互相帮助。这是因为儿女们都要工作,老年人需要找到合适的旅游伴侣出游。

(3)支持性制约主要是由旅游企业产品和服务供给制约、支付能力制约和闲暇时间制约等三个子维度构成,是指老年人的旅游活动已经形成但是在实际参与之前的制约。如果没有时间、足够的金钱和合适的旅游产品和服务供给的外在支持,老年人也难以出游。

(4)目的地属性制约主要包括人文与自然环境制约、服务与设施制约等两个子维度,是指旅游目的地各方面在老年人出游过程中产生的障碍,如目的地的交通、社会治安等状况给老年人的出游带来的不便利和不好的旅游经历,从而影响了老年人在目的地的旅游体验,制约了其以后的出游意向或在出游前担心目的地的治安而不出游。

(5)参与后体验制约由服务体验制约和旅游环境体验制约等两个子维度构成。老年人在出游结束后对本次行程的有形和无形体验做出的综合评价。此外,之前出游的旅游体验也都会直接影响其未来的出游意向、心理状态等。

(6)身心安全制约、人际制约、支持性制约、目的地属性、参与后体验制约不是平行的关系,存在一定的等级关系。其中身心安全制约是最基本的,随后是人际制约和支持性制约,只有把这三个制约解决了,才能真正的参与旅游活动。当然,参与旅游活动后会在旅游目的地遇到各方面的制约。当老年人结束旅游之后又会对旅游中的各方面体验进行评价,这一评价不仅会再次反馈影响其之前面临的各方面制约维度,而且还会影响其出游意向和出游动机。

对于这六个理论命题,将在本章的下文进行深入、细致的剖析。

四、提取新维度说明

本书在老年旅游的情境下,通过质性研究发现了城市老年人出游所面临的目的地属性制约和参与后体验制约等两个维度。目的地属性制约是指吸引游

客到一个地方旅游的不同元素的组合(Lew,1987)。目的地属性包括人(即与
当地人或游客相关的所有事物)、地理(即地理环境)、文化(即艺术、社会、宗教
信仰或智力表达)和度假(即与目的地体验相关的属性)(Decrop,2006),以及可
进入性、旅游景点、服务设施便利性、可用的包价旅游产品、旅游活动和辅助服
务等特征(Buhalis,2000)。参与后体验制约主要是指老年旅游者在出游后对购
物体验评价、景区游览体验评价、旅游设施环境体验评价、导游服务体验评价
等,参与后的体验评价会制约其未来的出游意向,同时也会对其他的制约维度
产生反馈影响。

　　目的地属性制约和参与后体验制约作为重要的制约维度,在以往的休闲制
约和老年旅游制约研究中未被发现,主要有三个方面的原因:一是旅游情境和
休闲情境不同,而且中国的旅游市场环境和社会、文化、经济等区别于西方国
家;二是老年旅游者不同于其他年龄段的旅游者,老年人具有自己独特的心理
与生理特征;三是在学术领域,旅游业研究在传统上是以商业取向为主导,而休
闲研究则以福利主义取向为主导(林岚、施林颖,2012)。这都使得在老年旅游
市场环境和现阶段中国社会文化背景下,城市老年人所面临的旅游制约具有不
同之处。

　　(一)旅游和休闲不同

　　旅游和休闲既有区别又有联系。休闲与旅游都是摆脱必要义务在自由时
间内进行的活动。具体来说旅游和休闲具有以下不同之处。

　　(1)旅游和休闲的概念不同,使得休闲制约的三个维度不能直接运用到旅
游研究中。休闲是从文化环境和物质环境的外在压力中解脱出来的一种相对
自由的生活,它使个体能够以自己所喜爱的、本能地感到有价值的方式,在内心
之爱的驱动下行动,并为信仰提供一个基础(郭鲁芳,2011),其本质是从职业活
动以外获得恢复身心、发展自我、充实精神的生活体验(吴文新、张雅静,2013)。
旅游是人们出于移民和就业之外的原因,离开自己的惯常环境前往异地开展的
旅行和逗留活动,以及由此而引发的各种现象和关系的总和(李天元,2014)。
二者概念的不同,也就使得休闲制约的三个方面无法直接运用到旅游情境中,
旅游制约也会具有自己独特的维度。

　　(2)旅游和休闲的本质特征也不同。"异地性、自愿性、消遣性和非谋生性"
是旅游区别于其他休闲方式的根本特征(吴文新、张雅静,2013);休闲的特征是
人本性(本质属性)、自由性等(吴文新、张雅静,2013)。

　　(3)旅游最突出的特征是异地性和暂时性(谢彦君,1999)。异地性是指旅

游和逗留发生在游客常居环境或定居、工作之外的地方,因此旅游活动所带来的表现和结果与在居住地定居和工作的活动截然不同(罗艳菊、申琳琳,2012)。旅游目的地比出发地更新奇、更独特,充满未知事物,具有新鲜感;在时间上,是主体离开常住地 24 小时以上;在经济上,是一种非报酬性和消费性活动;在活动上,具有移动性和综合性,即它是离开生活空间,不断地移动、连续地游览和观赏以及亲自参与和体验,并可能包含各种休闲方式的行为;其目的是进行心情转换、休息或者满足好奇心而去接触新的生活、未知的风景,提高教养、审美意识或开阔眼界等(吴文新、张雅静,2013)。休闲的突出特征是本地性,休闲活动更多的是在本地进行,尤其是在家附近开展各项休闲活动,如在家看电视、听音乐、看报纸、看电影,或者到家附近的公园散步、健身等。由此可知,这就凸显了旅游目的地属性制约的重要性,旅游目的地的方方面面都有可能影响老年人的出游和旅游体验。这也在一定程度上证实了旅游情景和休闲情景的不同。

(4)旅游作为一种特殊商品,买卖的对象是体验或文化、精神的愉悦和享受。旅游的本质是一种体验活动(邹统钎,2004)。"旅游体验"是旅游者通过游览参观所形成的,是一系列特定体验活动的产物,这种特定的体验活动是由众多复杂因素构成的综合体,包括地方印象、个人感知以及所消费的产品等(Graefe、Vaske,1987),具有延迟性、具体性和真实性(谢彦君,2005)。而休闲是一种精神状态(马惠娣、刘耳,2001),人们参加休闲活动不仅是为了放松疲惫的身心,用于恢复人的精力和体力,以更好的状态重新投入工作,而且是为了获得精神的满足,以寻找生命的意义(张广瑞、宋瑞,2001)。人们休闲体验质量的高低主要取决于休闲活动的难易程度和参与其中所受挑战的大小(Csikszentmihalyi,1982)。然而,旅游体验质量的高低取决于旅游目的地的各种属性、旅游企业接待人员的服务质量等(Ross,1991)。学者指出现今的旅游行为受过去旅游体验的数量和质量的影响(Mazursky,1989),旅游体验高的个人往往更自信(Sönmez、Graef,1998),因为高质量的旅游体验增加了对活动的了解(Pearce、Lee,2005)和安全感(Pinhey、Iverson,1994;Sönmez、Graef,1998),并增强了旅游动机和旅游欲望(Pearce、Lee,2005)。相反,当老年人参与旅游活动后的旅游体验评价不好时,就会影响其未来的出游意向、旅游行为。

(5)尽管休闲和旅游在某些方面表现出相似性(Carr,2002),但两个领域之间存在显著差异,这些差异超出了所在地和目的地之间的地理距离。距离不仅以地理方式衡量,还以时间、成本和文化接近度来衡量(Hofstede,1980)。目的地属性制约和参与后体验制约这两个新发现的维度,一是由于在目的地的旅游行为受到制约,如去哪里、何时去和持续多长时间;二是参与后的体验评价也会受到制约(Huber、Milne、Hyde,2018),如老年人在目的地的具体活动、人员服务体验不好,造成其参与后的体验不好,进而制约其未来的出游意向,并反馈影响其他制约维度。但两个维度并没有在休闲制约模型中明确体现,这可能与旅游领域的独特性相关(Chen、Chen、Okumus,2013)。

(6)Hägerstrand(1970)提出的时间—地理方法提供了解释在目的地层面制约的理论基础,如老年人日益恶化的健康状况和行动困难属于 Hägerstrand 理论中的能力制约维度,这就需要调整交通和目的地设施,以确保老年人获得友好型旅游产品(Huber、Milne、Hyde,2018)。研究表明,老年旅游者将"目的地的可达性"和"当地交通服务"列为最重要的目的地属性,这两个属性也被认为是最重要的,会影响老年人的旅游满意度(Abooali、Omar、Mohamed,2015)。特别是在老年旅游背景下,例如医疗服务可以成为目的地选择的一个组成部分。一些受访的老年人说到他们在目的地遇到了交通问题,如黑车、出租车绕行;还有一些老年人认为在异地寻找医生可能会比较困难;景区对老年人的门票价格优惠能够吸引更多的老年人参与目的地的旅游活动。陶长江等(2014)基于老年旅游者的视角,探究了其对旅游目的地的旅游设施需求,结果表明,老年人主要关注的是消费价格和服务质量,交通设施的便利度和安全性能,旅游购物的价格和服务质量,餐饮设施的就餐环境,住宿设施的便利度、安全性和消费价格,游览设施的消费价格和安全性,旅游娱乐设施的项目内容和消费价格。

由以上六点可知,本书在老年旅游情境中新发现的目的地属性制约和参与后体验制约凸显了城市老年人旅游制约的不同之处。此外,休闲主要是在日常活动中,而旅游则是在异地进行活动,这也使得老年人更加注重目的地的制约和参与后的旅游体验制约,同时也使得旅游参与的决策过程往往比休闲活动的选择更复杂和多层次。

(二)老年人独特的身心特征

首先,与其他年龄群体相比,一方面,老年游客是特殊的,因为在这个人生阶段,他们的身体状况和社会角色都在发生变化(Chen、Shoemaker,2014),其可能存在听力、视力等身体健康障碍、经济收入下降、缺少旅行伴侣(McGuire,1984;Nimrod,2008),以及心理因素等制约;另一方面,他们愿意为质量和舒适度付出更大的代价,在目的地停留的时间比任何其他年龄段的人都长(Shoemaker,1989;Patterson,2006)。其次,制约是动态的,可以随着政治、性别、种族、阶层、年龄,社会和物质后果而改变(Davis,2008)。再次,学者也认为,一方面,不同个体或群体体验的制约是不同的,每个群体都会受到制约的影响,但群体的不同不仅表现为对每种制约所体验到的制约强度不同,而且表现为受不同组合的制约影响;如老年人受到与时间或金钱相关的制约影响不大,但相关技能、信息和知识不足是他们面临的主要问题;另一方面,休闲制约的影响还随着其他个人或社会条件的不同而不同,如家庭规模、性别、收入、族裔、种族等(Jackson,2000)。最后,有学者指出应该使用交叉性视角来分析个体遇到的具体制约情况,同时从解释性和分析性的视角聚焦于对制约系统和过程的关注(Valentine,2007;Valentine,2010)。此外,还有学者指出对制约的研究要更加关注具体的情境和对象。

由以上可知,老年人旅游制约会与其他群体不同,本书正是考虑到了城市老年人独特的心理与身体状况和具体的旅游情境,发现目的地属性制约和参与后旅游体验制约是老年人特有的旅游制约维度。此外,Vigolo(2017)通过对相关旅游制约文献的回顾与梳理,总结出了文献研究中的旅游制约维度主要是时间、金钱、健康、旅游伴侣(见表 3.15),相关文献也再次印证了本书发现的两个旅游制约维度是老年人独有的,不同于其他群体。

表 3.15　相关研究中的主要旅游制约

旅游制约	相关文献
时间	McGuire(1984),Blazey(1992),Huang、Tsai(2003)、Chen、Shoemaker(2014),Hung、Bai、Lu(2016)
金钱	McGuire(1984),Blazey(1992),Fleischer、Pizam(2002),Huang、Tsai(2003),Gladwell、Bedini(2004),Lee、Tideswell(2005),Sund、Boksberger(2007),Alén et al.(2014),Chen,Shoemaker(2014),Hung、Bai、Lu(2016),Losada et al.(2016)
健康	McGuire(1984),Blazey(1992),Lindqvist、Björk、Steene(2000),Fleischer、Pizam(2002),Kim、Wei、Ruys(2003),Gladwell、Bedini(2004),Jang、Wu(2006),Hunterjones、Blackburn、Chesworth(2007),Nyaupane et al.(2008),Musa、Ongfon(2010),Gao、Kerstetter(2016)
旅游伴侣	Huang、Tsai(2003),Lee、Tideswell(2005),Nyaupane et al.(2008),Hung、Bai、Lu(2016),Kazeminia et al.(2015),Gao、Kerstetter(2016)

资料来源:Vigolo V. Older tourist behavior and marketing tools［M］. Springer International Publishing AG. 2017:73.

五、理论饱和度检验

理论饱和度是指通过对资料的分析之后,所萃取的范畴在属性、维度和形式等方面都获得了充分的发展(Corbin、Strauss,1998)。具体来说,就是从新加入的资料中不能提炼新的概念和范畴,或者进一步发展已经提炼的范畴(Naresh,1996)。通过对预留的 1/4 访谈资料进行理论饱和度检验,结果表明:一是新的资料没有提炼出新的范畴和概念;二是对于城市老年人旅游制约形成的五个主范畴,从预留资料中都未提炼出新的概念、未发现新的关系,以及现有范畴之间、主范畴之间也没有发现新的关系,不能对现有范畴和主范畴进行补充。因此,可以认为本书所构建的城市老年人旅游制约维度模型在理论上已经达到饱和。

第四节　城市老年人旅游制约模型和内在作用机理

本节根据扎根理论研究所得的结果,结合现有的休闲制约理论,一是构建出城市老年人旅游制约结构维度模型,二是形成解释、预测城市老年人旅游制约的理论框架,在此基础上进行深入的剖析,阐明城市老年人旅游制约维度的内在作用机理。

一、城市老年人旅游制约结构维度模型

通过扎根理论的质性研究,本书得出了安全感知制约、身心制约、旅游企业产品制约、服务供给制约、支付能力制约、闲暇时间制约、服务与设施制约、人文与自然环境制约、旅游环境体验制约、服务体验制约共 10 个核心范畴,以及身心安全制约、人际制约、支持性制约、目的地属性制约、参与后体验制约共 5 个维度。根据城市老年人旅游制约这一核心概念,按照出游前、出游中、出游后的逻辑思路梳理,构建出城市老年人旅游制约的结构维度模型(见图 3.12)。其中,身心安全制约、人际制约、支持性制约属于出游前制约,目的地属性制约是出游中制约,参与后体验制约是出游后制约。

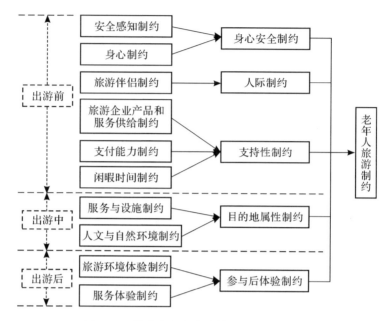

图 3.12　城市老年人旅游制约结构维度模型

（一）身心安全制约

身心安全制约维度包括安全感知制约和身心制约等两个核心范畴，属于出游前制约。安全是人最基本的需要，因此也是老年人出游前关注的最基本的问题，反映的是老年人个人内在的心理品质，是老年人出游前最基本的制约维度。其中，安全感知制约反映其内心担心旅游过程中的人身安全、饮食安全、交通安全和旅游设施安全；身心制约主要是指老年人自身的一些因素制约了其出游，如身体制约，没有体力、担心自己的健康问题；心理制约，如不喜欢/不愿意外出旅游。Le Serre et al.（2017）的研究结果也表明，旅游设施安全风险、担心在旅游期间生病等是中国老年人感知的旅游制约。

（二）人际制约

人际制约维度包括难以找到合适的旅游伴侣和朋友不能出游等两个核心范畴，主要指老年旅游者受朋友或没有合适旅游同伴的影响而造成的旅游制约状态，属于出游前的旅游制约。由于老年人自身的身体、心理等方面都具有特殊性，其在出游前更倾向于找到伙伴，以便在旅游中互相帮助。对于那些旅行经验较少或过着家庭生活的人来说，这种制约甚至是决定性的（Silva、Correia Antónia，2008）。Batra（2009）的研究表明，老年人更喜欢与同伴或家人和/或朋友一起旅行。与家人和朋友相关的社交需求成为影响老年游客满意度的最重要因素(Ross,1993)。此外,受教育程度较低的游客更喜欢和同龄人一起旅行。因此,旅游同伴无论是作为亲朋好友,还是作为有组织的旅游成员,都对老年人出游前的旅游规划行为起着重要的作用,并且影响整体满意度(Vigolo,2017)。

(三)支持性制约

支持性制约维度主要包括旅游企业产品和服务供给制约、支付能力制约、闲暇时间制约等三个核心范畴,属于出游前的制约维度。"有钱有闲"是人们成为旅游者的必备条件,如果受到这两个因素的制约,则不能实现出游,是出游前制约。老年人独特的身心特点,使得其在出游前对旅游产品和服务比较关注。而现实却是关于老年旅游的负面报道层出不穷、老年人获取相关信息和产品存在一定困难、多数旅游企业也缺少适合老年人的旅游产品和服务,因此旅游企业产品和服务供给制约也成为出游前的制约。季战战、武邦涛(2018)也指出,目前老年旅游市场不仅存在旅游基础设施、景区规划跟不上,没有考虑到老年人的身心需求;还存在旅游产品不具有针对性、缺乏旅游保障等制约问题。其他研究也表明,缺少旅游同伴、家务(如帮助子女照看小孩)和经济条件(Hsu、Cai、Wong,2007)、旅游费用和空闲时间(刘力,2016)是中国老年人面临的重要旅游制约。

(四)目的地属性制约

目的地属性是指吸引游客到一个地方旅游的不同元素的组合(Lew,1987),属性可以是有形的或无形的,对于目的地而言是唯一的或典型的,并且更具自然或文化导向。关于目的地属性的类别,Jafari(1979)提出目的地属性的三分法,分别是旅游导向产品(tourism-oriented products)、居民导向产品(resident-oriented products)和背景旅游元素(background tourism elements),在使用以旅游和居民为导向的产品时,游客也会接触或体验背景旅游元素,这些元素往往是他们旅游的主要原因,如自然、社会文化和人造景点。Cooper 等(1993)提出了一个更详细的四维度目的地属性分类框架,即景点(attractions)、可进入性(access)、便利设施(amenities)和辅助服务(ancillary services);如果目的地要提供独特的旅游体验,其应该在服务过程的所有阶段提供可接受的高质量服务。Buhalis(2000)进一步扩展了 Cooper 等(1993)提出的分类框架,认为目的地属性包括六个维度,景点(attractions)、可进入性(accessibility)、便利设施(amenities)、可用的包价产品(available packages)、活动(activities)和辅助服务(ancillary services),具体来说,该框架将情感(如可用的包价产品)和目的地体验的身体健康方面(如活动)确定为主要目的地特征。其他学者还提出,目的地属性包括人(即与当地人或游客相关的所有事物)、地理(即地理环境)、文化(即艺术、社会、宗教信仰或智力表达)和度假(即与目的地体验相关的属性)(Decrop,2006)。

在本书中,目的地属性制约维度是指老年人在旅游目的地面临的制约,老年人认知的目的地属性制约主要是旅游目的地的服务与设施制约、人文与自然环境制约等两个方面给老年人出游带来的不便利和不好的旅游经历,属于出游中制约。具体来说,人文与自然环境制约主要是指目的地居民态度不友好、社会环境差、社会治安不好、自然环境与气候不好等,服务与设施制约包括目的地交通不便利、缺少无障碍的交通工具、公共服务不便利、缺少友好的目的地服务等。目的地是旅游活动、旅游产品和服务供给完成的主要发生地,因此是出游中的制约维度。现有研究发现,旅游目的地的安全、产品和服务等是老年人感知的旅游制约之一(Chen、Wu,2009),目的地的社会治安已成为阻止潜在游客前往的最明显的制约因素之一(Kim、Chalip,2004)。本书的一些受访老年人表示他们在目的地遇到了交通问题,如乘坐公共交通不方便、黑出租车绕行,还有一些老年人认为在异地寻找医生可能会比较困难。

(五)参与后体验制约

参与后体验制约维度主要包括服务体验制约和旅游环境体验制约等两个核心范畴,是指老年人在出游结束后对本次旅游活动体验做出的综合感知,而且旅游体验不仅会直接影响其未来的出游意向、心理状态等,还会反馈影响其他制约维度和旅游动机,属于出游后制约。先前的旅游体验会影响游客的风险和安全感知,以及重游意向(Kim、Chalip,2004)。Sönmez、Graefe(1998)指出,到特定地区的旅行体验不仅增加再次到该地的旅游意愿,反之也会降低到风险地区的旅游意愿。如老年人在目的地的具体活动、人员服务体验不好,这就造成其参与后的体验不好,进而制约其未来的出游意向,并反馈影响其他制约维度。本书的一些受访者也表明,由于出游中比较拥挤,造成不好的旅游体验,使得其不愿意外出旅游。其中一位受访者说(T14):"……景点到处都是人,看到的都是人,哪地方都有这么多人……现在人特别多,特别挤,不想出游跟这也有关系,感觉很不舒服……"

相关研究也表明,旅游体验会影响人们未来的出游意向、旅游活动选择等。有学者指出,现今的旅游行为受过去旅行体验的数量和质量的影响(Mazursky,1989),旅游体验好的个体会有更强的出游动机和旅游意向(Sönmez、Graefe,1998),就会有更强的信心和更多的旅游经验应对出游的各种制约。相反,当老年人参与旅游活动后的旅游体验评价不好时,就会影响其未来的出游意向、旅游行为。Schmitt(1999)的研究也表明,消费者的总体体验越好,体验后的行为反应越积极。

二、城市老年人旅游制约内在作用机理

本书基于旅游情境,采用质性研究方法构建了城市老年人旅游制约结构维度模型,在该模型的基础上,结合老年人旅游的特殊性,不仅构建了解释、预测城市老年人旅游制约的理论框架,还借鉴已有的休闲制约等级/协商模型,从出游前、出游中、出游后的逻辑视角,构建了城市老年人旅游制约内在作用机理模型(见图3.13)。由于旅游活动涉及旅游前的准备、游中的产品和服务供给、游后的体验评价,因此,老年人除了受到身心安全制约、人际制约、支持性制约,还受到旅游活动的主要发生地——旅游目的地各种条件与情境的制约,以及参与后体验制约。

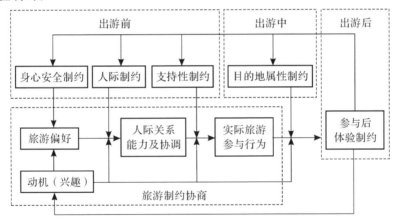

图 3.13　城市老年人旅游制约的内在作用机理模型

由图 3.13 可知,身心安全制约和旅游动机共同作用于旅游偏好;人际制约、支持性制约、目的地属性制约和参与后体验制约共同影响旅游活动参与的全过程;参与后体验制约具有反馈作用路径,不仅影响其他四个制约维度,还影响旅游动机;强烈的旅游动机能促使老年个体克服不同的制约维度,实现成功参与旅游活动的目的;此外,个体可以通过旅游制约协商来解决不同阶段所面临的旅游制约。

具体来说,这五个维度遵循身心安全制约—人际制约—支持性制约—目的地属性制约—参与后体验制约这种等级流程。老年人要想外出旅游,一是得有

外出旅游的动机和愿望,并克服自身的身心安全制约,如克服对身体健康的担忧、内心不喜欢参与旅游等,在此基础上就会形成旅游偏好,然后才能进入下一个阶段的人际制约。二是需要克服人际制约,如找到合适的旅游伴侣、能够一起参加旅游活动的朋友等,才能面对下一阶段的支持性制约。三是克服支持性制约,如金钱来源、能够获得的时间和机会等,老年人才能参加旅游目的地的旅游活动,获得相关的旅游体验。四是在旅游目的地老年人需要克服各方面的制约与障碍,才能实现旅游目的。五是旅游结束后,老年旅游者会对自己整个行程的旅游体验和经历做出评价,而这一评价又会反向影响其他制约维度,形成反馈路径;这个反馈,一是影响其所遇到的身心安全制约、旅游产品和服务供给制约、支持性制约以及目的地属性制约认知;二是影响其运用旅游制约协商策略的结果(成功或失败);三是影响其下次所能承担的环境条件;四是反馈还会影响老年旅游者参加旅游活动的原始动机、旅游意愿等。

虽然存在制约,但人们通常能够参与旅游活动。制约协商意味着"参与行为并非一定要取决于排除制约,而是通过协商策略,这样的协商可能会修正参与,但不会终止参与";制约协商是指人们努力面对制约,并通过促进参与的认知策略与行为策略提升适应力(Jackson、Crawford、Godbey,1993)。在老年人旅游制约的内在作用机理中,旅游制约协商(即人们是怎样改善和减轻制约的影响)被视为是一个包含四个阶段的过程,首先,这个过程是决策过程中的一部分(缓解个人身心安全与人际关系的制约);其次,当支持性制约发生作用后进入第二个阶段(减缓人际关系与支持性制约);再次,在实际的行为发生,或者没有发生,或者没有完全发生,或者以不同的方式发生之后,就要面临第三个阶段的目的地属性制约和参与后旅游体验制约(缓解实际参与后在目的地面临的各种制约);最后,老年人通过协商策略克服旅游制约,成功参与到旅游活动中。现有研究已经表明,老年人会采取相应的旅游制约协商策略来克服旅游制约(Kazeminia、Chiappa、Jafari,2015;Gao、Kerstetter,2016)。

三、城市老年人旅游制约模型说明

(1)本书不仅构建了城市老年人旅游制约结构维度模型,还尝试构建解释城市老年人旅游制约的理论框架,并阐明了其内在的作用机理。具体来说,在结构维度模型中除了包括身心安全制约、人际制约和支持性制约等三个维度,本书在老年旅游市场背景下也有新的发现,即发现两个新的维度,即目的地属性制约和参与后体验制约。这两个新的维度不仅凸显出旅游是到异地的陌生环境,还揭示了旅游的本质是一种具身体验,以及旅游消费具有无形性、异地性、体验性、生产与消费的同一性等特征,而这种体验的好坏都会影响人们的未来出游选择与偏好。由此可知,本书所构建的结构维度模型和理论框架在一定程度上体现了旅游活动的特殊性,即旅游的体验性和异地性,明确了旅游情境下城市老年人旅游制约的内涵。

(2)本书所构建的维度模型丰富了老年人旅游制约的研究内容和理论。通过与现有的旅游制约研究文献做比较,也佐证了本书新发现的两个维度,体现出了老年旅游群体的特殊性,反映了老年群体特有的身体与心理特征,不同于其他年龄群体面临的旅游制约。

(3)在城市老年人旅游制约的维度构成及作用过程中,本书从出游前、出游中和出游后这三个阶段,梳理城市老年人旅游制约的维度和内在作用机理,以及旅游制约协商所起的具体作用。尤其是阐释清楚了参与后体验制约在作用机理中的反馈路径和作用机理,为后续相关研究提供了解释与分析的理论框架。

第五节　本章小结

本章主要对城市老年人旅游制约的结构维度模型和内在作用框架进行了探究,主要包括以下四个方面的内容。

第一,阐述了所采用的质性研究方法。不仅阐释了深度访谈法在本书中的应用,为本书的数据收集奠定基础,还深入解释了本书的数据分析方法——扎根理论方法。一方面,阐述了方法的适用性,扎根理论方法主要应用于未被理解的现象,以构建新的理论或概念命题。而中国城市老年人旅游制约还未被深入研究,因此适用扎根理论方法进行探究;另一方面,为数据分析做铺垫。

第二,阐述了数据搜集与整理过程。一是详细阐述了本书在数据搜集过程中使用的抽样方法——理论抽样和目的抽样;二是对研究的访谈过程和访谈资料整体步骤进行了详细的阐述与说明,增强研究的信度;三是深入阐述了本书在提高信度和效度方面所采用的方法和遵循的研究伦理原则等。

第三,利用扎根理论方法对研究搜集到的访谈数据进行深入分析。具体来说,本书通过开放式编码对原始资料进行概念化和范畴化,共提取了 116 个概念和 26 个范畴;采用主轴编码提炼出 10 个主范畴,分别是安全感知制约、人文与自然环境制约、服务与设施制约、旅游环境体验制约、服务体验制约、旅游企业产品和服务供给制约、支付能力制约、身心制约、闲暇时间制约、旅游伴侣制约;使用选择性编码梳理清楚本书的故事线"城市老年人旅游制约",并总结出了相应的理论命题。

第四,在城市老年人旅游制约扎根理论研究的基础上,本书借鉴休闲制约协商/等级模型,并依照出游前、出游中和出游后的逻辑思路,构建了城市老年人旅游制约结构维度模型和解释、预测老年人旅游制约的理论框架。本书构建了包含身心安全制约、人际制约、支持性制约、目的地属性制约、参与后体验制约共五个维度的城市老年人旅游制约结构维度模型,并通过理论与文献的梳理对新发现的两个维度——目的地属性制约、参与后体验制约进行了深入的剖析,阐释了旅游情境下,城市老年人旅游制约的不同之处。在此基础上,对城市老年人旅游制约的理论框架进行了深入分析,阐述了各维度之间的具体内在作用机理,以及旅游制约协商在其中的具体作用。

第四章　城市老年人旅游制约量表开发

　　第三章的扎根理论研究只是确定了城市老年人旅游制约的结构维度，而不能解决对城市老年人旅游制约的测量问题。开发城市老年人旅游制约测量量表是将之前的质性研究推进到定量分析的关键环节，这不仅能够推动旅游制约理论的发展，而且能为探究旅游制约与其他变量之间的关系奠定基础。现有的相关研究并没有对中国情境下城市老年人旅游制约测量量表进行系统探究，多借用休闲制约量表对老年人的旅游制约进行测量。因此，开发具有良好信度和效度的城市老年人旅游制约测量量表就成为本书所要深入探究的关键问题。在第二章和第三章的研究中，确定了老年人旅游制约的概念、旅游制约的维度。在此基础上，本章将遵循严谨的量表开发步骤，采用专家咨询法、文献研究法等定性方法，结合探索性因子分析、验证性因子分析等定量方法，开发城市老年人旅游制约测量量表。

第一节　城市老年人旅游制约量表编制

　　旅游制约是一个潜变量，不能对其进行直接观察和测量，需要设计符合老年人特征、恰当且可操作性强的显性指标对其进行测量。目前，在中国情境下并没有直接适用于测量城市老年人旅游制约的量表，所以需要专门开发针对中国城市老年人的旅游制约量表。在第三章扎根理论研究的基础上，本节将通过定性与定量相结合的方法开发科学、合理、具有良好信度与效度的城市老年人旅游制约测量量表。

一、量表开发步骤

目前,并没有统一的量表开发步骤标准。本书将采用罗胜强、姜嬿(2015)提出的量表开发步骤,并结合本书的具体测量对象与问题,确定老年人旅游制约量表开发的整个流程与具体采用的方法(见图 4.1)。

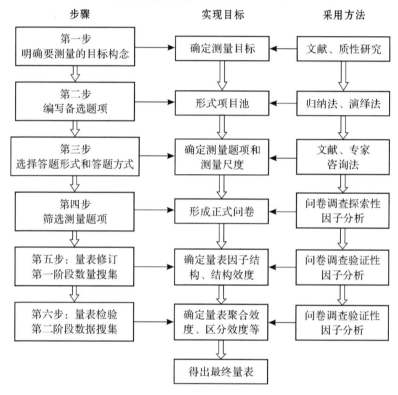

图 4.1　量表开发步骤

二、确定测量目标

在第二章的概念界定部分,通过文献研究明确了本书的研究构念——旅游制约的定义,进而采用扎根理论确定了城市老年人旅游制约的维度和各维度的定义。第三章采用扎根理论方法从现象中不断抽象、归纳出范畴和维度,并最终构建出理论,是一个归纳研究的过程。本章从概念和维度出发,设计出测量题项,并通过定性与定量的研究验证,得到可实际操作测量的量表,是一个演绎的过程。两章结合在一起恰好是一个完整的科学研究过程,即由观察现象—理论—现象的研究过程,这也是将抽象的变量与现实中观察到的现象联系起来的过程。因为旅游制约及其模型中的五个维度都是潜变量,不能直接测量,需要对概念进行可操作化,设计可以直接测量的题项。因此,本章将根据已经得出的城市老年人旅游制约概念和维度,开发能够对其进行测量的量表。量表的题项主要来源于现有的相关文献和第三章的质性研究资料分析。

三、形成项目池

(一)编写备选题项

确定了测量的构念和目标以后,就要编写出一批备选的测量题项形成项目池,作为筛选量表题项的候选项目。由于在第三章中对旅游制约构念的维度结构已经有了明确的定义,因而可以根据每一个维度搜集题项,更具有针对性,不用完全从搜集上来的项目中探索维度(罗胜强、姜嬿,2015)。基于此,本书主要采用归纳法和演绎法来设计题项。使用归纳法的优点是所有的项目直接来源于实践,可以产生丰富的题项供选择(罗胜强、姜嬿,2015)。在归纳法中,研究主要使用深度访谈方法来收集构念不同外在表现的描述,再进行进一步的筛选。由于在本书的第三章中使用了该方法对相关内容进行了探究,因此本部分可以直接使用第三章中的研究结果。演绎法是由研究者根据对构念及其具体维度的定义和理解,尽可能写出反映构念的题项,以供筛选;这种方法的优点是保证了产生的题项都可以反映研究者所要测的题项(罗胜强、姜嬿,2015)。通过以上两种方法形成了城市老年人旅游制约测量量表的项目池,一方面,项目池中的所有题项都与扎根理论中所得到的最基础、直接来源于实践的概念、范畴相匹配;另一方面,项目池中的题项具有针对性。

(二)项目冗余

这个步骤的原则是尽可能搜集更多的反映该构念的题项,因此不可避免会存在题项冗余的问题。在量表编制过程中,题项是由大量的与研究内容相关联的题项构成,题项冗余是必然的,因此题项冗余是提高信度的基石,也是效度的基石(德维利斯,2013)。多项目以及看似冗余的项目,则通过对项目共同内容的叠加消除冗余,即使其无关的特有内容相互抵消(德维利斯,2013)。在研究中将进一步对重复条目删除,以对量表进行净化和提纯。

(三)题项数量

本书以扎根理论得到的旅游制约五个维度为主要线索,上述研究列出基于城市老年人旅游制约测量指标,遵循评价指标体系设计的可操作性原则及目标导向性原则选取测量题项的标准,得到包含五个维度、61个题项的城市老年人旅游制约的测量指标。

四、选择问题形式和答题形式

(一)问题形式

通常测量问题没有固定的形式。在编写题项的过程中,需要把抽象的概念转化为受访者能理解并做出相应准确判断的语言表达形式。在设计具体问项时,研究遵循罗胜强、姜嬿(2015)提出的相关标准:一是问题尽量简短;二是尽量编写具体的问题,避免抽象的问题;三是使问题尽量简单化,而非复杂化;四是尽量编写单一内容的问题,而非多个内容的问题;五是使用肯定句的问题,尽量避免使用否定句或多重否定句的问题。

此外,在编写题项的整个过程中,为了使受访者能准确理解并填答研究所设计的问项,还采用以下方法确保题项的可读性,不仅尽量避免题项出现歧义,使用中性的语言表达,避免带有研究者的主观色彩,还应在题项的语言表达字数与阐明题项意思之间找到平衡,尽量使用精炼和通俗易懂的语言将问题及其目的阐释清楚。通过以上方法对问题的语言表达设计进行严格把控,以保证题项的质量,进而提高整个量表的质量。

(二)答题形式

在整理出很多备选题项后,还要对概念进行操作化,使这些题目变成答题者能够理解和回答的问题。通常在研究中主要有李克特量表、语义差别量表、哥特曼量表等类型,其中李克特量表是最常用的。李克特量表是一种定距量表,可以进行各种复杂的数据分析,用等级表示不同的程度,请答题者根据自己的实际情况做出选择。研究者对不同点数量表对测试结果的影响进行了探究,发现4点、5点、6点、7点、8点、9点量表对于研究结果并没有显著影响(罗胜强、姜嬿,2015)。基于此,根据本书的研究目的和研究对象,研究选用李克特5点量表进行测量,1=非常不同意、2=不同意、3=一般、4=同意、5=非常同意。

五、测量题项筛选与问卷生成

(一)专家评估和问卷生成

请相关研究领域的专家和研究对象审核测量题项,能够保证研究的内容效度(罗胜强、姜嬿,2015)。本书邀请六位旅游消费者行为研究领域的专家和四名旅游管理专业的博士生对编写的测量题项的科学性、可读性、适用性、语言措辞等进行深入细致的分析。首先,六位专家对量表测量题项的可读性和系统性进行甄别和修订,提高测量题项的简洁性和内容效度。经过六名专家的咨询和多轮商讨,最后删除 19 个测量题项,保留 42 个,同时修改语言表述不明确的测量题项,避免题项意思模糊和晦涩难懂。其次,邀请四名旅游管理专业的博士生对测量题项的语言表达、问卷的整体设计再次进行修订,以准确地表达测量题项的含义,使老年人能够更好的理解测量题项并真实作答。最后,研究将筛选得到的 42 个测量指标整理成问卷形式。

(二)问卷预测试与修改完善

为尽量避免因测量问卷的语言表达模糊或者专业术语不易理解等问题导致的调研对象误答或者不理解,研究在公园随机选取了 30 位 60 周岁及以上的城市老年人,小范围地发放了 30 份问卷。问卷发放过程中由研究者指导填写,对填写过程中老年人提出的问题进行解释说明,并了解问卷填写者的感受,根据受访者意见进一步修改问卷的语言措辞、问卷形式及部分题项表达,尽量确保受访者能清晰、准确地理解问卷题项,并独立完成问卷的填写。通过以上步骤,本书形成了最终的城市老年人旅游制约测量量表。

第二节　旅游制约量表开发的探索性因子分析

在量表开发过程中,需要先进行探索性因子分析,通过将相关题项进行合并归类,减少题项数目,使用更少的维度表示所有题项的意义,目的是求得量表最佳的因子结构以及因子负荷量,求得问卷的建构效度。建构效度指量表能测量理论的概念或特质的程度(吴明隆,2010)。量表由数个不同潜在因子构成,为了确认量表所包含的因子是否与最初探究的构念相同,会采用该方法进行检验。

一、测量量表

本书根据第一节设计得到的 42 个题项设计老年人旅游制约调查问卷,采用李克特 5 点量表形式进行测量,1＝非常不同意、2＝不同意、3＝一般、4＝同意、5＝非常同意。问卷共包括两部分,第一部分是问卷的主体部分,即老年人旅游制约量表;第二部分是受访者的人口统计学信息,主要包括性别、年龄、受教育程度、月收入、健康状况等。

二、数据收集与研究样本

(一)数据收集

在正式的第一轮问卷发放阶段,研究者选取 60 周岁及以上的城市老年人为调研对象。研究主要通过现场实地问卷发放来收集数据。现场问卷发放与收集的具体流程如下:(1)研究者选取了北京、沈阳、阜阳、石家庄、天津等城市公园、社区、广场舞地点等老年人聚集的地方进行问卷的发放与收集;(2)在正式填写问卷之前,研究者会询问参与者的年龄是否在 60 周岁及以上,如果受访者回答"是",则邀请其填写问卷;(3)如果参与者回答"愿意填写问卷",则研究者进一步向参与者解释此次问卷调查的内容和目的,同时说明他们所填写的问卷数据仅用于学术研究,确保所有数据的匿名性和保密性,此步骤的目的在于争取参与者的配合;(4)针对参与者在填写过程中遇到的不理解的地方,研究者给予相应的解释和说明,尽可能保证参与者问卷填写的独立性和真实性;(5)研究者对问卷进行现场发放与回收;(6)所有问卷发放均由参与者自愿参加,没有给予任何鼓励性问卷填写奖励。

通过以上问卷发放与收集途径,研究共收到问卷 328 份。在对回收的问卷整理过程中,研究将随意填写、存在缺失值较多、问卷填写呈现明显规律性(如所有题项均选择同一选项、答案呈"Z"字形排列)的问卷剔除(姚延波、侯平平,2017b),共保留 317 份有效问卷,问卷回收有效率为 96.6%。在进行因子分析时,调研样本的数量最好为量表题项数的 5 倍,在社会及行为科学领域中,进行因素分析的一般准则是,调研样本量至少在 300 份以上(吴明隆,2010)。此外,学者 Comrey、Lee(1992)认为,在进行因子分析时,样本量在 300 左右是适合的。由此可知,本书的样本数量达到了因子分析对样本数的要求,可以进行因子分析。

(二)研究样本基本信息

研究者对回收的问卷整理后,统一输入 SPSS 22.0 数据统计分析软件,以备接下来的数据分析。本书对城市老年旅游者的人口统计学变量进行了描述性统计分析,见表 4.1。

表 4.1　研究样本分析($n=317$)

人口统计变量	分类指标	人数	百分比/%	有效百分比/%	累积百分比/%
性别	男	168	53.0	53.0	53.0
	女	149	47.0	47.0	100.0
年龄	60~65 周岁	81	25.6	25.6	25.6
	66~70 周岁	119	37.5	37.5	63.1
	71~75 周岁	55	17.4	17.4	80.5
	76~80 周岁	48	15.1	15.1	95.6
	81 周岁及以上	14	4.4	4.4	100.0
受教育水平	初中及以下	38	12.0	12.0	12.0
	高中或大专	98	30.9	30.9	42.9
	本科	144	45.4	45.4	88.3
	硕士	21	6.6	6.6	95.0
	博士	16	5.0	5.0	100.0
月收入	1000 元以下	26	8.2	8.2	8.2
	1001~3000 元	160	50.5	50.5	58.7
	3001~5000 元	94	29.7	29.7	88.3
	5001~7000 元	24	7.6	7.6	95.9
	7001 元以上	13	4.1	4.1	100.0
家庭结构	独居	9	2.8	2.8	2.8
	与老伴同住	147	46.4	46.4	49.2
	与老伴、子女同住	59	18.6	18.6	67.8
	与子女同居住	99	31.2	31.2	99.1
	其他	3	0.9	0.9	100.0
工作状况	尚未退休	0	0	0	0
	半退休	0	0	0	0
	已经退休	317	100.0	100.0	100.0

续表

人口统计 变量	分类指标	人数	百分比/ %	有效百分比/ %	累积百分比/ %
退休前或目前 从事职业	工人	31	9.8	9.8	9.8
	农民	24	7.6	7.6	17.4
	公务员	28	8.8	8.8	26.2
	军警人员	53	16.7	16.7	42.9
	企业管理人员	36	11.4	11.4	54.3
	商贸人员	39	12.3	12.3	66.6
	教师与专业技术人员	27	8.5	8.5	75.1
	服务人员	35	11.0	11.0	86.1
	私营业主	32	10.1	10.1	96.2
	其他	12	3.8	3.8	100.0
旅游花费 主要来源	个人储蓄	59	18.6	18.6	18.6
	儿女资助	59	18.6	18.6	37.2
	退休金	69	21.8	21.8	59.0
	亲戚或朋友帮助	57	18.0	18.0	77.0
	社会福利	61	19.2	19.2	96.2
	其他	12	3.8	3.8	100.0
健康状况	很好	100	31.5	31.5	31.5
	良好	129	40.7	40.7	72.2
	一般	46	14.5	14.5	86.8
	差	42	13.2	13.2	100.0

注:表中数据存在四舍五入情况,均保留一位小数。

从性别分布看,男性老年旅游者共 168 人,占样本总数的 53%;女性老年旅游者共 149 人,占样本总数的 47%;在调研样本中,男性与女性参与者在人数上相差不大,分布比较均衡。

从年龄分布看,60~65 周岁的老年人共有 81 人,占样本总数的 25.6%;66~70 周岁的老年人共有 119 人,占样本总数的 37.5%;71~75 周岁的老年人共有 55 人,占样本总数的 17.4%;76~80 周岁的老年人共有 48 人,占样本总数的 15.1%;81 周岁及以上的老年人共有 14 人,占样本总数的 4.4%。在调研样本中,以 66～70 周岁的老年人为主。

从受教育水平构成看,拥有初中及以下受教育水平的老年人共 38 人,占样本总数的 12.0%;拥有高中或大专受教育水平的老年人共 98 人,占样本总数的 30.9%;拥有本科受教育水平的老年人共 144 人,占样本总数的 45.4%;拥有硕士学位的老年人共 21 人,占样本总数的 6.6%;拥有博士学位的老年人共 16 人,占样本总数的 5.0%。在调研样本中,老年人的受教育水平主要以本科为主,这可能由于调研主要是在城市进行,一定程度上老年人学历较高。

从月收入水平来看,月收入在 1000 元以下的老年人共 26 人,占样本总数的 8.2%;月收入在 1001～3000 元的老年人共 160 人,占样本总数的 50.5%;月收入在 3001～5000 元的老年人共 94 人,占样本总数的 29.7%;月收入在 5001～7000 元的老年人共 24 人,占样本总数的 7.6%。月收入在 1001～3000 元的老年人占样本总数的一半,其次是月收入在 3001～5000 元的老年人,约占样本总数的 1/3。

就家庭结构而言,独居老年人共 9 人,占样本总数的 2.8%;与老伴同住的老年人共 147 人,占样本总数的 46.4%;与老伴、子女同住的老年人共 59 人,占样本总数的 18.6%;与子女同居住的老年人共 99 人,占样本总数的 31.2%;其他类型居住方式的老年人共 3 人,占样本总数的 0.9%。由此可知,绝大多数老年人是与老伴同住的。

就工作状况而言,在调研样本中,所有的老年人都已经退休。

就退休前或目前从事职业而言,职业为工人的老年人共 31 人,占样本总数的 9.8%;职业为农民的老年人共 24 人,占样本总数的 7.6%;职业为公务员的老年人共 28 人,占样本总数的 8.8%;职业为军警人员的老年人共 53 人,占样本总数的 16.7%;为企业管理人员的老年人共 36 人,占样本总数的 11.4%;为商贸人员的老年人共 39 人,占样本总数的 12.3%;为教师与专业技术人员的老年人共 27 人,占样本总数的 8.5%;为服务人员的老年人共 35 人,占样本总数的 11.0%;私营业主共 32 人,占样本总数的 10.1%;从事其他职业的老年人共 12 人,占样本总数的 3.8%。

就旅游花费主要来源而言,以个人储蓄为花费主要来源的老年人共 59 人,占样本总数的 18.6%;儿女资助花费的老年人共 59 人,占样本总数的 18.6%;以退休金为花费主要来源的老年人共 69 人,占样本总数的 21.8%;亲戚或朋友帮助旅游的老年人共 57 人,占样本总数的 18.0%;以社会福利为出游花费主要来源的老年人共 61 人,占样本总数的 19.2%;以其他途径为旅游花费主要来源的老年人共 12 人,占样本总数的 3.8%。由此可见,老年人主要是使用自己的退休金外出旅游,其次是个人储蓄和儿女资助。

就健康状况而言,认为自己身体状况很好的老年人共 100 人,占样本总数的 31.5%;认为自己身体状况良好的老年人共 129 人,占样本总数的 40.7%;认为自己身体状况一般的老年人共 46 人,占样本总数的 14.5%;认为自己身体状况差的老年人共 42 人,占样本总数的 13.2%。由此可知,多数老年人认为自己的身体状况良好,只有少数老年人认为自己的身体状况差。

三、量表题项的预筛选与保留

研究使用 SPSS 22.0 对数据进行分析,利用 Cronbach's α 系数测量城市老年人旅游制约量表的内部一致性,即信度。使用题项与总分相关、同质性检验作为老年人旅游制约量表个别题项筛选、保留的标准(吴明隆,2010)。通过对 42 个题项与总分相关系数的分析,数据分析结果表明,有 38 个题项与总分的相关系数均呈现显著相关,有 4 个题项的"修正的项目总相关"数值小于 0.4,表示这 4 个题项与其余题项的相关性较低,即该题项与其余题项所要测量的老年人旅游制约同质性不高,因此删除这 4 个题项,保留剩余的 38 个题项。这 4 个题项分别是:"自己单独出去旅游,家人不放心。""不喜欢和陌生人在一起旅游。""旅游目的地气候、环境不适宜,不愿意出游。""旅游目的地物价很高,不愿意出游。"总量表的 Cronbach's α 系数为 0.869,说明量表信度较高,城市老年人旅游制约量表的测量题项的设计是合理有效的。

四、旅游制约量表的探索性因子分析

(一)因子分析

在满足信度要求的基础上对保留的 38 个题项进行探索性因子分析,以减少测量题项,用更少的题项解释更多的内容,探索城市老年人旅游制约各维度测量指标的构成。研究使用 SPSS 22.0 进行因子分析,结果表明,KMO 值为 0.816,Bartlett 球形度检验卡方值为 13480.982,自由度的值为 703,显著性为 0.000,这表示量表适合进行因子分析。具体来说,研究采用主成分分析法,以特征根大于 1、各题项的因子载荷大于 0.7 为因子抽取和题项保留的原则,并运用最大方差法进行正交旋转提取因子。结果表明,共有 9 个题项的因子载荷小于 0.7,故而将这 9 个题项删除进行第二次因子分析。这 9 个题项分别是:"旅游景点同质化、乱收费会影响我外出旅游。""日常家务事多,如需要照顾其他人

(孩子、家里的老人、老伴),没时间出去旅游。""我想去的地方旅游费用过高,无法承担。""以往的旅游体验不满意,影响我出去旅游。""旅游企业人员的服务态度会影响我外出旅游。""我担心旅游中的饮食安全,不愿意出游。""我很多地方都去过了,不想再去了。""我担心旅游设施安全,不愿意出游。""家人没有空余的时间,无法陪我一起出游。"

遵循上文的因子分析步骤,研究对剩余的 29 个题项进行第二次因子分析,数据分析结果表明:29 个题项清晰的分布在五个因子上,累积方差解释率为 80.55%。如表 4.2 所示,各题项的因子载荷都大于 0.8,因子 1:支持性制约包含 8 个题项;因子 2:参与后体验制约包含 7 个题项;因子 3:身心安全制约包含 5 个题项;因子 4:目的地属性制约包含 5 个题项;因子 5:人际制约包含 4 个题项,表明共同因子对题项具有很高的解释量,所提取的因子具有很高的共同性,即城市老年人旅游制约量表的五个因子具有良好的结构效度。

表 4.2 老年人旅游制约量表的探索性因子分析结果

测量题项	因子和题项负荷量				
	支持性制约	参与后体验制约	身心安全制约	目的地属性制约	人际制约
Q1. 旅游企业产品信息宣传不足影响我出去旅游。	0.925				
Q2. 旅游企业缺少合适的旅游产品会影响我出去旅游。	0.912				
Q3. 旅游企业提供的住宿不达标会影响我出去旅游。	0.906				
Q4. 我感觉出去旅游很费钱。	0.906				
Q5. 旅游企业不诚信会影响我出去旅游。	0.884				
Q6. 自己经济能力有限,没有足够的钱外出旅游。	0.879				
Q7. 参与其他活动而没有时间参加旅游活动。	0.859				
Q8. 旅游企业提供的餐饮不达标会影响我出去旅游。	0.857				

续表

测量题项	因子和题项负荷量				
	支持性制约	参与后体验制约	身心安全制约	目的地属性制约	人际制约
Q9.旅游设施体验不好会影响我出去旅游。		0.939			
Q10.旅游中购物商店太多、强迫购物会影响我出去旅游。		0.925			
Q11.旅游不文明现象会影响我出去旅游。		0.904			
Q12.旅游企业人员素质与技能不好会影响我出去旅游。		0.897			
Q13.以往的旅游经历不满意,不愿意外出旅游。		0.865			
Q14.旅游企业人员服务体验不好会影响我出去旅游。		0.861			
Q15.旅游的人太多、拥挤会影响我出去旅游。		0.843			
Q16.我年龄大了,害怕出去旅游。			0.939		
Q17.我不喜欢,没有兴趣出去旅游。			0.933		
Q18.我担心交通安全,不愿意出游。			0.918		
Q19.我的身体不好,不敢外出旅游。			0.917		
Q20.我担心出游过程中的人身安全,不愿意出游。			0.880		
Q21.旅游目的地饮食不习惯,不愿意出游。				0.923	
Q22.旅游目的地自然环境不好,不愿意出游。				0.918	
Q23.旅游目的地公共设施不方便,不愿意出游。				0.915	

续表

测量题项	因子和题项负荷量				
	支持性制约	参与后体验制约	身心安全制约	目的地属性制约	人际制约
Q24. 旅游目的地人文环境不好，不愿意出游。				0.897	
Q25. 担心旅游目的地交通不方便，不愿意出游。				0.849	
Q26. 朋友没有多余的时间，无法和我一起出游。					0.915
Q27. 家人不喜欢出去旅游。					0.888
Q28. 自己单独出去旅游没意思。					0.868
Q29. 缺少志同道合的旅游伙伴，影响我出去旅游。					0.839
特征值	6.487	5.532	4.371	3.905	3.064
解释变异量/%	22.368	19.077	15.074	13.464	10.566
累积解释变异量/%	22.368	41.445	56.519	69.983	80.549

（二）因子命名

在第三章中，本书通过扎根理论的质性研究方法构建了城市老年人旅游制约结构维度模型。在该模型中各维度、概念、范畴都是研究者通过对一手资料的分析、提炼、总结和归纳得到的。以这些研究为基础，编制了本节所用的城市老年人旅游制约量表。罗胜强、姜嬿（2015）指出，当研究者有具体的构念维度时，可用已有的维度进行题项的设计。基于此，在上文量表题项设计过程中，研究根据老年人旅游制约结构维度模型中所包含的五个维度，设计了相应的测量题项。其中每个题项都是根据一手调研资料整理得到的，并且经过了严谨的题项筛选，因此每个题项都能有效的测量其所隶属的维度，从而也能有效的测量城市老年人旅游制约。基于此，本书的因子命名主要是根据城市老年人旅游制约维度模型中的维度命名来确定的。因此，探索性因子分析所得的五个因子维度分别命名为：支持性制约、参与后体验制约、身心安全制约、目的地属性制约、人际制约。

(三)旅游制约量表开发的题项聚类分析

在因子分析后,为了简化测量题项,需要对包含题项较多的因子进行精炼处理,减少题项冗余,用更少的题项解释更多的内容。因子1:支持性制约包含8个题项;因子2:参与后体验制约包含7个题项,可以通过聚类减少题项数量。因子1和因子2在聚类分析过程中,采用系统聚类方法(Hierarchical Cluster),分别对因子1包含的8个题项、因子2包含的7个题项进行聚类分析,聚类方法采用组间联接法,度量标准选用R型聚类分析的Pearson相关性,将相近的问项合并。如表4.3所示,因子1的聚类分析结果表明,Q1、Q2、Q3、Q8题项可以聚为一类,其中Q1:旅游企业产品信息宣传不足影响我出去旅游;Q2:旅游企业缺少合适的旅游产品会影响我出去旅游;Q3:旅游企业提供的住宿不达标会影响我出去旅游;Q8:旅游企业提供的餐饮不达标会影响我出去旅游。可以看出4个题项都反映的是旅游企业产品提供不能满足现有老年人的需要。因此,将这4个题项合并重新命名为:旅游企业的产品不能满足需求会影响我出去旅游。

如表4.3所示,因子2的聚类分析结果表明,Q12和Q14题项可以聚为一类,其中Q12:旅游企业人员素质与技能不好会影响我出去旅游;Q14:旅游企业人员服务体验不好会影响我出去旅游可以看出,2个题项都反映的是旅游企业的员工服务问题。因此,将这2个题项合并重新命名为:旅游企业人员服务体验不好会影响我出去旅游。

表 4.3 聚类分析结果

因子1聚类分析结果		因子2聚类分析结果	
题项	5 个集群	题项	6 个集群
Q1	1	Q12	1
Q2	1	Q14	1
Q3	1	Q9	2
Q8	1	Q10	3
Q4	2	Q11	4
Q5	3	Q13	5
Q6	4	Q15	6
Q7	5		

第三节　旅游制约量表开发的验证性因子分析

验证性因子分析是指量表的各因子和其所属题项均已确定不变,研究者要验证实际搜集的数据是否与量表的因子结构模型相契合,测量指标是否能有效测量因子构念,即当量表或问卷是由多个不同潜在因子构成时,研究者会以不同的样本为对象进行检验,以确认量表所包含的因子是否与最初探究的构念相同(吴明隆,2010;张超、徐燕、陈平雁,2007;王孟成,2014)。具体来说,本书将通过验证性因子分析检验研究所得到的测量题项的信度与效度,以及各维度的结构效度和区分效度。并通过二阶验证性因子分析来验证五个维度是否能够有效反映城市老年人旅游制约这一构念,即城市老年人旅游制约量表是否能够有效包含支持性制约、参与后体验制约、身心安全制约、目的地属性制约、人际制约。

一、测量量表

本书根据探索性因子分析和聚类分析得到的 25 个测量题项设计城市老年人旅游制约测量量表,采用李克特 5 点量表形式,1＝非常不同意、2＝不同意、3＝一般、4＝同意、5＝非常同意。问卷共包括 2 部分,第一部分是问卷的主体部分,即老年人旅游制约量表,量表共包含五个维度、25 个测量题项;第二部分是调研对象的人口统计学信息,其主要包括性别、受教育程度、年龄、家庭居住状况、月收入、退休前职业等。

二、研究样本与数据收集

(一)数据收集

在第二轮的问卷发放阶段,研究者选取 60 周岁及以上的城市老年人为调研对象。研究主要通过两种途径发放问卷,一是现场实地问卷发放与收集,二是通过问卷星进行在线问卷发放与收集。现场问卷发放与收集的具体流程如下:(1)研究者选取了北京、沈阳、唐山、广州、天津、石家庄等地的城市公园、社区、老年大学、广场舞地点等老年人聚集的地方进行问卷的发放与收集;(2)在正式填写问卷之前,研究者会询问参与者的年龄是否在 60 周岁及以上,如果受访者回答"是",则邀请其填写问卷;(3)针对在老年大学的问卷发放与收集,主要是联系好老年大学每个班级的授课教师,在他们下课前的 10 分钟进行问卷的发放与回收;(4)在问卷发放过程中,研究者向参与者解释此次问卷调查的内容和目的,同时说明他们所填写的问卷数据仅用于学术研究,确保所有数据的匿名性和保密性,此步骤的目的在于争取参与者的配合;(5)针对参与者在填写过程中遇到的不理解的地方,研究者给予相应的解释和说明,尽可能保证参与者问卷填写的独立性和真实性;(6)研究者对问卷进行现场发放与回收;(7)所有问卷发放均由参与者自愿参加,不给予任何刺激性奖励。

在线问卷发放的具体流程如下:(1)研究者主要是通过熟人联系年龄在 60 周岁及以上的城市老年人,询问其是否认识一些在生活中能使用智能手机上网的 60 周岁及以上的城市老年人,如果回答"是",则让其帮助把在线问卷链接转发给相应的老年人,并由该熟人向填写者解释问卷调研的目的和填写要求,然后由该老年人填写。(2)研究者直接联系生活中能使用智能手机上网的 60 周岁及以上的城市老年人,一是让其帮助填写问卷;二是请其帮助把在线问卷链接转发给所熟悉的 60 周岁及以上的老年人或其所在的微信群中,并让其说明问卷填写的注意事项和要求。

通过以上两种问卷发放与收集途径,研究共发放 338 份问卷。其中,现场调研共发放 250 份问卷,回收 236 份问卷;在线网络调研搜集 88 份问卷。在对回收的问卷整理过程中,研究将随意填写、存在缺失值较多、问卷填写呈现明显规律性的(如所有题项均选择同一选项、答案呈"Z"字形排列)、在线网络问卷填写时长较短等无效问卷剔除,共删除 26 份无效问卷,保留 298 份有效问卷,问卷回收有效率为 88.17%。

(二)研究样本基本信息

研究者通过以上方法对回收的问卷进行整理后,统一输入 SPSS 22.0 数据统计分析软件,以备接下来的数据分析。首先对第二轮所调研城市老年旅游者的人口统计学变量进行了描述性统计分析,详见表 4.4。

从性别分布看,男性老年旅游者共 121 人,占样本总数的 40.6%;女性老年旅游者共 177 人,占样本总数的 59.4%。在调研样本中,男性比女性人数稍少。

从年龄分布看,60~65 周岁的老年人共 59 人,占样本总数的 19.8%;66~70 周岁的老年人共 112 人,占样本总数的 37.6%;71~75 周岁的老年人共 62 人,占样本总数的 20.8%;76~80 周岁的老年人共 43 人,占样本总数的 14.4%;81 周岁及以上的老年人共 22 人,占样本总数的 7.4%。

就教育水平而言,拥有初中及以下受教育水平的老年人共 100 人,占样本总数的 33.6%;拥有高中或大专受教育水平的老年人共 138 人,占样本总数的 46.3%;拥有本科受教育水平的老年人共 51 人,占样本总数的 17.1%;拥有硕士学位的老年人共六人,占样本总数的 2.0%;拥有博士学位的老年人共 3 人,占样本总数的 1.0%。因此,老年人的受教育水平主要为高中或大专。

从月收入水平来看,月收入在 1000 元以下的老年人共 38 人,占样本总数的 12.8%;月收入在 1001~3000 元的老年人共 102 人,占样本总数的 34.2%;月收入在 3001~5000 元的老年人共 100 人,占样本总数的 33.6%;月收入在 5001~7000 元的老年人共 34 人,占样本总数的 11.4%;月收入在 7001 元以上的老年人共 24 人,占样本总数的 8.1%。月收入在 1001~3000 元、3001~5000 元的老年人各占样本总数的 1/3。

就家庭结构而言,独居老年人共 16 人,占样本总数的 5.4%;与老伴同住的老年人共 161 人,占样本总数的 54.0%;与老伴、子女同住的老年人共 76 人,占样本总数的 25.5%;与子女一起居住的老年人共 44 人,占样本总数的 14.8%;其他类型居住方式的老年人共 1 人,占样本总数的 0.3%。由此可知,绝大多数老年人是与老伴同住的。

就工作状况而言,尚未退休的老年人共 8 人,占样本总数的 2.7%;处于半退休状态的老年人共 52 人,占样本总数的 17.4%;已经退休的老年人共 238 人,占样本总数的 79.9%。在调研样本中,多数老年人都已经退休。

就退休前或目前职业而言,职业为工人的老年人共 73 人,占样本总数的 24.5%;职业为农民的老年人共 28 人,占样本总数的 9.4%;以公务员为职业的老年人共 26 人,占样本总数的 8.7%;职业为军警人员的老年人共 10 人,占样本总数的 3.4%;为企业管理人员的老年人共 47 人,占样本总数的 15.8%;为商贸人员的老年人共 22 人,占样本总数的 7.4%;为教师与专业技术人员的老年人共 39 人,占样本总数的 13.1%;以服务人员为职业的老年人共 21 人,占样本总数的 7.0%;私营业主共 22 人,占样本总数的 7.4%;从事其他职业的老年人共 10 人,占样本总数的 3.4%。

就旅游花费主要来源而言,以个人储蓄为旅游花费主要来源的老年人共 48 人,占样本总数的 16.1%;儿女资助的老年人共 33 人,占样本总数的 11.1%;以退休金为花费主要来源的老年人共 161 人,占样本总数的 54.0%;亲戚或朋友帮助旅游的老年人共 19 人,占样本总数的 6.4%;以社会福利为出游花费主要来源的老年人共 30 人,占样本总数的 10.1%;以其他途径为旅游花费主要来源的老年人共 7 人,占样本总数的 2.3%。可见,老年人主要是使用自己的退休金外出旅游,其次是个人储蓄和儿女资助。

就健康状况而言,认为自己身体状况很好的老年人共 55 人,占样本总数的 18.5%;认为自己身体状况良好的老年人共 144 人,占样本总数的 48.3%;认为自己身体状况一般的老年人共 84 人,占样本总数的 28.2%;认为自己身体状况差的老年人共 15 人,占样本总数的 5.0%。由此可知,大多数老年人认为其身体状况较好,良好的身体条件为其出游提供了基本保障。

表 4.4　研究样本分析($n=298$)

人口统计变量	分类指标	人数	百分比/%	有效百分比/%	累积百分比/%
性别	男	121	40.6	40.6	40.6
	女	177	59.4	59.4	100.0
年龄	60~65 周岁	59	19.8	19.8	19.8
	66~70 周岁	112	37.6	37.6	57.4
	71~75 周岁	62	20.8	20.8	78.2
	76~80 周岁	43	14.4	14.4	92.6
	81 周岁及以上	22	7.4	7.4	100
受教育水平	初中及以下	100	33.6	33.6	33.6
	高中或大专	138	46.3	46.3	79.9
	本科	51	17.1	17.1	97.0
	硕士	6	2.0	2.0	99.0
	博士	3	1.0	1.0	100.0
月收入	1000 元以下	38	12.8	12.8	12.8
	1001~3000 元	102	34.2	34.2	47.0
	3001~5000 元	100	33.6	33.6	80.5
	5001~7000 元	34	11.4	11.4	91.9
	7001 元以上	24	8.1	8.1	100.0

续表

人口统计变量	分类指标	人数	百分比/%	有效百分比/%	累积百分比/%
家庭结构	独居	16	5.4	5.4	5.4
	与老伴同住	161	54.0	54.0	59.4
	与老伴、子女同住	76	25.5	25.5	84.9
	与子女同住	44	14.8	14.8	99.7
	其他	1	0.3	0.3	100.0
工作状况	尚未退休	8	2.7	2.7	2.7
	半退休	52	17.4	17.4	20.1
	已经退休	238	79.9	79.9	100.0
退休前或目前从事职业	工人	73	24.5	24.5	24.5
	农民	28	9.4	9.4	33.9
	公务员	26	8.7	8.7	42.6
	军警人员	10	3.4	3.4	46.0
	企业管理人员	47	15.8	15.8	61.7
	商贸人员	22	7.4	7.4	69.1
	教师与专业技术人员	39	13.1	13.1	82.2
	服务人员	21	7.0	7.0	89.3
	私营业主	22	7.4	7.4	96.6
	其他	10	3.4	3.4	100.0
旅游花费主要来源	个人储蓄	48	16.1	16.1	16.1
	儿女资助	33	11.1	11.1	27.2
	退休金	161	54.0	54.0	81.2
	亲戚或朋友帮助	19	6.4	6.4	87.6
	社会福利	30	10.1	10.1	97.7
	其他	7	2.3	2.3	100.0

续表

人口统计变量	分类指标	人数	百分比/%	有效百分比/%	累积百分比/%
健康状况	很好	55	18.5	18.5	18.5
	良好	144	48.3	48.3	66.8
	一般	84	28.2	28.2	95.0
	差	15	5.0	5.0	100.0

注:表中数据存在四舍五入情况,均保留一位小数。

三、信度检验

进一步的,本书还从测量题项与总体相关性、信度系数、删除该题项后信度系数的变化对身心安全制约、人际制约、支持性制约、目的地属性制约、参与后体验制约等五个维度和相应题项进行条目和信度分析,见表 4.5。

由表 4.5 可知,该量表的 Cronbach's α 为 0.897,身心安全制约、人际制约、支持性制约、目的地属性制约、参与后体验制约等五个维度的信度值分别为 0.896、0.815、0.793、0.895、0.896,由此可知,城市老年人旅游制约量表和各个维度内部题项的信度较好。从各题项与总体的相关来看,相关性均比较高,即各题项与其余题项所要测量的潜在构念同质性较高。同时,也说明量表具有良好的结构效度。删除该指标的信度系数是指该题项删除后各维度信度系数的改变情形,内部一致性信度系数越高,则量表各题项所测得的构念越接近(吴明隆,2010)。由表 4.5 可知,删除该测量题项后,信度系数并没有发生较明显的变化,具有良好的信度。说明城市老年人旅游制约量表具有良好的稳定性和一致性,各测量题项能够有效测量其所表示的因子构念。因此,探索性因子分析结果所形成的量表具有良好的信度。

表 4.5　老年人旅游制约量表题项和维度的信度分析

题项	信度系数	该指标与总体相关性	删除该指标的信度系数
老年人旅游制约(tc)	0.897		
身心安全制约(tc1)	0.896		
C1. 我担心出游中的人身安全,不愿意出游。		0.749	0.870
C2. 我担心交通安全,不愿意出游。		0.793	0.860

题项	信度系数	该指标与总体相关性	删除该指标的信度系数
C3. 我年龄大了，害怕出去旅游。		0.784	0.862
C4. 我的身体不好，不敢外出旅游。		0.694	0.882
C5. 我不喜欢，没有兴趣出去旅游。		0.699	0.884
人际制约(tc2)	0.815		
C6. 缺少志同道合的旅游伙伴，影响我出去旅游。		0.704	0.735
C7. 朋友没有足够的时间，无法和我出游。		0.670	0.751
C8. 家人不喜欢出去旅游。		0.612	0.778
C9. 自己单独出去旅游没意思。		0.557	0.803
支持性制约(tc3)	0.793		
C10. 参与其他活动或因其他事情而没有时间参加旅游活动。		0.640	0.739
C11. 自己经济能力有限，没有足够的钱外出旅游。		0.648	0.734
C12. 我感觉出去旅游很费钱。		0.693	0.718
C13. 旅游企业的产品不能满足我的需求，会影响我外出旅游。		0.687	0.785
C14. 旅游企业不诚信会影响我出去旅游。		0.626	0.802
目的地属性制约(tc4)	0.895		
C15. 担心旅游目的地交通不方便，不愿意出游。		0.733	0.872
C16. 旅游目的地饮食不习惯，不愿意出游。		0.745	0.869
C17. 旅游目的地公共设施不方便，不愿意出游。		0.776	0.863
C18. 旅游目的地人文环境不好，不愿意出游。		0.732	0.872
C19. 旅游目的地自然环境不好，不愿意出游。		0.715	0.876
参与后体验制约(tc5)	0.896		
C20. 旅游企业人员的服务不好，影响我外出旅游。		0.731	0.875

续表

题项	信度系数	该指标与总体相关性	删除该指标的信度系数
C21. 旅游的人太多、拥挤会影响我外出旅游。		0.721	0.877
C22. 旅游不文明现象会影响我外出旅游。		0.820	0.861
C23. 旅游设施体验不好会影响我外出旅游。		0.695	0.881
C24. 旅游中购物商店太多、强迫购物会影响我外出旅游。		0.728	0.876
C25. 以往的旅游经历不满意,不愿意外出旅游。		0.625	0.892

四、旅游制约量表的验证性因子分析

(一)聚合效度检验

效度是指标能够测到该测验所预测的程度。本书主要采用聚合效度和区别效度检验量表的建构效度。聚合效度是指测量相同构念的测量题项会位于同一因素中,测量题项在该构念上有较高的因子载荷量,测量题项之间会有较高的相关性,表示测量题项反映的潜在构念效度较好。通常可以从以下三个方面检测验证性因子分析的聚合效度(吴明隆,2013;Fornell、Larcker,1981)。

一是因素负荷量。一个因子构念对测量题项有高的负荷量,表示这些测量题项可以有效反映一个共同因子(潜在构念),其评估依据是因素负荷量路径均达显著,且因子载荷值要大于 0.5;二是平均方差抽取量(AVE)。其表示被潜在构念所解释的变异量中有多少来自测量误差,平均方差抽取量越大,指标变量被潜在变量构念解释的变异量百分比越大,相对的测量误差就越小;通常的判别标准是平均方差抽取量大于 0.5,平均方差抽取量是一种聚合效度指标,其数值越大,表示测量指标越能有效反映其共同因素构念的潜在特质;三是组合信度也是聚合效度的指标之一。在验证性因子分析中,信度采用的是构念信度,潜在变量的构念信度又称组合信度(Composite Reliability,CR),组合信度是结构方程模型中用于检验潜在变量的信度质量指标,如果潜在变量的组合信度值在 0.60 至 0.70,则测量模型的构念信度好,若组合信度值在 0.70 以上,则测量模型的构念信度良好;信度系数越高,则测量指标的同构性越高,测量指标所测得的潜在构念的一致性越高,则潜在构念有很高的一致性。

本书运用 Mplus 7.0 统计软件对数据进行分析,采用二阶验证性因子分析来实证检验五维度的城市老年人旅游制约量表。由一阶验证性因子分析可知,

$\chi^2 = 582.690$、$df = 265$、$\chi^2/df = 2.12$、$CFI = 0.904$、$RMSEA = 0.064$、$TLI = 0.90$、$SRMR = 0.068$，由此可知，标值 χ^2/df 的值在 1～3 之间，RMSEA 的值小于 0.08，CFI 和 TLI 的两个指标值均大于 0.9，SRMR 得值小于可接受临界值 0.8，各项拟合指标值均达到了可接受水平，说明各量表具有良好的结构效度，表明一阶五维度模型拟合度较好。虽然一个题项的因子载荷是 0.468，但该题项也达到可接近临界值，也是可以接受的。其余各测量题项的载荷量在 0.523 ～0.881，均大于临界值 0.50，则老年人旅游制约量表的潜在构念收敛效度良好（见图 4.2）。

在验证性因子分析中，一般将与测量题项直接相连的因子称作一阶因子，将对一阶因子产生影响的因子称为二阶因子。当一阶验证性因子模型拟合较好时，出于简化模型和理论的考虑，会使用二阶因子去解释一阶因子间的相关，即用二阶模型替代一阶模型（王孟成，2017）。同时，有学者指出，当一阶模型拟合较好时，可以进行二阶验证性因子分析（侯杰泰、温忠麟、成子娟，2004），因为二阶模型比一阶模型更简洁。在第三章中，研究通过扎根理论已经构建了城市老年人旅游制约结构维度模型，该模型包含身心安全制约、人际制约、支持性制约、目的地属性制约、参与后体验制约等五个维度。因此，基于理论和简化模型的考量，进一步探究其高阶因子并进行二阶验证性因子分析，以进一步提高研究结果的信度和效度。

具体来说，研究使用 Mplus 7.0 数据统计分析软件进行分析，二阶验证性因子分析的结果表明：$\chi^2 = 603.857$、$df = 270$、$\chi^2/df = 2.23$、$CFI = 0.90$、$RMSEA = 0.065$、$TLI = 0.90$、$SRMR = 0.077$，以上拟合指数都达到临界值的评判标准，表明二阶结构模型的拟合度较好。同时，由图 4.3 可知，五个一阶构念的因素负荷量在 0.406～0.633，显著性都在 $p < 0.001$，5 个因子能够有效的反映城市老年人旅游制约，各一阶因子对二阶因子具有良好的收敛效度。此外，王孟成（2014）指出，只有同时满足：二阶因子载荷较高；二阶模型与一阶模型相比，拟合优度并未显著恶化；即可说明二阶验证性因子模型优于一阶验证性因子模型（王孟成，2014）。根据以上两个评判标准，本书的数据分析结果符合评判要求，即五个潜在构念的因子载荷量较高，五维度二阶模型的拟合优度较好、并没有显著恶化。虽然，参与后体验制约维度的因子载荷没有其他几个维度的因子载荷高，但有学者指出，二阶模型是否合理，仍需根据理论（王孟成，2014）。根据第三章的研究结果，城市老年人旅游制约是包括参与后体验制约维度的。因此，本书所得出的城市老年人旅游制约二阶模型优于一阶模型，证实城市老

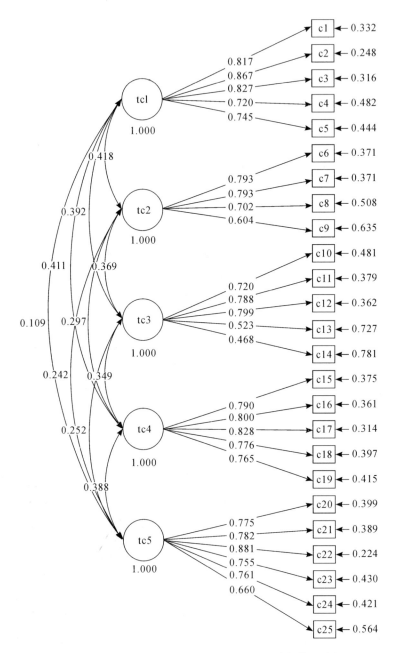

图 4.2 老年人旅游制约量表的一阶五因子结构模型路径

年人旅游制约是能有效包含五个潜在维度构念。

由上文的一阶和二阶验证性因子分析结果可知,城市老年人旅游制约量表

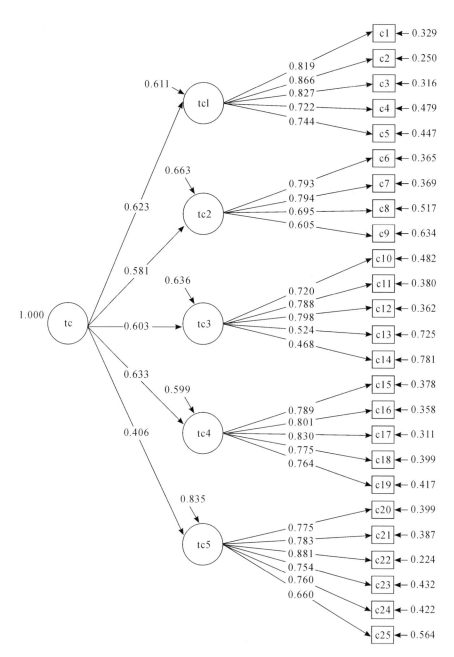

图 4.3　老年人旅游制约量表的二阶五因子结构模型路径

已经具有良好的收敛效度。但为了进一步验证量表的信度和效度，研究又深入探究了各维度的组合信度（CR）和平均变异抽取量（AVE）。由表 4.6 可知：身心安全制约、人际制约、支持性制约、目的地属性制约、参与后体验制约等五个维度的 AVE 分别是 0.6353、0.5288、0.5541、0.6274、0.5955,均大于判定值 0.5,说明各潜变量构念维度的解释变异量大于测量误差对构念的解释变异量,即量表具有良好的收敛效度。同时,身心安全制约、人际制约、支持性制约、目的地属性制约、参与后体验制约等五个维度的组合信度分别为 0.8966、0.8161、0.7994、0.8938、0.8977,均大于 0.7,也说明所开发的城市老年人旅游制约量表具有良好的收敛效度。

表 4.6　各维度的组合信度和平均变异抽取量(AVE)

维度	平均变异抽取量(AVE)	组合信度(CR)
身心安全制约(tc1)	0.6353	0.8966
人际制约(tc2)	0.5288	0.8161
支持性制约(tc3)	0.5541	0.7994
目的地属性制约(tc4)	0.6274	0.8938
参与后体验制约(tc5)	0.5955	0.8977

由以上分析可知,研究所开发的量表满足了评估聚合效度的三种评价标准,说明研究所开发的城市老年人旅游制约量表具有很好的收敛效度。由 SPSS 的 Cronbach's α 信度分析和结构方程模型的组合信度分析可知,研究所开发的量表及其各维度均具有良好的信度。

(二)区别效度检验

区别效度是指潜在构念与其他潜在构念间有显著的差异或有低度相关存在,构念间的区别效度是指个别测量题项应该只反映一个潜在构念,测量模型中应该没有跨构念指标的存在,如果 2 个潜在构念的相关系数显著不等于 1,则 2 个因素构念间有显著区别效度,即测量不同潜在构念的测量指标会落在其反映的潜在构念上(吴明隆,2013)。通常采用卡方差异检验法(Chi-square difference test)分析量表的区别效度,即利用单群组两个模型的方法来检验,两个模型分别为未限制模型(潜在构念间的协方差不加以限制,潜在构念间的协方差为自由估计参数)和限制模型(潜在构念间的协方差限制为 1,潜在构念间的协方差为固定参数),然后比较两个模型的卡方值差异,如果卡方值差异量大且达到显著性水平($\Delta\chi^2 > \chi^2(1.05) = 3.84, p < 0.05$),则说明两个构念是有区别的;反之,未限制模型和限制模型的卡方差异值小于 3.84($\Delta\chi^2 < \chi^2(1.05) = 3.84, p > 0.05$),就表明两个构念间是没有区别的(吴明隆,2013)。

　　根据以上区别效度检验方法，研究采用 Amos 20.0 数据分析软件进行具体的操作分析，数据分析结果见表 4.7。结果表明：各维度配对潜在变量的卡方差异值均超过区别效度检验的临界值 3.84，且均达 0.05 显著水平，五个维度是有显著区别的，即五个维度具有唯一性，只能反映其所在的潜在构念维度，说明测量量表具有良好的区别效度。此外，Kline（2005）指出，当两个变量之间的相关系数小于 0.85 时，也说明各维度之间有良好的区别效度。由表 4.7 可知，在未受限模型中，两两维度之间的相关系数都明显小于 0.85，也再次说明五个维度之间具有良好的区别效度，即研究所开发的城市老年人旅游制约量表具有良好的区别效度。

第四节　本章小结

　　本章通过遵循严谨的量表开发步骤，开发了具有良好信度和效度的城市老年人旅游制约量表，为后文的实证研究提供了测量工具。

　　第一，本章根据相关文献，设计了城市老年人旅游制约量表开发的流程。具体来说，一是在确定测量目标的基础上，研究通过归纳法和演绎法设计测量题项，形成项目池，确定了测量的维度和题项数目。二是确定了问题形式和李克特 5 点测量方式。三是通过专家筛选和预调研确定了正式的调研量表。

　　第二，进行了城市老年人旅游制约量表开发的探索性因子分析。基于第一轮问卷调研的数据，研究通过信度分析进一步筛选量表的题项，通过探索性因子分析和聚类分析确定了城市老年人旅游制约量表的五个因子维度和具体测量题项，并结合第三章的理论研究对因子进行命名，确定城市老年人旅游制约量表包含五个因子：身心安全制约、人际制约、支持性制约、目的地属性制约、参与后体验制约。

　　第三，通过验证性因子分析确定了城市老年人旅游制约的建构效度。具体而言，使用探索性因子分析结果确定的老年人旅游制约量表和题项，进行第二次问卷调研来搜集相应的数据。通过一阶和二阶验证性因子分析、各维度的组合信度（CR）和平均变异抽取量（AVE）分析检验了量表的聚合效度。通过区别效度分析得出城市老年人旅游制约量表具有良好的区分效度。

　　第四，通过以上严谨分析，本章开发了具有良好信度和效度的城市老年人旅游制约测量量表。分析结果表明，各测量题项能够有效测量其所在的潜在构

表 4.7 老年人旅游制约量表的区别效度检验

配对潜在变量	未受限制模型(B)相关系数为自由估计			未受限制模型(A)相关系数为自由估计			卡方值差异量 模型B-模型A	自由度差异值
	$P1$	χ^2	df	$P2$	χ^2	df	$\Delta\chi^2$	Δdf
身心安全制约—人际制约	0.38	107.0764	26	1	147.030	27	39.954***	1
身心安全制约—支持性制约	0.3939	127.2	34	1	184.282	35	57.082***	1
身心安全制约—目的地属性制约	0.42	99.18	34	1	146.929	35	47.748***	1
身心安全制约—参与后体验制约	0.11	146.355	43	1	246.072	44	99.717***	1
人际制约—支持性制约	0.37	98.389	26	1	164.210	27	47.821***	1
人际制约—目的地属性制约	0.3	64.832	26	1	130.961	27	66.129***	1
人际制约—参与后体验制约	0.25	103.042	34	1	181.210	35	78.168***	1
支持性制约—目的地属性制约	0.35	102.855	34	1	178.975	35	76.09***	1
支持性制约—参与后体验制约	0.26	120.794	43	1	215.969	44	95.175***	1
目的地属性制约—参与后体验制约	0.39	158.483	43	1	225.802	44	67.319***	1

念维度,测量题项和测量维度之间具有良好的信度与效度,则表明城市老年人旅游制约量表的信度和效度较高。通过理论与实证分析,确定城市老年人旅游制约作为一个更高阶的潜在构念,能够有效解释五个低阶的潜在构念,即身心安全制约、人际制约、支持性制约、目的地属性制约、参与后体验制约。进一步的,研究开发的城市老年人旅游制约量表为后续的相关实证研究提供了科学、适合的测量工具。

第五章 城市老年人旅游制约作用机理研究

本章将对城市老年人旅游制约的作用机理进行探究。第二章已经对相关变量进行了文献回顾与梳理。第四章开发了城市老年人旅游制约量表,为研究提供了测量工具。基于以上研究,本章将依据相关理论文献,构建旅游制约的作用机理研究模型,采用问卷调查、结构方程模型、路径分析等实证研究方法,以60周岁及以上的城市老年人为研究对象,探究旅游制约、制约协商、旅游参与和主观幸福感之间的关系,即探究旅游制约对其他变量的影响和变量之间的作用机理。

第一节 研究模型与研究假设

本节主要对研究模型和研究假设进行了阐释与说明。一是依据活动理论和休闲制约协商模型构建了旅游制约与制约协商、旅游参与和主观幸福感的作用机理研究模型。二是依据研究模型和理论基础对变量之间的关系进行研究假设,为后续的实证分析奠定基础。

一、研究模型

研究运用活动理论和休闲制约协商模型阐释旅游制约对相关变量的作用机理。活动理论认为尽可能长时间拓展老年人的活动和社会互动对他们的幸福感至关重要(Nimrod、Rotem,2012)。参与旅游活动带来的社会互动和个人发展可能有助于改善人们的健康状况、生活质量和幸福感(Dolnicar、

Yanamandram、Cliff，2012；McCabe、Joldersma、Li，2010；Uysal、Perdue、Sirgy，2012），尤其是对老年人（Dann，2002；Nimrod、Rotem，2012）。因此，旅游业既有利于一般经济，也有利于提升个人旅行者的幸福感（Higgins-Desbiolles，2006）。现有研究表明，旅游能够增加人们的满意度（Dolnicar、Yanamandram、Cliff，2012），旅游是影响幸福感的重要因素（Tsartsara，2018）。此外，Hubbard、Mannell（2001）进一步拓展了休闲制约协商概念模型，通过建立休闲动机、休闲制约、休闲制约协商和休闲参与之间的关系，构建了休闲制约作用缓冲模型，在该模型中，协商策略在休闲制约和休闲参与的关系中具有部分中介作用，以此预测休闲行为的发生与否（Hubbard、Mannell，2001）。戈登·沃克、梁海东（2012）基于先前的研究，构建了"综合休闲参与理论框架"，在该框架中也提出协商策略在休闲制约和休闲参与意向、实际休闲参与之间有部分中介作用，同时，休闲意向也会对实际参与产生影响。由此可知，旅游制约也会通过制约协商影响旅游参与。

根据选择、优化补偿理论，老年人在面临旅游制约时，会采取一定的措施解决所面临的旅游制约，使自己能够参与到旅游活动中，从而获得最大化的旅游收益。根据活动理论，当老年人面临旅游制约时，会根据自己的实际情况采取相应的制约协商让自己成功参与旅游活动，参与旅游活动会给老年人带来精神上的愉悦、锻炼身体、获得社会交往等益处，而这些益处又会进一步提升老年人的主观幸福感。

研究通过对相关文献的回顾与分析，基于活动理论构建研究模型，对各变量之间的相互作用关系提出研究假设。本书的研究模型由自变量（旅游制约）、因变量（主观幸福感）、中介变量（制约协商、旅游参与）组成，旨在检验旅游制约对旅游参与和主观幸福感的作用机理。通过对相关文献的整理归纳和分析，根据理论厘清该模型的总体思路：（1）旅游制约及其各维度会直接正向影响制约协商；（2）旅游制约及其各维度会负向影响旅游参与、主观幸福感；（3）制约协商正向影响旅游参与；（4）旅游参与正向影响主观幸福感；（5）制约协商在旅游制约和旅游参与的关系中存在中介作用；（6）旅游参与在旅游制约和主观幸福感的关系中存在中介作用（见图5.1）。

二、研究假设

基于活动理论，结合相关文献和研究模型，提出各变量之间的研究假设，为后文的实证研究奠定基础。

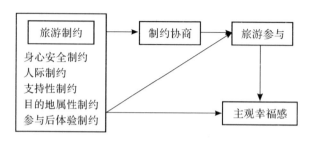

图 5.1　研究模型及思路

（一）旅游制约和主观幸福感

根据活动理论,老年人的幸福感是由其通过高度参与社会和休闲活动产生的(Havighurst,1961)。当老年人面临各种各样的旅游制约时,就会使得其在一定程度上不能参与旅游活动、旅游项目,或者不能增加参与旅游活动的频率,甚至停止参与旅游活动。这种负面影响会使其在一定程度上脱离社会活动,而缺少对社会活动的参与,会影响其身体和心理健康水平,进而会对其主观幸福感产生负面影响。胡田(2018)的研究表明,老年人旅游制约对其旅游意愿产生负向影响,面临的制约越多,其旅游意愿就越低,这主要是由于旅游制约会减少旅游者获得好的旅游体验的机会,从而会影响其旅游意愿。张华初(2014)对老年人旅游参与的内在因素进行了探究,结果表明:性别、年龄、情感、健康状况和城乡等因素对老年人是否参与旅游影响较大。此外,总收入能够显著影响旅游参与。杨蕾、杜鹏(2016)以城市老年人为研究对象,研究结果表明,生理障碍是影响对老年人出游意愿最基础的因素之一,信息获取障碍直接影响老年人的出游意愿,而生理障碍会增加信息获取难度,进而降低老年人的出游意愿;信息获取障碍会通过影响出游意愿进一步影响老年人的旅游感受与认知,在一定程度上影响老年人的旅游满意度,进而影响其旅游体验,最终影响其旅游幸福感(黄向,2014)。此外,活动理论还认为,制约既是与年龄相关的因素,例如身体机能降低,也是社会结构的因素,例如年龄歧视和消极的成见;以及健康、金钱、时间、相关设施设备等制约。而制约可能不仅影响活动的参与,而且还会影响心理健康,进而就对其生活满意度和主观幸福感产生负向影响。因此,研究提出假设:

H1:老年人感知的旅游制约对其主观幸福感有负向影响。

H1a:老年人感知的支持性制约对其主观幸福感有负向影响。

H1b:老年人感知的参与后体验制约对其主观幸福感有负向影响。

H1c:老年人感知的身心安全制约对其主观幸福感有负向影响。

H1d：老年人感知的目的地属性制约对其主观幸福感有负向影响。

H1e：老年人感知的人际制约对其主观幸福感有负向影响。

（二）旅游制约、制约协商和旅游参与

相关研究认为，虽然存在制约因素，人们不会因为自己遇到的制约而轻易放弃休闲参与的意愿，而是会采取多种策略来克服休闲制约（Jackson，1993；Jackson、Crawford、Godbey，1993），人们会采取不同的协商（Negotiation）来达到休闲参与的目的（Lyu、Oh，2014）。协商假设来源于社会认知理论（Maddux，1993），这一理论表明，个体倾向于利用其先前的知识和经验主动选择改变情境和环境条件，而不是被动地接受不利状态（Mannell、Loucks-Atkinson，2005）。协商在很大程度上被称为个人为避免和减少限制休闲参与的一系列手段（Jackson，2005a；Mannell、Kleiber，1997）。对休闲制约协商的研究是一项重要的任务，因为它可以解释为什么有些人成功地克服了休闲制约，而另一些人则被制约所阻挡/限制（Alexandris et al.，2013）。而且具有不同背景、不同人口性质和不同活动的人，其采用的制约协商策略的性质和类型也不同（Livengood、Stodoloska，2004）。制约协商包括修改时间和承诺、获得所需技能、改变人际关系、改善财务状况等（Jackson、Rucks，1995），如娱乐者会使用不同的制约协商来解决所面临的制约，以更多的参与到活动中（Lyu、Oh，2014）。

现有的研究已经证实制约、制约协商会决定参与行为（Alexandris et al.，2013）。Hubbard、Mannel（2001）的休闲制约作用缓冲模型提出，与制约因素的冲突会激发更大的努力来采取制约协商或使用协商资源，即制约会正向影响制约协商，虽然制约仍然会负向影响参与，但触发的协商努力可以完全抵消或减轻这些负面影响，或者至少在一定程度上减少制约的影响程度，因此，制约协商正向影响参与；该模型表明，个体所面临的休闲制约会促使一个人采用谈判策略，从而减轻休闲参与制约的负面影响。Hung、Petrick（2012）的研究表明，旅游制约会正向影响制约协商，个体感知的旅游制约越高，其就越倾向于采用制约协商；旅游制约负向影响旅游意向，个体经历的旅游制约越高，其旅游意向就越低；制约协商会正向影响旅游意向，个体越多的采用制约协商策略，其越倾向于参加旅游活动；同时，制约协商在旅游制约和旅游意向之间具有中介作用。White（2008）以户外游憩群体为研究对象，探究制约、协商、活动参与三者之间的关系，结果表明，制约负向影响户外游憩参与、正向影响户外游憩群体的协商策略，户外游憩群体的协商策略正向影响其户外游憩活动的参与。

Alexandris 等（2013）以休闲游泳参与者为研究对象，结果表明，制约协商能够增加游泳的涉入度。Moghimehfar、Halpenny(2016)以乡村野营者为研究对象,结果表明,制约对参与意向有直接的负向影响,制约协商对参与意向有直接的正向影响,制约负向影响制约协商,且协商在制约和参与意向之间有中介作用。Son、Mowen、Kerstetter(2008)以50周岁以上的人为研究对象,结果表明,协商和制约会影响参与。朱志强等(2017)探究了体育健身休闲制约与休闲参与之间的关系,结果表明,人际制约和环境状况制约对休闲参与有负向影响。陈楠、苗长虹(2015)以节事举办地的居民为研究对象,结果表明,休闲制约负向影响居民的节事参与,其中内在制约对节事参与的影响最大。Jun、Kyle(2011)以打高尔夫球的人为研究对象,结果表明,制约会正向影响制约协商、负向影响高尔夫球活动参与,制约协商会正向影响高尔夫球活动参与。根据活动理论,虽然制约会减少人们的活动参与,但活动理论也指出人们要想成功的参与社会活动,就必须采取一定的策略或措施来解决其所面临的影响活动参与的障碍性因素,进而实现成功的参与活动。据此,研究提出假设:

H2:老年人感知的旅游制约对制约协商有正向影响。

H2a:老年人感知的支持性制约对制约协商有正向影响。

H2b:老年人感知的参与后体验制约对制约协商有正向影响。

H2c:老年人感知的身心安全制约对制约协商有正向影响。

H2d:老年人感知的目的地属性制约对制约协商有正向影响。

H2e:老年人感知的人际制约对制约协商有正向影响。

H3:老年人感知的旅游制约对旅游参与有负向影响。

H3a:老年人感知的支持性制约对旅游参与有负向影响。

H3b:老年人感知的参与后体验制约对旅游参与有负向影响。

H3c:老年人感知的身心安全制约对旅游参与有负向影响。

H3d:老年人感知的目的地属性制约对旅游参与有负向影响。

H3e:老年人感知的人际制约对旅游参与有负向影响。

H4:老年人采用的制约协商对旅游参与有正向影响。

H5:老年人采用的制约协商在旅游制约与旅游参与的关系中有中介作用。

(三)旅游参与和主观幸福感

旅游是如何影响个人幸福感和整体生活满意度的,仍然是一个重要但未被充分研究的问题(Uysal、Sirgy、Perdue,2012)。与旅游业相关的老龄化研究需要进一步探究老年人的需求,以了解如何帮助老年人提高晚年生活满意度,例如如何在退休生活中追求有意义的生活;研究者发现旅游参与或旅游体验对老年旅游者的心理健康或幸福感产生重要影响（Oliveira et al.，2018）。Havighurst（1961）基于活动理论，提出社会和休闲活动会促进晚年生活的满意度和幸福感。Lemon、Bengtson、Peterson（1972）进一步将活动分为非正式的、正式的和孤立的类型，并发现非正式社会活动在促进幸福方面比其他类型更重要，更多的参加社会活动能够增加老年人对生活的满意度（Skałacka、Derbis，2015）。旅游提供了挑战，包括计划、解决意外问题、面对新情况、新人、食物等，成功应对这些挑战也会带来成就感（Weiss，2005），因此旅游能对老年人的主观幸福感、生活质量、自我评估的健康和生活满意度产生积极的心理影响（Dolnicar、Yanamandram、Cliff，2012；Hunterjones、Blackburn、Chesworth，2007）。由此可知，参与旅游活动能够提升旅游者的主观幸福感。

Kuykendall、Tay、Ng（2015）通过元分析研究，证实了休闲参与和主观幸福感之间存在较强的因果关系，与工作群体相比，退休老年人的休闲参与和主观幸福感之间存在更强的因果关系，参与休闲活动是增强主观幸福感的重要途径。Schmiedeberg、SchröDer（2017）在研究中指出，休闲活动正向影响主观幸福感，即个体参加的休闲活动越多，其将会获得更多的主观幸福感；此外，会见朋友、做运动、去度假都正向影响生活满意度，即增加休闲活动参与者的生活满意度。Ra、An、Rhee（2013）以韩国的老年人为研究对象，分析结果表明，休闲活动、社会支持正向影响生活满意度，社会支持在休闲活动和生活满意度之间有中介作用；帮助老年人保持参与正式和/或非正式的休闲活动对提高其晚年生活的幸福感具有重要意义。龙江智、王苏（2013）以中国老年群体为研究对象，通过扎根理论方法探究休闲对主观幸福感的影响，研究结果表明，老年人的深度休闲参与行为对老年群体的主观幸福感具有重要影响，对老年人实现成功老龄化具有重要作用。Gibson（2006）的研究表明，休闲享受与人生后期的生活满意度之间存在正相关。Sirgy、Uysal、Kruger（2017）的研究表明，休闲活动能够增加休闲参与者的主观幸福感。

相关研究表明，与非度假者相比，度假者在旅行前和旅行后表现出更高的幸福感（Nawijn et al.，2010；Gilbert、Abdullah，2004）。McCabe、Joldersma、Li（2010）以社会旅游群体为研究对象，发现人们参与社会旅游活动，会获得开心、逃离官场环境、陪伴家人等旅游收益，进而会提升旅游者的主观幸福感和生活质量。Wang（2017）通过定性与定量相结合的研究方法，探究参与休闲旅游的结构与生活满意度之间的关系，研究表明，参与休闲旅游的结果能通过身体满意和社交满意提升整体的生活满意度。Morgan、Pritchard、Sedgley（2015）的研究表明,旅游能够给人的生理、心理、社交和精神状况带来益处,从而提升人的幸福感。Sirgy 等(2011)的研究表明,参与旅游活动能够提升旅游者的整体幸福感。Uysal 等(2016)通过对现有文献的梳理,绝大多数的研究结果表明,旅游体验和活动对游客的整体生活满意度和幸福感都有显著影响;也就是说,游客的体验和旅游活动往往会积极影响生活的各个领域,如家庭生活、社交生活、休闲生活、文化生活等。

综上所述,无论是参与休闲活动还是参与旅游活动,都能够提升参与者的主观幸福感。根据活动理论,人们参与旅游活动会获得身心上的愉悦,提升其主观幸福感;而旅游制约则在一定程度上会对老年人的旅游活动参与产生负向影响,进而影响其生活满意度和主观幸福感。综合以上分析,研究提出假设:

H6:老年人旅游参与对其主观幸福感有正向影响。

H7:老年人旅游参与在制约协商和主观幸福感的关系中有中介作用。

第二节　研究设计

本节主要阐述了问卷调查量表的设计和变量测量量表的选用。具体来说,一是详细的阐述了量表设计的步骤;二是明确了每个变量在测量时所选用的量表;三是详细说明问卷的搜集过程、参与者的人口统计学特征。

一、量表设计

研究以 60 周岁及以上的城市老年人为研究对象,通过问卷调查法收集一手数据。以封闭式问项让城市老年人自我报告量表进行测量,以李克特 5 点量表为测量尺度询问受访者的同意度。具体来说,基于现有的研究选取具有较高信度和效度的量表来设计本书的调查问卷,主要通过对相关文献的深入回顾与分析得到相关变量的原始量表。由于选用的有英文量表,主要是制约协商量表和旅游参与量表,在量表编制阶段,研究通过以下步骤进行英文量表的翻译与校对。

首先,研究请两名旅游管理专业的博士生把所选用的英文量表翻译成中文。

其次,另请两名旅游管理专业的博士生把先前翻译好的中文回译成英文,并与原英文量表进行比较,找出其中存在语言表达与量表原文差异较大的译句,在此基础上,对已经翻译好的中文量表进行修订完善。

再次,请两位在以英语为母语的国家获得博士学位的旅游管理专业教师进一步核对中英文量表的翻译,同时对翻译好的中文量表题项进行评价和试测,更深入的对量表中每个题项的语言表达进行润色和修改,进而确定每个测量题项最合适的语言表达。

最后,在正式调研之前,针对所使用的制约协商量表、旅游参与量表和主观幸福感量表进行预调研,研究选取了 20 位 60 周岁及以上的城市老年人进行问卷发放与收集,进一步询问参与者是否对量表题项存在疑问或不理解、题项是否存在歧义等,在此基础上,对量表测量题项存在的问题进行修改,主要对某些测量题项的语言措辞、表达方式等进行修订与完善,以保证正式调研问卷所收集数据的有效性。此外,预调研的数据分析结果表明,研究所选用的量表具有良好的信度。

本书通过以上步骤来确保量表的信度和效度,从而形成最终的问卷调查量表。问卷共包括两部分,第一部分是问卷的主题部分,共包括旅游制约量表、制约协商量表、旅游参与量表、主观幸福感量表;第二部分是参与者的人口统计学变量,主要包括性别、年龄段、受教育程度、月收入、职业、健康状况等。

二、变量测量

(一)旅游制约量表

本书使用第二章界定的旅游制约概念,认为旅游制约是那些造成停止参与旅游活动项目、不能参与新的旅游活动、不能继续保持或者增加参与的频率,或者给旅游体验质量(如:较低的满意度、没有获得期望的旅游益处)造成负面影响的障碍和情境。采用第四章开发的老年人旅游制约量表进行测量,该量表共包括 25 个题项五个维度,研究采用李克特 5 点量表尺度进行测量;量表将老年人旅游制约分为五个维度进行考察:支持性制约、参与后体验制约、身心安全制约、目的地属性制约、人际制约,具有良好的信度和效度。

(二)制约协商量表

本书采用 Jackson、Crawford、Godbey（1993）对制约协商（Constraint Negotiation）下的定义,即制约协商是指人们努力面对制约,并通过促进参与的认知策略和行为策略提升参与的适应力。旅游制约协商量表主要参考了 Hubbard、Mannell(2001)、Yerlisulapa(2014)、Hung、Petrick(2012)所开发的旅游制约协商量表,并且结合第三章内容进行量表的设计。旅游制约协商量表包含四个维度：改变人际制约、时间管理、财务管理、技能获取，共 18 个测量题项。改变人际制约策略共有 4 个测量题项，如"我试着找一些有相似旅游兴趣的人一起游玩""我根据朋友的意愿调整旅游活动的选择"。时间管理策略共有 4 个测量题项，如"我减少参与其他活动的时间，以便有更多的时间参加旅游活动""我选择在旅游淡季外出旅游"。财务管理策略共有 4 个测量题项，如"我会选择一个符合我预算的旅游产品""我会存钱以便出去旅游"。技能获取策略共有 6 个测量题项，如"我通过各种途径了解旅游信息，做好各方面的准备""我会提高身体素质，这样我才能参加旅游活动"。采用李克特 5 点测量尺度进行测量。

（三）旅游参与量表

Kuykendall、Tay、Ng(2015)认为休闲参与是一个人参与休闲活动的程度。本书借鉴该定义，认为旅游参与是一个人参与旅游活动的程度，如参与的时间、多样性或频率等。旅游参与(Tourism Participation)量表主要是参考了 Hung、Petrick(2012)所开发的旅游意向量表，根据本书的研究目的，对该量表的题项进行了修订，并经过第四章的量表设计步骤进行完善，形成了最终的测量量表。旅游参与量表共包括 4 个题项，如"我打算在未来一年内出去旅游""我会鼓励亲朋好友去旅游"等。采用李克特 5 点测量尺度进行测量。

（四）主观幸福感量表

研究采用 Diener、Lucas、Oishi(2002)对主观幸福感的定义，即主观幸福感(Subjective Well-being)被定义为一个人对其生活的认知和情感评估。主观幸福感的量表主要是参考了陈晔、张辉、董蒙露(2017)所设计的主观幸福感量表，该量表是以旅游者为研究对象所开发的，Cronbach's α 值为 0.849，说明量表具有很高的信度。主观幸福感量表共包含 4 个测量题项，如"参与旅游之后，我感觉生活更有质量了""参与旅游之后，我感觉生活更幸福了"等。采用李克特 5 点测量尺度进行测量。

三、研究样本与数据搜集

侯烜方、李燕萍、涂乙冬(2014)在探究新生代员工工作价值观量表及对绩效影响的研究中，采用的也是两轮数据收集方法，首先，使用第一轮调研的数据对工作价值观进行了探索性因子分析；其次，第二轮调研同时搜集了工作价值观的数据和员工绩效的数据，使用该轮数据对工作价值观进行验证性因子分析，开发了工作价值观量表；最后，使用第二轮收集的工作价值观数据和绩效数据，以及开发的工作价值观量表，探究了工作价值观对员工绩效的影响。本部分的问卷发放借鉴侯烜方、李燕萍、涂乙冬(2014)在研究中的数据搜集方法与流程。在第二轮的城市老年人旅游制约问卷调查中,一方面,研究收集了旅游制约的数据以进行验证性因子分析,开发城市老年人旅游制约量表;另一方面,在二轮问卷调研中,研究还收集制约协商、旅游参与、主观幸福感的数据,以探究城市老年人旅游制约对以上变量的作用机理。由此可知,本节研究与第四章验证性因子分析所使用的第二轮问卷是同一个样本,并且以第二轮收集的样本数量作为本章第三节数据分析的来源。此外,研究样本的人口统计学特征已经在第四章的第三节中进行了详细分析,此处就不再重复。

第三节　数据分析与假设检验

本节通过对数据进行详细分析,对本章第二节所提出的研究假设进行实证检验。具体来说,研究将采用相关分析、信度和效度分析、路径分析、中介分析等方法检验研究假设,探究旅游制约对制约协商、旅游参与、主观幸福感的作用机理。

一、共同方法偏差

对单一受访者进行问卷调研所得到的数据可能会出现共同方法偏差(Common Method Bias)。共同方法偏差是指因为相同的参与者、数据来源、题项语境、测量环境以及题项自身所引致的自变量与因变量之间人为的共变(周浩、龙立荣,2004),是一种系统误差。在研究中多采用统计控制和程序控制两种方法减少共同方法偏差。在程序控制方面,一是采用严谨的步骤设计量表,如对量表进行中英文回译、请相关专家修订量表、对老年人进行预调研等方法尽量确保量表题项易于被老年人理解;二是研究者向参与调研的老年人保证所填写问卷的匿名性、告诉参与者所选择的答案没有对错之分,尽量让老年人在填写问卷时表达出自己的真实想法以控制共同方法偏差(周浩、龙立荣,2004;Podsakoff、Mackenzie、Lee,2003);三是研究采取多源方法进行调查(文吉、侯平平,2018),问卷调查数据来源于不同城市的景区、老年大学、公园等地方。在统计控制方面,研究采用 Harman(1976)提出的单因素检验方法来检验所用样本数据的共同方法偏差,即对所使用量表的所有题项进行探索性因子分析,分析未旋转的因子载荷量,确定解释变量变异最少的因子数,如果某个因子解释力特别大或只分析出一个因子,则说明所用数据存在严重的共同方法偏差(Livingstone、Nelson、Barr,1997)。研究运用 SPSS 22.0 对所用量表的所有测量题项进行探索性因子分析,数据分析结果表明,第一主成分因子只解释了15.8%的方差变异量,不存在解释力特别大的因子。研究通过以上多种方法尽可能的减少共同方法偏差对研究所造成的数据误差。由此可知,本书所使用的研究数据没有明显的共同方法偏差。

二、信度与效度分析

(一)信度分析

信度是指调研量表所测得研究结果的一致性和稳定性,量表的信度越高,则量表测量的误差越小。为了检验所用量表是否具有一致性和稳定性,必须对量表进行信度检验。在李克特测量尺度量表中常用 Cronbach's α 系数检验量表的信度。具体来说,研究将分别检验每个测量量表的信度。通常认为Cronbach's α 的值大于 0.7 就说明测量量表具有良好的信度。如果调研量表的测量题项少于 6 个,但其 Cronbach's α 的系数大于 0.6,这也表明该量表测得的数据质量可靠。由表 5.1 可知,各测量量表的 Cronbach's α 系数值都大于0.840,旅游制约、制约协商、旅游参与、主观幸福感量表的 Cronbach's α 系数值分别为 0.897、0.840、0.899、0.933,说明研究所采用的量表具有较好的内部一致性。

表 5.1　量表的信度系数

量表	旅游制约	制约协商	旅游参与	主观幸福感
量表题项数目/个	25	18	4	4
Cronbach's α 系数	0.897	0.840	0.899	0.933

(二)效度分析

研究量表设计阶段通过采用中英文双向互译、专家修订、对老年人预调研等方法确定量表的测量题项,有效的保证了量表的内容效度。就量表的聚合效度和区分效度而言,研究将采用验证性因子分析来检测所使用调研量表的聚合效度和量表各构念的区分效度。由于第四章已经对旅游制约量表及其各维度的信度、聚合效度、区别效度进行了详细的分析,本部分不再重复叙述。接下来,将对制约协商量表、旅游参与量表、主观幸福感量表的效度进行分析,数据分析结果表明,研究所采用的量表具有良好的信度和效度。

1. 制约协商的聚合效度

研究采用 Amos 22.0 数据分析软件进行验证性因子分析,分析结果见表 5.2。数据分析结果表明:制约协商的各项拟合指标值均达到了可接受水平,各项拟合值为:$\chi^2 = 322.484$、$df = 129$、$\chi^2/df = 2.5$、$RMSEA = 0.071$、$CFI = 0.926$、$NFI = 0.904$、$IFI = 0.927$、$TLI = 0.913$,说明量表的拟合结果好,量表具有良好的效度。具体来说,制约协商各测量指标的因子载荷在 $0.585 \sim 0.887$,在 $p < 0.001$ 水平上显著,各维度的组合信度都大于 0.8,平均变异抽取量大于 0.5,均大于可接受的临界值,说明制约协商量表具有良好的聚合效度。

表 5.2　制约协商的验证性因子分析结果

制约协商	组合信度	平均变异抽取量	标准化因子载荷	T 值	均值	标准差
维度 1:改变人际制约	0.844	0.579			3.906	0.704
1. 我试着找一些有相似旅游兴趣的人一起游玩。			0.833	—a	3.92	0.862
2. 我根据朋友的意愿调整旅游活动的选择。			0.586	8.919	3.95	0.809
3. 自己和朋友或家人一起组织旅游团队出去旅游。			0.844	9.024	3.91	0.844
4. 我鼓励朋友和我一起出去旅游。			0.753	9.278	3.85	0.913
维度 2:时间管理	0.80	0.54			3.854	0.727
5. 我减少参与其他活动的时间,以便有更多时间参加旅游活动。			0.612	—a	3.77	0.878
6. 我选择在旅游淡季外出旅游。			0.735	14.836	4.00	0.919
7. 我缩短出去旅游的天数。			0.692	16.732	3.70	0.965
8. 选择一个适合我时间的旅游产品。			0.765	17.998	3.95	0.927
维度 3:财务管理	0.90	0.694			3.923	0.801
9. 我会提前准备好衣服、用品、药品等。			0.823	—a	4.00	0.867

续表

制约协商	组合信度	平均变异抽取量	标准化因子载荷	T 值	均值	标准差
10. 我会选择符合我预算的旅游产品。			0.765	14.836	4.05	0.911
11. 我会存钱以便出去旅游。			0.852	16.732	3.83	0.909
12. 在我的经济许可范围内生活。			0.887	17.998	3.82	0.965
维度 4:技能获取	0.880	0.551			3.928	0.691
13. 我通过各种途径来了解旅游信息,做好各方面的准备。			0.804	—a	3.96	0.850
14. 我尝试学习新的技能。			0.742	13.551	4.01	0.816
15. 如果我不具备参加旅游活动的能力、技巧等,我会寻求帮助。			0.797	14.446	3.84	0.899
16. 我会提高身体素质,这样我才能参加旅游活动。			0.745	13.648	3.82	0.925
17. 在出去旅游前,我会做好思想准备,以更好的心态对待旅游中出现的各种问题。			0.758	13.790	4.14	0.780
18. 我会尽我所能的去忍受旅游中的不好体验或现象。			0.585	10.036	3.81	1.010

注:a 为标准化回归系数设为固定参数 1,因而无 CR 值。

2. 旅游参与的聚合效度

研究采用 Amos 22.0 数据分析软件对旅游参与进行验证性因子分析,分析结果见表 5.3。数据分析结果表明:旅游参与的各项拟合指标值均达到了可接受水平,各项拟合值为:$\chi^2 = 4.913$、$df = 2$、$\chi^2/df = 2.456$、$RMSEA = 0.070$、$CFI = 0.996$、$NFI = 0.993$、$IFI = 0.996$、$TLI = 0.998$,说明旅游参与量表的拟合结果好,量表具有良好的效度。具体来说,旅游参与的各测量指标的因子载荷在 0.820~0.853,在 $p < 0.001$ 水平上显著,组合信度为 0.901、平均变异抽取量为 0.694,均大于可接受的临界值,说明旅游参与量表具有良好的聚合效度。

表 5.3　旅游参与的验证性因子分析结果

题项	组合信度	平均变异抽取量	标准化因子载荷	T 值	均值	标准差
旅游参与	0.901	0.694			3.68	0.841
1. 我打算在未来一年内出去旅游。			0.823	—a	3.68	0.915
2. 我会对其他人说一些积极参与旅游活动的话。			0.836	16.435	3.88	0.833
3. 我会向其他人推荐旅游活动或产品。			0.853	16.863	3.56	1.037
4. 我会鼓励亲朋好友去旅游。			0.820	16.019	3.60	0.399

注:a 为标准化回归系数设为固定参数 1,因而无 CR 值。

3. 主观幸福感的聚合效度

研究采用 Amos 22.0 数据分析软件对主观幸福感进行验证性因子分析,分析结果见表 5.4。数据分析结果表明:主观幸福感的各项拟合指标值均达到了可接受水平,各项拟合值为:$\chi^2 = 4.45$、$df = 2$、$\chi^2/df = 2.226$、$RMSEA = 0.064$、$CFI = 0.998$、$NFI = 0.996$、$IFI = 0.998$、$TLI = 0.993$,说明量表的拟合结果好,量表具有良好的效度。具体来说,主观幸福感的各测量指标的因子载荷在 $0.844 \sim 0.949$,在 $p < 0.001$ 水平上显著,组合信度为 0.945、平均变异抽取量为 0.810,均大于可接受的临界值,说明主观幸福感量表具有良好的聚合效度。

表 5.4　主观幸福感的验证性因子分析结果

题项	组合信度	平均变异抽取量	标准化因子载荷	T 值	均值	标准差
主观幸福感	0.945	0.810			3.84	0.843
1. 参与旅游之后,我感觉生活更有质量了。			0.912	—a	3.83	0.929
2. 参与旅游之后,我感觉生活更幸福了。			0.892	20.280	3.95	0.855
3. 参与旅游之后,我的生活丰富多彩了。			0.949	27.801	3.84	0.930
4. 参与旅游之后,我的生活满意度提高了。			0.844	21.343	3.74	0.976

注:a 为标准化回归系数设为固定参数 1,因而无 CR 值。

4. 各量表的区别效度

为了进一步探究量表的区别效度,本书借鉴 Hung、Petrick(2012)在研究中使用的量表区别效度检验方法,探究制约协商、旅游参与和主观幸福感的区别效度。由表 5.5 可知,各因子的 AVE 的算术平方根都明显大于各潜变量之间的相关系数,则表明各量表的区别效度也较好。此外,Kline(2005)指出,当两个变量之间的相关系数小于 0.85 时,也说明量表具有良好的区别效度。

表 5.5　变量的区别效度分析

变量	改变人际制约	时间管理	财务管理	技能获取	旅游参与	主观幸福感
改变人际制约	**0.761**					
时间管理	0.030	**0.735**				
财务管理	0.125	0.208	**0.833**			
技能获取	0.163	0.224	0.375	**0.742**		
旅游参与	0.131	0.123	0.079	0.150	**0.833**	
主观幸福感	0.272	0.123	0.159	0.272	0.294	**0.900**

注:对角线加粗字体数据为 AVE 的算术平方根。

三、相关分析

为了给接下来的回归分析打下基础,研究对各变量进行相关分析。表 5.6 显示了各变量之间的相关系数。数据分析结果表明:旅游制约与主观幸福感 $(r=-0.145^*, p<0.05)$ 显著负相关的关系支持 H1 是成立的。旅游制约与制约协商 $(r=0.168^{**}, p<0.01)$ 呈显著正相关、与旅游参与 $(r=-0.077^*, p<0.05)$ 呈显著负相关。身心安全制约与制约协商 $(r=0.304^{**}, p<0.01)$ 呈显著正相关。身心安全制约与旅游参与 $(r=-0.099^*, p<0.05)$、主观幸福感 $(r=-0.195^{**}, p<0.01)$ 呈显著负相关。人际制约与制约协商 $(r=0.092^*, p<0.05)$ 呈显著正相关。人际制约与旅游参与 $(r=-0.012^*, p<0.05)$、主观幸福感 $(r=-0.182^{**}, p<0.05)$ 呈显著负相关。支持性制约与制约协商 $(r=0.102^*, p<0.05)$ 呈显著正相关。支持性制约与旅游参与 $(r=-0.146^*, p<0.05)$、主观幸福感 $(r=-0.085^*, p<0.05)$ 呈显著负相关。目的地属性制约与制约协商 $(r=0.079^*, p<0.05)$ 呈显著正相关。目的地属性制约与旅游参与 $(r=-0.056^*, p<0.05)$、主观幸福感 $(r=-0.040^*, p<0.05)$ 呈显著负相关。参与后体验制约与制约协商 $(r=0.052^*, p<0.05)$ 呈显著正相关。参与后体验

表 5.6 各变量的相关分析($n=298$)

变量	M	SD	1	2	3	4	5	6	7	8	9
1. 旅游制约	3.27	0.612	1								
2. 身心安全制约	3.04	1.024	0.693**	1							
3. 人际制约	3.22	0.933	0.657**	0.364**	1						
4. 支持性制约	3.32	0.819	0.660**	0.344**	0.316**	1					
5. 目的地属性制约	3.23	0.949	0.712**	0.379**	0.253**	0.337**	1				
6. 参与后体验制约	3.55	0.879	0.596**	0.143*	0.238**	0.276**	0.385**	1			
7. 制约协商	3.90	0.458	0.168**	0.304**	0.092	0.102*	0.079*	0.052*	1		
8. 旅游参与	3.68	0.841	−0.077*	−0.099*	−0.012*	−0.146*	−0.056*	−0.044*	0.190*	1	
9. 主观幸福感	3.84	0.843	−0.145*	−0.195**	−0.182**	−0.085*	−0.040*	−0.042*	0.325**	0.294**	1

注:* $p<0.05$,** $p<0.01$。

制约与旅游参与($r=-0.044^*$，$p<0.05$)、主观幸福感($r=-0.042^*$，$p<0.05$)呈显著负相关。制约协商与旅游参与($r=0.190^{**}$，$p<0.01$)、主观幸福感($r=0.325^{**}$，$p<0.01$)呈显著正相关。旅游参与和主观幸福感($r=0.294^{**}$，$p<0.01$)呈显著正相关。

四、假设检验

上文相关分析表明旅游制约、制约协商、旅游参与、主观幸福感之间都存在相关关系，相关系数只能说明变量之间的关系及程度，并不能说明变量之间是否存在因果关系，需要进一步通过回归分析来检验自变量与因变量之间的因果关系。具体来说，研究在对人口统计学变量进行控制的基础上，采用结构方程模型中的路径分析深入探究自变量与因变量之间的因果关系，以及变量之间的中介作用。

路径分析是只有一个观察变量的潜在变量间的结构模型(简称 PA-OV 模型)，研究模型中所有的变量都是测量指标变量，而这些测量指标变量通常是量表中数个测量题项分数的加总，而非单一题项，这种结构方程模型的路径分析是观察变量路径分析，PA-OV 模型是一种没有包含任何潜在变量的结构方程模型(吴明隆，2013)。

(一)旅游参与和制约协商的中介作用检验

中介变量在理论上可以解释关系产生背后的内部作用机制(陈晓萍、徐淑英、樊景立，2012)。在本书中，将具体探究制约协商、旅游参与作为中介变量是否分别在旅游制约和旅游参与、旅游制约和主观幸福感两个关系路径中具有中介作用。在研究中，最常用的中介作用检验方法是系数乘积检验法和逐步检验法。现有的研究表明，目前比较科学的中介作用检验方法是 Bootstrap 法(Preacher、Kristopher、Hayes，2008)，与系数乘积检验法和逐步检验法相比，该方法具有更高的检验力。Bootstrap 法以原始研究样本作为抽样总体，不需要分布假设正态分布，从研究样本中反复抽样，通过平均每次抽样得到的参数作为最后的估计结果，其全体记为{a^b^}，并据此通过方差的估计构造置信区间。而第 97.5 百分位点和第 2.5 百分位点就构成一个置信度为 95% 的置信区间，如果置信区间包括 0，表示系数不显著；置信区间不包括 0，则系数显著。

本书使用 Bootstrap 法来检验中介作用的显著性，即旅游制约通过制约协商、旅游参与到主观幸福感的间接效应(a * b)是否显著异于 0。研究采用 Amos 22.0 进行结构方程模型的路径分析。路径分析结果表明：$\chi^2=22.938$、 df＝11、$\chi^2/$df＝2.09、CFI＝0.931、RMSEA＝0.063、NFI＝0.963、IFI＝0.902、TLI＝0.938,以上拟合指数都达到临界值的评判标准,表明研究模型的拟合度较好。各变量之间的路径系数分析结果如表5.7所示。

表5.7　主要路径系数的完全标准化结果

假设	变量	Estimate	S. E.	CR(T值)	p	验证结果
H2	旅游制约—制约协商	0.167	0.043	2.924	0.003**	支持
H4	制约协商—旅游参与	0.183	0.106	3.163	0.002**	支持
H3	旅游制约—旅游参与	−0.147	0.079	−2.810	0.018*	支持
H6	旅游参与—主观幸福感	0.285	0.055	5.160	0.000***	支持
H1	旅游制约—主观幸福感	−0.122	0.076	−2.217	0.027*	支持

注:* $p<0.05$,** $p<0.01$,*** $p<0.001$。

研究涉及一个自变量(旅游制约),两个中介变量(制约协商和旅游参与)和一个因变量(主观幸福感),假设H1、H2、H3、H4、H6分别探索了四个变量之间的关系。由表5.7可知,旅游制约对制约协商的路径系数$\beta=0.167$($p=0.003<$0.01),路径系数显著,说明旅游制约对制约协商具有显著正向影响,验证H2。制约协商对旅游参与的路径系数$\beta=0.183$($p=0.002<0.01$),路径系数显著,说明制约协商对旅游参与具有显著的正向影响,验证H4。旅游制约对旅游参与的路径系数$\beta=-0.147$($p=0.018<0.05$),路径系数显著,说明旅游制约对旅游参与具有显著的负向影响,验证H3。旅游参与对主观幸福感的路径系数$\beta=0.285$($p=0.000<0.001$),路径系数显著,说明旅游参与对主观幸福感具有显著的正向影响,验证H6。旅游制约对主观幸福感的路径系数$\beta=-0.122$($p=0.027<0.05$),路径系数显著,说明旅游制约对主观幸福感具有显著的负向影响,验证H1。具体的研究假设路径图如图5.2所示。

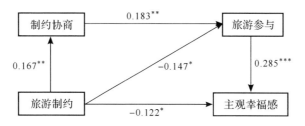

图5.2　结构方程模型路径分析结果

研究利用Bootstrap分析法检验中介作用的显著性,即检验旅游制约对旅游参与、旅游制约对主观幸福感间接效应系数(a * b)的显著性。数据分析结果见表 5.8,结果表明:旅游制约通过制约协商对旅游参与的间接效应(a * b)=0.031(p=0.013<0.05),置信区间为[0.006,0.011],置信区间不包含 0,则表明间接效应系数显著,说明制约协商在旅游制约与旅游参与之间有中介作用,验证 H5,且制约协商部分中介了旅游制约对旅游参与的影响效应。旅游制约通过旅游参与对主观幸福感的间接效应(a * b)=-0.042(p=0.022<0.05),置信区间为[-1.008,-0.754],置信区间不包含 0,则表明间接效应系数显著,说明旅游参与在旅游制约与主观幸福感之间有中介作用,验证 H7,旅游参与部分中介了旅游制约对主观幸福感的影响效应。旅游制约通过制约协商—旅游参与对主观幸福感的间接效应(a * b)=0.009(p=0.034<0.05),置信区间为[-0.145,-0.064],置信区间不包含 0,间接效应系数显著,说明制约协商—旅游参与在旅游制约与主观幸福感之间具有链式中介作用。

根据效应分解原理,旅游制约—旅游参与的总效应等于直接效应加上间接效应,旅游制约—制约协商—旅游参与的间接效应 β=0.031,直接效应 β=-0.147,旅游制约—旅游参与的总效应为 β=0.031+(-0.147)=-0.116。同理,旅游制约—主观幸福感的总效应等于直接效应加上间接效应,旅游制约—旅游参与—主观幸福感的间接效应 β=-0.042,直接效应 β=-0.122,旅游制约—主观幸福感的总效应为 β=(-0.042)+(-0.122)=-0.164。旅游制约—制约协商—旅游参与—主观幸福感的间接效应 β=0.009,直接效应 β=-0.122,总效应为 β=0.009+(-0.122)=-0.113。

表 5.8　特定间接效应分析

路径效应	Estimate	S. E.	p	95％置信区间
旅游制约—制约协商—旅游参与	0.031	0.013	0.013	[0.006,0.011]
旅游制约—旅游参与—主观幸福感	-0.042	0.037	0.022	[-1.008,-0.754]
旅游制约—制约协商—旅游参与—主观幸福感	0.009	0.016	0.144	[-0.145,-0.064]

注:* p<0.05。

(二)旅游制约各维度对主观幸福感的影响

为了深入探究旅游制约对主观幸福感的影响,研究剖析旅游制约各维度对主观幸福感的影响,数据分析结果见表 5.9。由表 5.9 可知,支持性制约对主观幸福感的路径系数 β=-0.019(p=0.768>0.05),路径系数不显著,说明支持性制约对主观幸福感没有显著影响,H1a 未被验证。参与后体验制约对主观幸

福感的路径系数 $\beta=0.095(p=0.128>0.05)$，路径系数不显著，说明参与后体验制约对主观幸福感没有显著影响，H1b 未被验证。身心安全制约对主观幸福感的路径系数 $\beta=-0.158^*(p=0.015<0.05)$，路径系数显著，说明身心安全制约对主观幸福感有显著负向影响，验证 H1c。目的地属性制约对主观幸福感的路径系数 $\beta=0.027(p=0.687>0.05)$，路径系数不显著，说明目的地属性制约对主观幸福感没有显著影响，H1d 未被验证。人际制约对主观幸福感的路径系数 $\beta=-0.147(p=0.019<0.05)$，路径系数显著，说明人际制约对主观幸福感有显著负向影响，H1e 获得验证。

表 5.9　主要路径系数的完全标准化结果

假设	变量	Estimate	S. E.	CR(T 值)	p	验证结果
H1a	支持性制约—主观幸福感	−0.019	0.065	−0.295	0.768	不支持
H1b	参与后体验制约—主观幸福感	0.095	0.060	1.524	0.128	不支持
H1c	身心安全制约—主观幸福感	−0.158*	0.054	−2.437	0.015	支持
H1d	目的地属性制约—主观幸福感	0.027	0.059	0.403	0.687	不支持
H1e	人际制约—主观幸福感	−0.147*	0.057	−2.334	0.019	支持

注：$^*p<0.05$，$^{**}p<0.01$，$^{***}p<0.001$。

（三）旅游制约各维度对制约协商的影响

研究详细剖析旅游制约各维度对制约协商的影响，具体数据分析结果如表5.10 所示。由表 5.10 可知支持性制约对制约协商的路径系数 $\beta=-0.026$ $(p=0.672>0.05)$，路径系数不显著，说明支持性制约对制约协商没有显著影响，H2a 未被验证。参与后体验制约对制约协商的路径系数 $\beta=0.100(p=0.103>0.05)$，路径系数不显著，说明参与后体验制约对制约协商没有显著影响，H2b 未被验证。身心安全制约对制约协商的路径系数 $\beta=0.315(p=0.000<0.001)$，路径系数显著，说明身心安全制约对制约协商有显著正向影响，H2c 获得验证。目的地属性制约对制约协商的路径系数 $\beta=0.009(p=0.886>0.05)$，路径系数不显著，说明目的地属性制约对制约协商有显著负向影响，H2d 未被验证。人际制约对制约协商的路径系数 $\beta=0.006(p=0.919>0.05)$，路径系数不显著，说明人际制约对制约协商有显著负向影响，H2e 未被验证。

表 5.10　主要路径系数的完全标准化结果

假设	变量	Estimate	S. E.	CR(T 值)	p	验证结果
H2a	支持性制约—制约协商	-0.026	0.035	-0.423	0.672	不支持
H2b	参与后体验制约—制约协商	0.100	0.032	1.630	0.103	不支持
H2c	身心安全制约—制约协商	0.315^{***}	0.028	4.957	0.000	支持
H2d	目的地属性制约—制约协商	0.009	0.031	0.144	0.886	不支持
H2e	人际制约—制约协商	0.006	0.030	0.101	0.919	不支持

注: $^{*}p<0.05$, $^{**}p<0.01$, $^{***}p<0.01$。

(四)旅游制约各维度对旅游参与的影响

研究详细剖析旅游制约各维度对旅游参与的影响,具体数据分析结果如表5.11 所示。由表 5.11 可知,支持性制约对旅游参与的路径系数 $\beta=0.161$($p=0.012<0.05$),路径系数显著,说明支持性制约对旅游参与有显著负向影响,H3a 获得验证。参与后体验制约对旅游参与的路径系数 $\beta=0.092$($p=0.147>0.05$),路径系数不显著,说明参与后体验制约对旅游参与没有显著负向影响,H3b 未被验证。身心安全制约对旅游参与的路径系数 $\beta=-0.074$($p=0.667>0.05$),路径系数不显著,说明身心安全制约对旅游参与没有显著负向影响,H3c 未被验证。目的地属性制约对旅游参与的路径系数 $\beta=-0.029$($p=0.667>0.05$),路径系数不显著,说明目的地属性制约对旅游参与没有显著负向影响,H3d 未被验证。人际制约对旅游参与的路径系数 $\beta=0.078$($p=0.219>0.05$),路径系数不显著,说明人际制约对旅游参与没有显著负向影响,H3e 未被验证。

表 5.11　主要路径系数的完全标准化结果

假设	变量	Estimate	S. E.	CR(T 值)	p	验证结果
H3a	支持性制约—旅游参与	-0.161^{*}	0.066	-2.506	0.012	支持
H3b	参与后体验制约—旅游参与	0.092	0.060	1.452	0.147	不支持
H3c	身心安全制约—旅游参与	-0.074	0.054	-1.125	0.261	不支持
H3d	目的地属性制约—旅游参与	-0.029	0.059	-0.430	0.667	不支持
H3e	人际制约—旅游参与	0.078	0.057	1.128	0.219	不支持

注: $^{*}p<0.05$, $^{**}p<0.01$, $^{***}p<0.01$。

第四节　本章小结

本章主要对城市老年人旅游制约与相关变量的作用机理进行了深入剖析。

第一,通过对理论和文献的回顾,基于休闲制约理论和活动理论,在理论逻辑推理和相关文献支撑的基础上设计了旅游制约(自变量)、制约协商(中介变量)、旅游参与(中介变量)和主观幸福感(因变量)之间的研究模型,并建立了具体的研究假设。

第二,在对文献回顾的基础上,采用严谨的量表设计步骤,确定了旅游制约、制约协商、旅游参与和主观幸福感四个变量的调研量表。

第三,通过严谨和详细的数据分析,对研究假设进行了检验。具体来说,一是通过验证性因子分析,证实了研究所选用的四个变量的调研量表具有良好的信度和效度。二是采用结构方程模型的路径分析对各变量之间的研究假设进行了实证检验,利用 Bootstrap 分析对制约协商、旅游参与等两个中介变量的中介效用进行了检验。通过以上分析,具体探究了城市老年人旅游制约对其他变量的影响机理。

第六章 不同人口特征的城市老年人旅游制约研究

在第五章研究的基础上,本章将进一步细致剖析不同人口特征的城市老年人所感知旅游制约的异同。现有研究已经表明,老年市场是个异质市场,个体感知的旅游制约体验因人而异,不同性别、年龄段、社会阶层、社会群体等社会人口因素对旅游制约的感知强度和程度是不一样的(林岚、施林颖,2012)。基于此,为深入了解不同人口特征城市老年人感知旅游制约、旅游制约协商的异同,研究采用独立样本 T 检验来检验不同性别对城市老年人旅游制约、制约协商产生的影响。用单因素方差分析(One-Way Anova)和 F 检验分别分析不同年龄、职业、学历等对以上两个变量的影响,并进行显著性差异分析。

第一节 旅游制约在人口统计学上的差异分析

研究者认为老年旅游市场是个异质市场,需要针对不同的人口特征进行详细分析,以更好的了解这一独特细分市场的特征。本节研究将采用独立样本 T 检验、单因素方差分析和 F 检验等深入剖析城市老年人旅游制约及各维度在性别、年龄段、受教育程度、收入、家庭结构等人口统计学变量上的差异,厘清其异同,为下文提出更具针对性的建议与对策打下基础。

一、数据资料来源

本节研究使用第二轮问卷调研所产生的数据,与第二轮问卷采用同一个样本。此外,研究样本的人口统计学特征已经在第四章的第三节进行了详细分析,此处就不再重复。研究将采用独立样本 T 检验、方差分析来深入剖析城市老年人旅游制约及各维度在不同人口统计学变量上存在的差异,以阐述老年旅游群体的独特性,为后文的建议与对策研究打下扎实的研究基础。

二、基于不同人口特征的城市老年人旅游制约及各维度分析

(一)城市老年人旅游制约及各维度在性别上的差异

由表 6.1 可知,独立样本 T 检验的结果表明,城市老年人旅游制约在性别上并不存在显著差异($T=0.733,P=0.464>0.05$),男性感知的旅游制约程度($M=3.30$)略高于女性($M=3.25$)。身心安全制约、人际制约、支持性制约、目的地属性制约、参与后体验制约在性别上也不存在显著差异,p 值都大于 0.05。就具体的均值比较而言,男性感知的身心安全制约程度($M=3.13$)高于女性($M=2.98$),男性感知的人际制约程度($M=3.18$)低于女性($M=3.25$),男性感知的支持性制约程度($M=3.43$)高于女性($M=3.25$),男性感知的目的地属性制约程度($M=3.22$)和女性所感知到的基本一致($M=3.23$),男女性别在参与后体验制约的程度感知上不存在差异,均值都是 3.55。

表 6.1　城市老年人旅游制约及各维度在性别上的差异分析

变量	性别	N	M	标准差	T 值	显著性水平
旅游制约	男	121	3.30	0.63	0.733	0.464
	女	177	3.25	0.60		
身心安全制约	男	121	3.13	1.05	1.236	0.217
	女	177	2.98	1.00		
人际制约	男	121	3.18	0.98	−0.586	0.558
	女	177	3.25	0.90		
支持性制约	男	121	3.43	0.82	1.805	0.072
	女	177	3.25	0.82		
目的地属性制约	男	121	3.22	1.01	−0.086	0.932
	女	177	3.23	0.91		
参与后体验制约	男	121	3.55	0.88	−0.057	0.955
	女	177	3.55	0.88		

(二)城市老年人旅游制约及各维度在年龄上的差异

研究将老年人的年龄段划分为 60～65 周岁、66～70 周岁、71～75 周岁、76～80 周岁、81 周岁及以上五个组别,运用单因素方差分析法剖析城市老年人旅游制约及其各维度在年龄上的差异。如表 6.2 所示,数据分析结果表明:不同年龄段的城市老年人感知的旅游制约水平存在显著差异($F=3.401,P=0.01<0.05$)。不同年龄段的城市老年人感知的身心安全制约水平存在显著差异($F=3.026,P=0.018>0.01$)。不同年龄段的城市老年人感知的人际制约水平存在显著差异($F=3.026,P=0.018>0.01$)。不同年龄段的城市老年人感知的支持性制约水平($F=1.394,P=0.236>0.05$)、目的地属性制约水平($F=1.452,P=0.217>0.05$)、参与后体验制约水平($F=0.582,P=0.676>0.05$)不存在显著性差异。

表 6.2　城市老年人旅游制约及各维度在年龄上的差异分析

变量	年龄/周岁	N	M	标准差	F 值	显著性水平
旅游制约	60～65	59	3.41	0.54	3.401	0.010
	66～70	112	3.19	0.57		
	71～75	61	3.33	0.67		
	76～80	43	3.38	0.64		
	81 及以上	22	2.94	0.63		
身心安全制约	60～65	59	3.42	1.02	4.789	0.001
	66～70	112	2.86	0.98		
	71～75	62	3.14	1.05		
	76～80	43	3.13	0.92		
	81 及以上	22	2.53	1.07		
人际制约	60～65	59	3.50	0.82	3.026	0.018
	66～70	112	3.17	0.90		
	71～75	61	3.22	0.99		
	76～80	43	3.23	0.95		
	81 及以上	22	2.73	1.04		

变量	年龄／周岁	N	M	标准差	F 值	显著性水平
支持性制约	60～65	59	3.33	0.88	1.394	0.236
	66～70	112	3.30	0.77		
	71～75	62	3.43	0.83		
	76～80	43	3.41	0.84		
	81 及以上	22	2.98	0.82		
目的地属性制约	60～65	59	3.24	1.08	1.452	0.217
	66～70	112	3.11	0.87		
	71～75	62	3.38	1.01		
	76～80	43	3.40	0.86		
	81 及以上	22	3.02	0.91		
参与后体验制约	60～65	59	3.55	0.76	0.582	0.676
	66～70	112	3.51	0.88		
	71～75	62	3.53	0.97		
	76～80	43	3.73	0.77		
	81 及以上	22	3.47	1.09		

就具体的均值比较而言,在旅游制约方面,60～65 周岁的老年人感知的旅游制约程度最高($M=3.41$),81 周岁及以上的老年人感知的旅游制约程度最低($M=2.94$)。在身心安全制约方面,60～65 周岁的老年人感知的身心安全制约程度最高($M=3.42$),81 周岁及以上的老年人感知的身心安全制约程度最低($M=2.53$)。在人际制约方面,60～65 周岁的老年人感知的人际制约程度最高($M=3.50$),81 周岁及以上的老年人感知的人际制约程度最低($M=2.73$)。在支持性制约方面,71～75 周岁的老年人感知的支持性制约程度最高($M=3.43$),81 周岁及以上的老年人感知的支持性制约程度最低($M=2.98$)。在目的地属性制约方面,76～80 周岁的老年人感知的目的地属性制约程度最高($M=3.40$),81 周岁及以上的老年人感知的目的地属性制约程度最低($M=3.02$)。在参与后体验制约方面,76～80 周岁的老年人感知的参与后体验制约程度最高($M=3.73$),81 周岁及以上的老年人感知的参与后体验制约程度最低($M=3.47$)。

为了进一步探究不同年龄段城市老年人感知旅游制约程度的差异,研究以平均值为数据来源,绘制各年龄段城市老年人感知旅游制约及其各维度的平均值差异图,从各图中可以详细和清晰的看出不同年龄段城市老年人感知旅游制约的不同,见图 6.1。

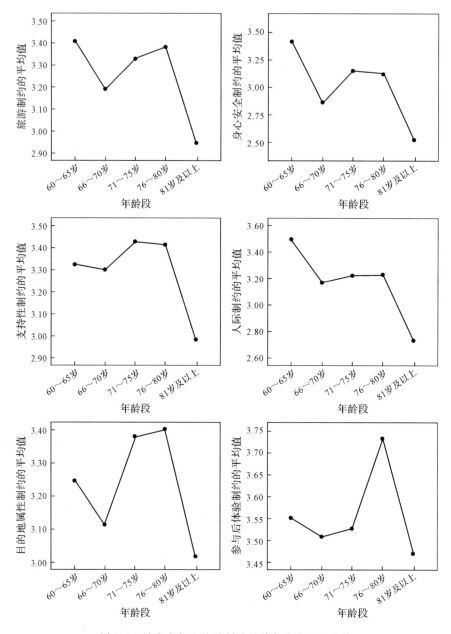

图 6.1　城市老年人旅游制约及其各维度的平均值

由图 6.1 可知,从总体趋势来看,80 周岁及以上老年人在旅游制约及其各维度上的感知制约程度最低,60～65 周岁的老年人在在旅游制约及其各维度上的感知制约程度最高。这可能是由于 80 周岁及以上的老年人旅行经验更丰富,有自己的旅游伴侣或小团队组织,更能采取不同的协商策略处理旅游中的各种事情,同时,家庭责任等也较小,家庭结构较为稳定,也可能与 80 周岁及以上老年人样本量较少有关。60～65 周岁的城市老年人处于刚退休阶段,还需要承担更多的家庭责任,刚开始自己的退休生活,还没有真正开始自己退休后的旅游,因此面临的旅游制约相对更多。

（三）城市老年人旅游制约及各维度在学历上的差异

研究把城市老年人的受教育水平分为初中及以下、高中或大专、本科、硕士、博士。采用单因素方差法分析不同学历城市老年人在旅游制约及各维度的差异。如表 6.3 所示,数据分析结果表明:不同受教育水平老年人感知的旅游制约水平存在显著差异（$F=6.418, P=0.000<0.001$）。不同受教育水平老年人感知的身心安全制约水平存在显著差异（$F=9.377, P=0.000<0.001$）。不同受教育水平老年人感知的支持性制约水平存在显著差异（$F=5.015, P=0.001<0.01$）。不同受教育水平老年人感知的目的地属性制约水平存在显著差异（$F=2.956, P=0.020<0.05$）。不同受教育水平老年人感知的人际制约水平（$F=1.129, P=0.343>0.05$）和参与后体验制约水平（$F=0.838, P=0.502>0.05$）不存在显著差异。

表 6.3　城市老年人旅游制约及各维度在学历上的差异分析

变量	学历	N	M	标准差	F 值	P
旅游制约	初中及以下	100	3.47	0.49	6.418	0.000
	高中或大专	138	3.19	0.65		
	本科	51	3.04	0.62		
	硕士	6	3.53	0.57		
	博士	3	3.81	0.07		

续表

变量	学历	N	M	标准差	F 值	P
身心安全制约	初中及以下	100	3.45	1.05	9.377	0.000
	高中或大专	138	2.90	0.95		
	本科	51	2.55	0.85		
	硕士	6	3.30	1.19		
	博士	3	4.13	0.64		
人际制约	初中及以下	100	3.37	0.99	1.129	0.343
	高中或大专	138	3.18	0.94		
	本科	51	3.08	0.81		
	硕士	6	3.00	0.65		
	博士	3	3.50	1.30		
支持性制约	初中及以下	100	3.59	0.81	5.015	0.001
	高中或大专	138	3.23	0.78		
	本科	51	3.04	0.73		
	硕士	6	3.43	1.16		
	博士	3	3.33	1.55		
目的地属性制约	初中及以下	100	3.39	1.01	2.956	0.020
	高中或大专	138	3.15	0.92		
	本科	51	3.01	0.87		
	硕士	6	3.93	0.63		
	博士	3	3.93	0.46		
参与后体验制约	初中及以下	100	3.57	0.90	0.838	0.502
	高中或大专	138	3.51	0.87		
	本科	51	3.53	0.89		
	硕士	6	4.00	0.62		
	博士	3	4.17	0.33		

就具体的均值比较而言,在旅游制约方面,拥有博士学位的老年人感知的旅游制约最高($M=3.81$),拥有本科受教育水平的老年人感知的旅游制约程度

最低($M=3.04$)。在身心安全制约方面,拥有博士学位的老年人感知的身心安全制约程度最高($M=4.13$),拥有本科受教育水平的老年人感知的身心安全制约程度最低($M=2.55$)。在人际制约方面,拥有博士学位的老年人感知的人际制约程度最低($M=3.00$),拥有硕士学位的老年人感知的人际制约程度最低($M=3.00$)。在支持性制约方面,拥有初中及以下受教育水平的老年人感知的支持性制约程度最高($M=3.59$),拥有本科受教育水平的老年人感知的支持性制约程度最低($M=3.04$)。在目的地属性制约方面,拥有硕士、博士学位的老年人感知的目的地属性制约程度最高($M=3.93$),拥有本科受教育水平的老年人感知的目的地属性制约程度最低($M=3.01$)。在参与后体验制约方面,拥有博士学位的老年人感知体验评价制约程度最高($M=4.17$),拥有高中或大专受教育水平的老年人感知的参与后体验制约程度最低($M=3.51$)。

（四）城市老年人旅游制约及各维度在月收入上的差异

研究把老年人的月收入分为 1000 元以下、$1001\sim3000$ 元、$3001\sim5000$ 元、$5001\sim7000$ 元、7001 元以上五组。采用单因素方差法分析不同月收入城市老年人在旅游制约及各维度上的差异。如表 6.4 所示,数据分析结果表明:不同月收入的老年人感知的旅游制约水平存在显著差异($F=5.369,P=0.000<0.001$)。不同月收入的老年人感知的身心安全制约水平存在显著差异($F=7.314,P=0.000<0.001$)。不同月收入的老年人感知的目的地属性制约水平存在显著差异($F=3.589,P=0.007<0.01$)。不同月收入老年人感知的人际制约($F=1.792,P=0.130>0.05$)、支持性制约($F=1.937,P=0.104>0.05$)、参与后体验制约($F=2.162,P=0.073>0.05$)不存在显著差异。

表 6.4　城市老年人旅游制约及各维度在月收入上的差异分析

变量	月收入/元	N	M	标准差	F 值	P
旅游制约	1000 以下	38	3.50	0.50	5.369	0.000
	$1001\sim3000$	102	3.40	0.57		
	$3001\sim5000$	100	3.08	0.63		
	$5001\sim7000$	34	3.27	0.68		
	7001 以上	24	3.16	0.60		

续表

变量	月收入/元	N	M	标准差	F值	P
身心安全制约	1000 以下	38	3.67	0.99	7.314	0.000
	1001～3000	102	3.14	0.98		
	3001～5000	100	2.80	0.99		
	5001～7000	34	3.12	0.98		
	7001 以上	24	2.55	0.94		
人际制约	1000 以下	38	3.13	0.97	1.792	0.130
	1001～3000	102	3.37	0.95		
	3001～5000	100	3.06	0.94		
	5001～7000	34	3.21	0.84		
	7001 以上	24	3.42	0.81		
支持性制约	1000 以下	38	3.52	0.91	1.937	0.104
	1001～3000	102	3.42	0.83		
	3001～5000	100	3.16	0.73		
	5001～7000	34	3.31	0.92		
	7001 以上	24	3.29	0.77		
目的地属性制约	1000 以下	38	3.48	1.04	3.589	0.007
	1001～3000	102	3.38	0.90		
	3001～5000	100	2.97	0.92		
	5001～7000	34	3.34	1.02		
	7001 以上	24	3.07	0.80		
参与后体验制约	1000 以下	38	3.71	0.76	2.162	0.073
	1001～3000	102	3.70	0.90		
	3001～5000	100	3.41	0.86		
	5001～7000	34	3.36	0.86		
	7001 以上	24	3.48	0.96		

就具体的均值比较而言,在旅游制约方面,月收入在 1000 元以下的老年人感知的旅游制约程度最高($M=3.50$),月收入在 3001～5000 元的老年人感知

的旅游制约程度最低($M=3.08$)。在身心安全制约方面,月收入在1000元以下的老年人感知的身心安全制约程度最高($M=3.67$),月收入在7001元以上的老年人感知的身心安全制约程度最低($M=2.55$)。在人际制约方面,月收入在7001元以上的老年人感知的人际制约程度最高($M=3.42$),月收入在3001~5000元的老年人感知的人际制约程度最低($M=3.06$)。在支持性制约方面,月收入在1000元以下的老年人感知的支持性制约程度最高($M=3.52$),月收入在3001~5000元的老年人感知的支持性制约程度最低($M=3.16$)。在目的地属性制约方面,月收入在1000元以下的老年人感知的目的地属性制约程度最高($M=3.48$),月收入在3001~5000元的老年人感知的目的地属性制约程度最低($M=2.97$)。在参与后体验制约方面,月收入在1000元以下的老年人感知的参与后体验制约程度最高($M=3.71$),月收入在5001~7000元的老年人感知的参与后体验制约程度最低($M=3.36$)。

(五)城市老年人旅游制约及各维度在家庭结构上的差异

研究把城市老年人的家庭结构分为独居,与老伴同住,与老伴、子女同住,与子女一起居住,其他等五组。采用单因素方差法分析不同家庭结构老年人在旅游制约及各维度上的差异。如表6.5所示,数据分析结果表明:不同家庭结构的老年人感知的旅游制约水平存在显著差异($F=4.526,P=0.001<0.01$)。不同家庭结构的老年人感知的身心安全制约水平存在显著差异($F=5.521,P=0.000<0.001$)。不同家庭结构的老年人感知的人际制约水平存在显著差异($F=2.462,P=0.045<0.05$)。不同家庭结构的老年人感知的支持性制约水平存在显著差异($F=4.190,P=0.003<0.01$)。不同家庭结构的老年人感知的参与后体验制约水平存在显著差异($F=2.443,P=0.047<0.05$)。不同家庭结构的老年人感知的目的地属性制约水平不存在显著差异($F=0.946,P=0.438>0.05$)。

表6.5　城市老年人旅游制约及各维度在家庭结构上的差异分析

变量	家庭结构	N	M	标准差	F 值	P
旅游制约	独居	16	3.44	0.50	4.526	0.001
	与老伴同住	161	3.15	0.64		
	与老伴、子女同住	76	3.32	0.59		
	与子女一起居住	44	3.54	0.50		
	其他	1	3.00	0.00		

续表

变量	家庭结构	N	M	标准差	F 值	P
身心安全制约	独居	16	2.64	1.16	5.521	0.000
	与老伴同住	161	2.88	1.01		
	与老伴、子女同住	76	3.19	0.93		
	与子女一起居住	44	3.57	0.98		
	其他	1	2.00	0.00		
人际制约	独居	16	3.42	0.91	2.462	0.045
	与老伴同住	161	3.10	0.90		
	与老伴、子女同住	76	3.24	1.00		
	与子女一起居住	44	3.55	0.85		
	其他	1	4.00	0.00		
支持性制约	独居	16	3.60	0.62	4.190	0.003
	与老伴同住	161	3.16	0.80		
	与老伴、子女同住	76	3.48	0.80		
	与子女一起居住	44	3.55	0.88		
	其他	1	4.00	0.00		
目的地属性制约	独居	16	3.46	0.66	0.946	0.438
	与老伴同住	161	3.15	0.94		
	与老伴、子女同住	76	3.24	0.99		
	与子女一起居住	44	3.38	0.97		
	其他	1	4.00	0.00		
参与后体验制约	独居	16	4.09	0.56	2.443	0.047
	与老伴同住	161	3.50	0.87		
	与老伴、子女同住	76	3.46	0.86		
	与子女一起居住	44	3.66	0.97		
	其他	1	4.00	0.00		

在具体的均值比较方面，由于选择其他家庭结构类型的老年人就一位，因此在具体的均值比较时，就不把该样本纳入其中。在旅游制约方面，与子女一

起居住的老年人感知的旅游制约程度最高($M=3.54$),与老伴同住的老年人感知的旅游制约程度最低($M=3.15$)。在身心安全制约方面,与子女一起居住的老年人感知的身心安全制约程度最高($M=3.57$),独居的老年人感知的身心安全制约程度最低($M=2.64$)。在人际制约方面,与子女一起居住的老年人感知的人际制约程度最高($M=3.55$),与老伴同住的老年人感知的人际制约程度最低($M=3.10$)。在支持性制约方面,独居的老年人感知的支持性制约程度最高($M=3.60$),与老伴同住的老年人感知的支持性制约程度最低($M=3.16$)。在目的地属性制约方面,独居的老年人感知的目的地属性制约程度最高($M=3.46$),与老伴同住的老年人感知的目的地属性制约程度最低($M=3.15$)。在参与后体验制约方面,独居的老年人感知的参与后体验制约程度最高($M=4.09$),与老伴、子女同住的老年人感知的参与后体验制约程度最低($M=3.46$)。

（六）城市老年人旅游制约及各维度在工作状况上的差异

研究把城市老年人的工作状况分为尚未退休、半退休、已经退休等三组。采用单因素方差法分析不同工作状况的老年人在旅游制约及其各维度上的差异(见表 6.6),数据分析结果表明:不同工作状况的老年人感知的旅游制约水平存在显著差异($F=4.142,P=0.017<0.05$)。不同工作状况的老年人感知的身心安全制约水平存在显著差异($F=7.265,P=0.001<0.01$)。不同工作状况的老年人感知的支持性制约水平存在显著差异($F=3.869,P=0.022<0.05$)。不同工作状况的老年人感知的人际制约($F=0.680,P=0.507>0.05$)、目的地属性制约($F=1.432,P=0.240>0.05$)、参与后体验制约($F=1.88,P=0.829>0.05$)水平不存在显著差异。

表 6.6　城市老年人旅游制约及各维度在工作状况上的差异分析

变量	工作状况	N	M	标准差	F 值	P
旅游制约	尚未退休	8	3.56	0.50	4.142	0.017
	半退休	52	3.46	0.47		
	已经退休	238	3.22	0.63		
身心安全制约	尚未退休	8	3.88	0.80	7.265	0.001
	半退休	52	3.40	1.08		
	已经退休	238	2.94	0.99		

续表

变量	工作状况	N	M	标准差	F 值	P
人际制约	尚未退休	8	3.53	1.07	0.680	0.507
	半退休	52	3.29	0.95		
	已经退休	237	3.20	0.93		
支持性制约	尚未退休	8	3.35	1.02	3.869	0.022
	半退休	52	3.61	0.76		
	已经退休	238	3.26	0.86		
目的地属性制约	尚未退休	8	3.60	0.84	1.432	0.240
	半退休	52	3.37	0.96		
	已经退休	238	3.19	0.95		
参与后体验制约	尚未退休	8	3.46	0.97	0.188	0.829
	半退休	52	3.61	0.90		
	已经退休	238	3.54	0.88		

就具体的均值比较而言,在旅游制约方面,尚未退休的老年人感知的旅游制约程度最高($M=3.56$),已经退休的老年人感知的旅游制约程度最低($M=3.22$)。在身心安全制约方面,尚未退休的老年人感知的身心安全制约程度最高($M=3.88$),已经退休的老年人感知的身心安全制约程度最低($M=2.94$)。在人际制约方面,尚未退休的老年人感知的人际制约程度最高($M=3.53$),已经退休的老年人感知的人际制约程度最低($M=3.20$)。在支持性制约方面,半退休的老年人感知的支持性制约程度最高($M=3.61$),已经退休的老年人感知的支持性制约程度最低($M=3.26$)。在目的地属性制约方面,尚未退休的老年人感知的目的地属性制约程度最高($M=3.60$),已经退休的老年人感知的目的地属性制约程度最低($M=3.19$)。在参与后体验制约方面,半退休的老年人感知的参与后体验制约程度最高($M=3.61$),尚未退休的老年人感知的目的地属性制约程度最低($M=3.46$)。

（七）城市老年人旅游制约及各维度在职业上的差异

由表 6.7 可知,不同职业的城市老年人在旅游制约($F=1.494,P=0.149>$ 0.05)、身心安全制约($F=1.624,P=0.108>0.05$)、人际制约($F=1.245,P=$ 0.267 > 0.05)、支持性制约($F=1.883,P=0.054>0.05$)、目的地属性制约 ($F=1.119,P=0.295>0.05$)、参与后体验制约($F=1.321,P=0.225>0.05$) 的感知水平上不存在显著差异。

表 6.7　城市老年人旅游制约及各维度在职业上的差异分析

变量	职业类型	N	M	标准差	F 值	P
旅游制约	工人	73	3.12	0.62	1.494	0.149
	农民	28	3.43	0.71		
	公务员	26	3.38	0.64		
	军警人员	10	3.37	0.53		
	企事业管理人员	47	3.04	0.62		
	商贸人员	22	3.38	0.56		
	教师与专业技术人员	39	3.28	0.71		
	服务人员	21	3.37	0.41		
	私营业主	22	3.42	0.43		
	其他	10	3.30	0.48		
身心安全制约	工人	73	2.92	0.10	1.624	0.108
	农民	28	3.54	1.15		
	公务员	26	2.97	1.11		
	军警人员	10	3.24	1.12		
	企事业管理人员	47	2.71	0.94		
	商贸人员	22	3.36	1.01		
	教师与专业技术人员	39	3.14	1.09		
	服务人员	21	2.97	0.84		
	私营业主	22	3.35	0.91		
	其他	10	3.08	0.93		

续表

变量	职业类型	N	M	标准差	F 值	P
人际制约	工人	72	3.13	0.94	1.245	0.267
	农民	28	3.01	0.99		
	公务员	26	3.37	0.95		
	军警人员	10	3.08	0.87		
	企事业管理人员	47	3.05	0.82		
	商贸人员	22	3.34	0.97		
	教师与专业技术人员	39	3.31	1.00		
	服务人员	21	3.63	0.59		
	私营业主	22	3.20	1.16		
	其他	10	3.63	0.79		
支持性制约	工人	73	3.31	0.73	1.883	0.054
	农民	28	3.74	0.75		
	公务员	26	3.25	0.78		
	军警人员	10	3.50	0.65		
	企事业管理人员	47	3.04	0.81		
	商贸人员	22	3.44	0.81		
	教师与专业技术人员	39	3.25	0.93		
	服务人员	21	3.23	0.84		
	私营业主	22	3.58	0.98		
	其他	10	3.30	0.77		
目的地属性制约	工人	73	3.13	0.92	1.199	0.295
	农民	28	3.63	1.03		
	公务员	26	3.39	0.98		
	军警人员	10	3.06	1.06		
	企事业管理人员	47	3.03	0.87		
	商贸人员	22	3.45	0.91		
	教师与专业技术人员	39	3.13	1.05		
	服务人员	21	3.19	0.77		
	私营业主	22	3.32	1.06		
	其他	10	3.30	0.63		

变量	职业类型	N	M	标准差	F 值	P
参与后体验制约	工人	73	3.52	0.84	1.321	0.225
	农民	28	3.55	0.85		
	公务员	26	3.92	0.69		
	军警人员	10	3.65	0.79		
	企事业管理人员	47	3.39	0.92		
	商贸人员	22	3.32	0.10		
	教师与专业技术人员	39	3.56	0.95		
	服务人员	21	3.82	0.63		
	私营业主	22	3.66	1.13		
	其他	10	3.20	0.67		

就具体的均值比较而言,在老年人旅游制约方面,农民感知的旅游制约程度最高($M=3.43$),企事业管理人员感知的旅游制约程度最低($M=3.04$)。在老年人身心安全制约方面,农民感知的身心安全制约程度最高($M=3.54$),企事业管理人员感知的身心安全制约程度最低($M=2.71$)。在老年人人际制约方面,服务人员感知的人际制约程度最高($M=3.63$),农民感知的人际制约程度最低($M=3.01$)。在老年人支持性制约方面,农民感知的支持性制约程度最高($M=3.74$),企事业管理人员感知的支持性制约最低($M=3.04$)。在目的地属性制约方面,农民感知的目的地属性制约程度最高($M=3.63$),企事业管理人员感知的目的地属性制约程度最低($M=3.03$)。在参与后体验制约方面,公务员感知的参与后体验制约程度最高($M=3.92$),除其他,商贸人员感知的参与后体验制约程度最低($M=3.32$)。

（八）城市老年人旅游制约及各维度在旅游花费来源上的差异

研究把城市老年人的旅游花费来源划分为个人储蓄、儿女资助、退休金、亲戚或朋友帮助、社会福利、其他等六组。采用单因素方差法分析不同旅游花费来源的老年人在旅游制约及各维度上的差异。如表 6.8 所示,数据分析结果表明:不同旅游花费来源的老年人感知的旅游制约水平存在显著差异($F=7.013$,$P=0.000<0.001$)。不同旅游花费来源的老年人感知的身心安全制约水平存在显著差异($F=9.501$,$P=0.000<0.001$)。不同旅游花费来源的老年人感知

的人际制约水平存在显著差异（$F=2.365, P=0.040<0.05$）。不同旅游花费来源的老年人感知的支持性制约水平存在显著差异（$F=3.384, P=0.005<0.01$）。不同旅游花费来源的老年人感知的目的地属性制约水平存在显著差异（$F=3.645, P=0.003<0.01$）。不同旅游花费来源的老年人感知的参与后体验制约水平不存在显著差异（$F=1.594, P=0.162>0.05$）。

表 6.8　城市老年人旅游制约及各维度在旅游花费来源上的差异分析

变量	旅游花费来源	N	M	标准差	F 值	P
旅游制约	个人储蓄	48	3.28	0.54	7.013	0.000
	儿女资助	33	3.59	0.40		
	退休金	161	3.11	0.67		
	亲戚或朋友帮助	19	3.45	0.42		
	社会福利	30	3.60	0.39		
	其他	7	3.57	0.52		
身心安全制约	个人储蓄	48	3.16	0.10	9.501	0.000
	儿女资助	33	3.44	0.93		
	退休金	161	2.72	0.93		
	亲戚或朋友帮助	19	3.55	1.07		
	社会福利	30	3.73	1.02		
	其他	7	3.54	0.82		
人际制约	个人储蓄	48	3.13	0.99	2.365	0.040
	儿女资助	33	3.56	0.84		
	退休金	160	3.10	0.91		
	亲戚或朋友帮助	19	3.28	1.01		
	社会福利	30	3.48	0.99		
	其他	7	3.71	0.60		
支持性制约	个人储蓄	48	3.35	0.89	3.384	0.005
	儿女资助	33	3.69	0.82		
	退休金	161	3.17	0.71		
	亲戚或朋友帮助	19	3.53	0.89		
	社会福利	30	3.45	1.00		
	其他	7	3.80	0.90		

变量	旅游花费来源	N	M	标准差	F 值	P
目的地属性制约	个人储蓄	48	3.46	0.85	3.645	0.003
	儿女资助	33	3.53	1.02		
	退休金	161	3.04	0.92		
	亲戚或朋友帮助	19	3.26	1.21		
	社会福利	30	3.59	0.78		
	其他	7	3.00	0.97		
参与后体验制约	个人储蓄	48	3.28	1.09	1.594	0.162
	儿女资助	33	3.73	0.75		
	退休金	161	3.54	0.83		
	亲戚或朋友帮助	19	3.61	0.93		
	社会福利	30	3.75	0.86		
	其他	7	3.79	0.53		

就具体的均值比较而言,在旅游制约方面,以社会福利为旅游花费来源的老年人感知的旅游制约程度最高($M=3.60$),以退休金为旅游花费来源的老年人感知的旅游制约程度最低($M=3.11$)。在身心安全制约方面,以社会福利为旅游花费来源的老年人感知的身心安全制约程度最高($M=3.73$),以退休金为旅游花费来源的老年人感知的身心安全制约程度最低($M=2.72$)。在人际制约方面,除其他,以儿女资助为旅游花费来源的老年人感知的人际制约程度最高($M=3.56$),以退休金为旅游花费来源的老年人感知的人际制约程度最低($M=3.10$)。在支持性制约方面,除其他,以儿女资助的为旅游花费来源的老年人感知的支持性制约程度最高($M=3.69$),以退休金为旅游花费来源的老年人感知的支持性制约程度最低($M=3.17$)。在目的地属性制约方面,以社会福利为旅游花费来源的老年人感知的目的地属性制约程度最高($M=3.59$),以退休金为旅游花费来源的老年人感知的目的地属性制约程度最低($M=3.04$)。在参与后体验制约方面,以社会福利为旅游花费来源的老年人感知的参与后体验制约程度最高($M=3.75$),以个人储蓄旅游花费来源的老年人感知的参与后体验制约程度最低($M=3.28$)。

(九)城市老年人旅游制约及各维度在健康状况上的差异

研究把城市老年人的健康状况化分为很好、良好、一般、差等四组。采用单因素方差法分析不同健康状况的老年人在旅游制约及各维度上的差异。如表6.9所示,数据分析结果表明:不同健康状况的老年人感知的旅游制约水平存在显著差异($F=3.348,P=0.019<0.05$)。不同健康状况的老年人感知的人际制约水平存在显著差异($F=3.218,P=0.023<0.05$)。不同健康状况的老年人感知的身心安全制约($F=2.525,P=0.058>0.05$)、支持性制约($F=1.832$,$P=0.141>0.05$)、目的地属性制约($F=1.024,P=0.382>0.05$)、参与后体验制约($F=0.773,P=0.510>0.05$)水平不存在显著差异。

表 6.9 城市老年人旅游制约及各维度在健康状况上的差异分析

变量	健康状况	N	M	标准差	F 值	P
旅游制约	很好	55	3.40	0.56	3.348	0.019
	良好	144	3.17	0.62		
	一般	84	3.32	0.62		
	差	15	3.52	0.52		
身心安全制约	很好	55	3.17	1.10	2.525	0.058
	良好	144	2.88	0.99		
	一般	84	3.20	1.01		
	差	15	3.28	0.97		
人际制约	很好	55	3.39	0.82	3.218	0.023
	良好	144	3.07	0.91		
	一般	83	3.29	0.97		
	差	15	3.67	1.11		
支持性制约	很好	55	3.38	0.88	1.832	0.141
	良好	144	3.23	0.74		
	一般	84	3.39	0.87		
	差	15	3.68	0.97		
目的地属性制约	很好	55	3.40	1.00	1.024	0.382
	良好	144	3.15	0.92		
	一般	84	3.22	0.96		
	差	15	3.37	0.91		

变量	健康状况	N	M	标准差	F 值	P
参与后体验制约	很好	55	3.71	0.76	0.773	0.510
	良好	144	3.50	0.86		
	一般	84	3.52	0.96		
	差	15	3.59	1.06		

就具体的均值比较而言,在旅游制约方面,身体健康状况差的老年人感知的旅游制约程度最高($M=3.52$),身体健康状况良好的老年人感知的旅游制约程度最低($M=3.17$)。在身心安全制约方面,身体健康状况差的老年人感知的身心安全制约程度最高($M=3.28$),身体健康状况良好的老年人感知的身心安全制约程度最低($M=2.88$)。在人际制约方面,身体健康状况差的老年人感知的人际制约程度最高($M=3.67$),身体健康状况良好的老年人感知的人际制约程度最低($M=3.07$)。在支持性制约方面,身体健康状况差的老年人感知的支持性制约程度最高($M=3.68$),身体健康状况良好的老年人感知的支持性制约程度最低($M=3.23$)。在目的地属性制约方面,身体健康状况很好的老年人感知的目的地属性制约程度最高($M=3.40$),身体健康状况良好的老年人感知的目的地属性制约程度最低($M=3.15$)。在参与后体验制约方面,身体健康状况很好的老年人感知的参与后体验制约程度最高($M=3.71$),身体健康状况良好的老年人感知的参与后体验制约程度最低($M=3.50$)。

第二节　制约协商在人口统计学上的差异分析

制约协商作为旅游制约研究的重要组成部分,反应了城市老年人在面临旅游制约时会采用什么样的解决策略来实现成功参与旅游活动的目的。现有研究表明,不同性别和不同年龄段的城市老年人在旅游制约协商选择方面存在显著差异(Son、Kerstetter、Mowen,2008)。因此,在本节,研究将采用独立样本 T 检验、单因素方差分析和 F 检验等深入剖析制约协商在性别、年龄段、受教育程度、月收入、家庭结构等人口统计学变量上的差异,深入剖析基于不同社会人口统计特征的城市老年人采用旅游制约协商的异同,为后文提出更具有针对性的建议与对策打下基础。

一、数据资料来源

本节研究使用第二轮问卷调研所产生的数据,与第二轮问卷采用同一个样本。此外,研究样本的人口统计学特征已经在第四章的第三节中进行了详细分析,此处不再重复。研究将采用独立样本 T 检验、方差分析深入剖析城市老年人采用的制约协商在不同人口统计学变量上存在的差异,以阐述老年旅游群体的独特性,为后文建议与对策研究打下扎实的研究基础。

二、基于不同人口特征的城市老年人制约协商及各维度分析

(一)城市老年人制约协商及各维度在性别上的差异

由表 6.10 可知,独立样本 T 检验的结果表明,城市老年人的制约协商在性别上存在显著差异($T = -3.475, P = 0.001 < 0.01$),女性采取制约协商的程度($M = 3.98$)略高于男性($M = 3.79$)。老年人的改变人际制约协商在性别上存在显著差异($T = -2.183, P = 0.030 < 0.05$),女性采取改变人际制约协商的程度($M = 3.98$)略高于男性($M = 3.80$)。老年人的财务管理协商在性别上存在显著差异($T = 0.070, P = 0.015 < 0.05$),女性采取财务管理协商的倾向性($M = 4.02$)略高于男性($M = 3.79$)。老年人的技能获取协商在性别上存在显著差异($T = -2.207, P = 0.028 < 0.05$),女性采取技能获取协商的倾向性($M = 4.00$)略高于男性($M = 3.82$)。老年人的时间管理协商在性别上不存在显著差异($T = -1.560, P = 0.120 > 0.05$)。总体来说,与男性相比,老年女性旅游者更倾向于采用各种协商策略来实现旅游目的。

表 6.10　城市老年人制约协商及各维度在性别上的差异分析

变量	性别	N	M	标准差	T 值	P
制约协商	男	121	3.79	0.48	-3.475	0.001
	女	177	3.98	0.43		
改变人际制约	男	121	3.80	0.77	-2.183	0.030
	女	177	3.98	0.65		
时间管理	男	121	3.77	0.78	-1.560	0.120
	女	177	3.91	0.68		
财务管理	男	121	3.79	0.81	0.070	0.015
	女	177	4.02	0.78		

变量	性别	N	M	标准差	T 值	P
技能获取	男	121	3.82	0.79	−2.207	0.028
	女	177	4.00	0.60		

(二)城市老年人制约协商及各维度在年龄上的差异

研究将城市老年人的年龄段划分为 60～65 周岁、66～70 周岁、71～75 周岁、76～80 周岁、81 周岁及以上等五个组别,运用单因素方差分析法剖析城市老年人制约协商及各维度在年龄上的差异。如表 6.11 所示,数据分析结果表明:不同年龄段的老年人在时间管理协商的采用上存在显著差异($F=3.535,P=0.008<0.01$)。不同年龄段的老年人在制约协商($F=1.208,P=0.307>0.05$)、改变人际制约($F=0.793,P=0.531>0.05$)、财务管理($F=1.632,P=0.166>0.05$)、技能获取($F=0.216,P=0.929>0.05$)的采用上不存在显著性差异。

表 6.11 城市老年人制约协商及各维度在年龄上的差异分析

变量	年龄/周岁	N	M	标准差	F 值	P
制约协商	60～65	59	3.80	0.46	1.208	0.307
	66～70	112	3.92	0.43		
	71～75	62	3.96	0.40		
	76～80	43	3.87	0.50		
	81 及以上	22	3.99	0.62		
改变人际制约	60～65	59	3.80	0.81	0.793	0.531
	66～70	112	3.92	0.61		
	71～75	62	3.91	0.69		
	76～80	43	4.04	0.68		
	81 及以上	22	3.85	0.93		
时间管理	60～65	59	3.74	0.86	3.535	0.008
	66～70	112	3.92	0.56		
	71～75	62	3.95	0.55		
	76～80	43	3.56	1.02		
	81 及以上	22	4.15	0.66		

变量	年龄/周岁	N	M	标准差	F 值	P
财务管理	60～65	59	3.74	0.93	1.632	0.166
	66～70	112	3.91	0.75		
	71～75	62	4.10	0.57		
	76～80	43	3.91	0.93		
	81 及以上	22	4.00	0.90		
技能获取	60～65	59	3.94	0.67	0.216	0.929
	66～70	112	3.93	0.67		
	71～75	62	3.87	0.80		
	76～80	43	3.98	0.54		
	81 及以上	22	3.96	0.86		

就具体的均值比较而言,在制约协商方面,81 周岁及以上的老年人采取制约协商的程度最高($M=3.99$),60～65 周岁的老年人采取制约协商的程度最低($M=3.80$)。在改变人际制约方面,76～80 周岁的老年人采取改变人际制约协商的程度最高($M=4.04$),60～65 周岁的老年人采取改变人际制约协商的程度最低($M=3.80$)。在时间管理方面,81 周岁及以上的老年人采取时间管理协商的程度最高($M=4.15$),76～80 周岁的老年人采取时间管理协商的程度最低($M=3.56$)。在财务管理协商方面,71～75 周岁的老年人采取财务管理协商的程度最高($M=4.10$),60～65 周岁的老年人采取财务管理协商的程度最低($M=3.74$)。在技能获取协商方面,76～80 周岁的老年人采取技能获取协商的程度最高($M=3.98$),71～75 周岁的老年人采取技能获取协商的程度最低($M=3.87$)。

为了进一步探究不同年龄段老年人采取制约协商水平的差异,研究以各变量的平均值为数据源,绘制各年龄段老年人制约协商及其各维度的平均值差异图,从各图中可以详细和清晰的看出不同年龄段老年人采取制约协商的不同。由图 6.2 可知,从总体趋势来看,60～65 周岁的老年人处于刚退休阶段,各方面的条件较好,其总体的制约协商水平都较低。不同年龄段老年人面临的旅游制约不同,其采取的旅游制约协商各有侧重点。

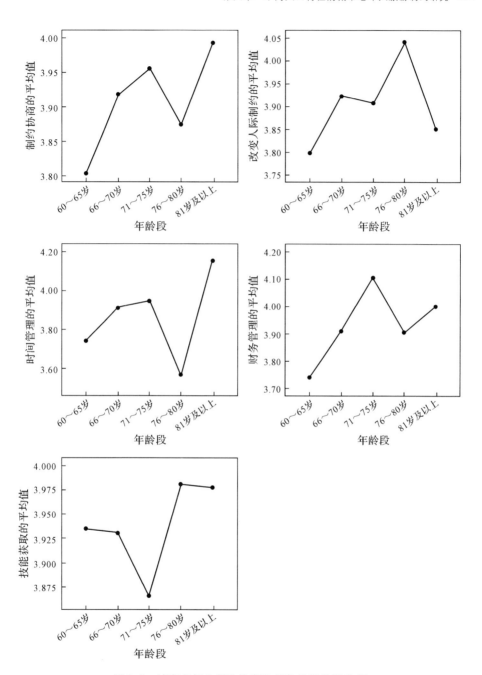

图 6.2 城市老年人制约协商及其各维度的平均值

（三）城市老年人制约协商及各维度在学历上的差异

如表 6.12 所示，方差分析结果表明：不同受教育水平城市老年人采取的制约协商水平存在显著差异（$F=5.288$，$P=0.000<0.001$）。不同受教育水平老年人采取的财务管理协商水平存在显著差异（$F=4.626$，$P=0.001<0.01$）。不同受教育水平老年人采取的改变人际制约协商（$F=2.218$，$P=0.067>0.05$）、时间管理（$F=2.315$，$P=0.058>0.05$）、技能获取协商水平（$F=1.836$，$P=0.122>0.05$）不存在显著差异。

表 6.12　城市老年人制约协商及各维度在学历上的差异分析

变量	学历	N	M	标准差	F 值	P
制约协商	初中及以下	100	3.75	0.44	5.288	0.000
	高中或大专	138	3.98	0.44		
	本科	51	4.00	0.48		
	硕士	6	3.94	0.50		
	博士	3	3.43	0.29		
改变人际制约	初中及以下	100	3.75	0.83	2.218	0.067
	高中或大专	138	4.02	0.56		
	本科	51	3.92	0.68		
	硕士	6	3.88	1.17		
	博士	3	3.67	1.01		
时间管理	初中及以下	100	3.77	0.78	2.315	0.058
	高中或大专	138	3.93	0.66		
	本科	51	3.93	0.62		
	硕士	6	3.33	1.52		
	博士	3	3.17	1.04		
财务管理	初中及以下	100	3.70	0.90	4.626	0.001
	高中或大专	138	3.97	0.77		
	本科	51	4.21	0.52		
	硕士	6	4.29	0.49		
	博士	3	3.33	1.18		

续表

变量	学历	N	M	标准差	F 值	P
技能获取	初中及以下	100	3.80	0.81	1.836	0.122
	高中或大专	138	4.00	0.60		
	本科	51	3.96	0.66		
	硕士	6	4.25	0.25		
	博士	3	3.56	0.79		

就具体的均值比较而言,在制约协商方面,拥有本科受教育水平的老年人制约协商水平最高($M=4.00$),博士学位的老年人制约协商水平最低($M=3.43$)。在改变人际制约方面,拥有高中或大专受教育水平的老年人改变人际制约协商水平最高($M=4.02$),博士学位的老年人改变人际制约协商水平最低($M=3.67$)。在时间管理协商方面,拥有高中或大专、本科受教育水平的老年人的时间管理协商水平最高($M=3.93$),博士学位的老年人时间管理协商水平最低($M=3.17$)。在财务管理协商方面,拥有硕士学位的老年人的财务管理协商水平最高($M=4.29$),博士学位的老年人财务管理协商水平最低($M=3.33$)。在技能获取方面,拥有硕士学位的老年人的技能获取协商水平最高($M=4.25$),博士学位的老年人技能获取协商水平最低($M=3.56$)。

（四）城市老年人制约协商及各维度在月收入上的差异

如表6.13所示,数据分析结果表明:不同月收入的老年人采取的制约协商水平存在显著差异($F=6.626,P=0.000<0.001$)。不同月收入的老年人采取的改变人际制约协商水平存在显著差异($F=2.495,P=0.043<0.05$)。不同月收入的老年人采取的财务管理协商水平存在显著差异($F=3.642,P=0.006<0.01$)。不同月收入的老年人采取的技能获取协商水平存在显著差异($F=3.191,P=0.014<0.05$)。不同月收入老年人采取的时间管理协商不存在显著差异($F=2.295,P=0.059>0.05$)。

表 6.13　城市老年人制约协商及各维度在月收入上的差异分析

变量	月收入/元	N	M	标准差	F 值	P
制约协商	1000 以下	38	3.59	0.44	6.626	0.000
	1001～3000	102	3.96	0.42		
	3001～5000	100	3.96	0.46		
	5001～7000	34	3.81	0.47		
	7001 以上	24	4.03	0.39		
改变人际制约	1000 以下	38	3.72	0.84	2.495	0.043
	1001～3000	102	3.95	0.63		
	3001～5000	100	3.99	0.62		
	5001～7000	34	3.65	0.98		
	7001 以上	24	4.04	0.54		
时间管理	1000 以下	38	3.55	0.87	2.295	0.059
	1001～3000	102	3.95	0.66		
	3001～5000	100	3.87	0.75		
	5001～7000	34	3.79	0.74		
	7001 以上	24	3.94	0.53		
财务管理	1000 以下	38	3.53	1.02	3.642	0.006
	1001～3000	102	3.98	0.72		
	3001～5000	100	3.99	0.69		
	5001～7000	34	3.81	0.98		
	7001 以上	24	4.20	0.70		
技能获取	1000 以下	38	3.56	0.91	3.191	0.014
	1001～3000	102	3.97	0.68		
	3001～5000	100	4.00	0.62		
	5001～7000	34	3.97	0.63		
	7001 以上	24	3.97	0.55		

　　就具体的均值比较而言,在整体的制约协商方面,月收入 7001 元以上的老年人制约协商水平最高($M=4.03$),月收入 1000 元以下的老年人制约协商水

平最低($M＝3.59$)。在改变人际制约方面,月收入7001元以上的老年人改变人际制约协商水平最高($M＝4.04$),月收入5001～7000元的老年人改变人际制约协商水平最低($M＝3.65$)。在时间管理方面,月收入1001～3000元的老年人时间管理协商水平最高($M＝3.95$),月收入1000元以下的老年人时间管理协商水平最低($M＝3.55$)。在财务管理方面,月收入7001元以上的老年人财务管理协商水平最高($M＝4.20$),月收入1000元以下的老年人财务管理协商水平最低($M＝3.53$)。在技能获取方面,月收入3001～5000元的老年人技能获取协商水平最高($M＝4.20$),月收入1000元以下的老年人技能获取协商水平最低($M＝3.56$)。

(五)城市老年人制约协商及各维度在家庭结构上的差异

如表6.14所示,数据分析结果表明:不同家庭结构的城市老年人采取的财务管理协商策略水平存在显著差异($F＝3.124,P＝0.015＜0.05$)。不同家庭结构的老年人采取的制约协商($F＝1.519,P＝0.197＞0.05$)、改变人际制约($F＝0.225,P＝0.924＞0.05$)、时间管理($F＝0.258,P＝0.904＞0.05$)、技能获取水平($F＝0.397,P＝0.811＞0.05$)不存在显著差异。

表6.14　城市老年人制约协商及各维度在家庭结构上的差异分析

变量	家庭结构	N	M	标准差	F 值	P
制约协商	独居	16	3.96	0.42	1.519	0.197
	与老伴同住	161	3.95	0.46		
	与老伴、子女同住	76	3.86	0.43		
	与子女一起居住	44	3.78	0.48		
	其他	1	4.00	0.00		
改变人际制约	独居	16	3.95	0.79	0.225	0.924
	与老伴同住	161	3.93	0.66		
	与老伴、子女同住	76	3.89	0.74		
	与子女一起居住	44	3.82	0.80		
	其他	1	4.00	0.00		

续表

变量	家庭结构	N	M	标准差	F值	P
时间管理	独居	16	3.83	0.68	0.258	0.904
	与老伴同住	161	3.89	0.68		
	与老伴、子女同住	76	3.80	0.80		
	与子女一起居住	44	3.82	0.79		
	其他	1	4.00	0.00		
财务管理	独居	16	4.06	0.62	3.124	0.015
	与老伴同住	161	4.05	0.73		
	与老伴、子女同住	76	3.78	0.87		
	与子女一起居住	44	3.65	0.91		
	其他	1	4.00	0.00		
技能获取	独居	16	3.98	0.49	0.397	0.811
	与老伴同住	161	3.93	0.70		
	与老伴、子女同住	76	3.97	0.65		
	与子女一起居住	44	3.81	0.79		
	其他	1	4.00	0.00		

在具体的均值比较方面,由于选择其他类型家庭结构的老年人就一位,故不纳入比较。在制约协商方面,独居的老年人制约协商水平最高($M=3.96$),与子女一起居住的老年人制约协商水平最低($M=3.78$)。在改变人际制约方面,独居的老年人改变人际制约协商水平最高($M=3.95$),与子女一起居住的老年人改变人际制约协商水平最低($M=3.82$)。在时间管理方面,与老伴同住的老年人时间管理协商水平最高($M=3.89$),与老伴、子女同住的老年人时间管理协商水平最低($M=3.80$)。在财务管理方面,独居的老年人财务管理协商水平最高($M=4.06$),与子女一起居住的老年人财务管理协商水平最低($M=3.65$)。在技能获取方面,独居的老年人技能获取协商水平最高($M=3.98$),与子女一起居住的老年人技能获取协商水平最低($M=3.81$)。

(六)城市老年人制约协商及各维度在工作状况上的差异

如表 6.15 所示,数据分析结果表明:不同工作状况的老年人采取的制约协商($F=7.340,P=0.001<0.01$)、改变人际制约($F=4.119,P=0.017<$

0.05)、时间管理($F=8.064,P=0.000<0.001$)、财务管理($F=3.065,P=0.048<0.05$)、技能获取($F=3.197,P=0.042<0.05$)水平存在显著差异。

表 6.15　城市老年人制约协商及各维度在工作状况上的差异分析

变量	工作状况	N	M	标准差	F 值	P
制约协商	尚未退休	8	3.53	0.44		
	半退休	52	3.74	0.40	7.340	0.001
	已经退休	238	3.95	0.46		
改变人际制约	尚未退休	8	4.19	0.35		
	半退休	52	3.67	0.88	4.119	0.017
	已经退休	238	3.95	0.66		
时间管理	尚未退休	8	3.28	0.99		
	半退休	52	3.58	0.93	8.064	0.000
	已经退休	238	3.93	0.64		
财务管理	尚未退休	8	3.25	1.42		
	半退休	52	3.89	0.69	3.065	0.048
	已经退休	238	3.95	0.79		
技能获取	尚未退休	8	3.40	0.96		
	半退休	52	3.83	0.68	3.197	0.042
	已经退休	238	3.97	0.68		

就具体的均值比较而言,在制约协商方面,已经退休的老年人采取的制约协商水平最高($M=3.95$),尚未退休的老年人采取的制约协商水平最低($M=3.53$)。在改变人际制约方面,尚未退休的老年人采取的改变人际制约协商水平最高($M=4.19$),半退休的老年人采取的改变人际制约协商水平最低($M=3.67$)。在时间管理方面,已经退休的老年人采取的时间管理协商水平最高($M=3.93$),尚未退休的老年人采取的时间管理协商水平最低($M=3.28$)。在财务管理方面,已经退休的老年人采取的财务管理协商水平最高($M=3.95$),尚未退休的老年人采取的财务管理协商水平最低($M=3.25$)。在技能获取方面,已经退休的老年人采取的技能获取协商水平最高($M=3.97$),尚未退休的老年人采取的技能获取协商水平最低($M=3.40$)。

（七）城市老年人制约协商及各维度在职业上的差异

如表 6.16 所示,方差分析结果表明:不同职业的老年人采取的制约协商（$F=2.508,P=0.009<0.01$）、技能获取（$F=2.455,P=0.010<0.05$）水平存在显著差异。不同职业的老年人采取的改变人际制约（$F=1.566,P=0.125>0.05$）、时间管理（$F=1.418,P=0.179>0.05$）、财务管理（$F=1.274,P=0.250>0.05$）水平不存在显著差异。

表 6.16 城市老年人制约协商及各维度在职业上的差异分析

变量	职业类型	N	M	标准差	F 值	P
制约协商	工人	73	4.08	0.30	2.508	0.009
	农民	28	3.76	0.45		
	公务员	26	3.85	0.57		
	军警人员	10	3.63	0.37		
	企事业管理人员	47	3.96	0.49		
	商贸人员	22	3.85	0.52		
	教师与专业技术人员	39	3.87	0.41		
	服务人员	21	3.85	0.53		
	私营业主	22	3.77	0.51		
	其他	10	3.80	0.46		
改变人际制约	工人	73	4.09	0.34	1.566	0.125
	农民	28	3.94	0.85		
	公务员	26	3.88	0.70		
	军警人员	10	3.65	0.81		
	企事业管理人员	47	3.90	0.65		
	商贸人员	22	3.73	0.89		
	教师与专业技术人员	39	3.92	0.69		
	服务人员	21	4.00	0.62		
	私营业主	22	3.63	1.06		
	其他	10	3.56	0.97		

变量	职业类型	N	M	标准差	F 值	P
时间管理	工人	73	4.00	0.52	1.418	0.179
	农民	28	3.57	1.05		
	公务员	26	3.68	0.81		
	军警人员	10	3.85	0.63		
	企事业管理人员	47	3.96	0.60		
	商贸人员	22	4.06	0.57		
	教师与专业技术人员	39	3.76	0.73		
	服务人员	21	3.76	1.07		
	私营业主	22	3.82	0.77		
	其他	10	3.73	0.534		
财务管理	工人	73	4.09	0.47	1.274	0.250
	农民	28	3.68	1.03		
	公务员	26	3.89	1.08		
	军警人员	10	3.75	0.76		
	企事业管理人员	47	4.06	0.72		
	商贸人员	22	3.92	0.83		
	教师与专业技术人员	39	3.80	0.89		
	服务人员	21	3.74	0.93		
	私营业主	22	3.78	0.86		
	其他	10	4.18	0.60		
技能获取	工人	73	4.15	0.49	2.455	0.010
	农民	28	3.85	0.72		
	公务员	26	3.95	0.72		
	军警人员	10	3.25	0.93		
	企事业管理人员	47	3.91	0.66		
	商贸人员	22	3.70	0.91		
	教师与专业技术人员	39	3.99	0.53		
	服务人员	21	3.90	0.71		

续表

变量	职业类型	N	M	标准差	F 值	P
技能获取	私营业主	22	3.86	0.92	2.455	0.010
	其他	10	3.73	0.67		

就具体的均值比较而言,在总体的老年人制约协商方面,工人采取的制约协商水平最高($M=4.08$),军警人员采取的制约协商水平最低($M=3.63$)。在改变人际制约方面,工人采取的改变人际制约协商水平最高($M=4.09$),私营业主采取的改变人际制约协商水平最低($M=3.63$)。在时间管理方面,商贸人员采取的时间管理协商水平最高($M=4.06$),农民采取的时间管理协商水平最低($M=3.57$)。在财务管理方面,工人采取的财务管理协商水平最高($M=4.09$),农民采取的财务管理协商水平最低($M=3.68$)。在技能获取方面,工人采取的技能获取协商水平最高($M=4.15$),军警人员采取的技能获取协商水平最低($M=3.25$)。

(八)城市老年人制约协商及各维度在旅游花费来源上的差异

由表 6.17 可知,方差分析结果表明:不同旅游花费来源的城市老年人采取的制约协商($F=11.833,P=0.000<0.001$)、改变人际制约($F=3.562,P=0.004<0.01$)、时间管理($F=5.043,P=0.000<0.001$)、财务管理($F=7.778,P=0.000<0.001$)、技能获取($F=3.212,P=0.008<0.01$)水平都存在显著差异。

表 6.17　城市老年人制约协商及各维度在旅游花费来源上的差异分析

变量	旅游花费来源	N	M	标准差	F 值	P
制约协商	个人储蓄	48	3.81	0.59	11.833	0.000
	儿女资助	33	3.63	0.35		
	退休金	161	4.07	0.37		
	亲戚或朋友帮助	19	3.76	0.39		
	社会福利	30	3.61	0.41		
	其他	7	3.64	0.53		

续表

变量	旅游花费来源	N	M	标准差	F值	P
改变人际制约	个人储蓄	48	3.89	0.74	3.562	0.004
	儿女资助	33	3.61	0.95		
	退休金	161	4.03	0.52		
	亲戚或朋友帮助	19	3.99	0.54		
	社会福利	30	3.58	1.07		
	其他	7	3.82	0.67		
时间管理	个人储蓄	48	3.83	0.73	5.043	0.000
	儿女资助	33	3.61	1.01		
	退休金	161	4.01	0.52		
	亲戚或朋友帮助	19	3.86	0.71		
	社会福利	30	3.42	0.97		
	其他	7	3.50	1.08		
财务管理	个人储蓄	48	3.65	1.09	7.778	0.000
	儿女资助	33	3.66	0.89		
	退休金	161	4.17	0.50		
	亲戚或朋友帮助	19	3.49	0.77		
	社会福利	30	3.65	0.98		
	其他	7	3.64	1.10		
技能获取	个人储蓄	48	3.89	0.90	3.212	0.008
	儿女资助	33	3.66	0.77		
	退休金	161	4.06	0.53		
	亲戚或朋友帮助	19	3.72	0.80		
	社会福利	30	3.79	0.76		
	其他	7	3.60	0.77		

在具体的均值比较方面,就整体制约协商而言,以退休金为旅游花费来源的城市老年人采取的制约协商水平最高($M=4.07$),以社会福利为旅游花费来源的老年人采取的制约协商水平最低($M=3.61$)。在改变人际制约方面,以退休金为旅游花费来源的老年人采取的改变人际制约协商水平最高($M=4.03$),

以社会福利为旅游花费来源的老年人采取的改变人际制约协商水平最低($M=$ 3.58)。在时间管理方面,以退休金为旅游花费来源的老年人采取的时间管理协商水平最高($M=4.01$),以社会福利为旅游花费来源的老年人采取的时间管理协商水平最低($M=3.42$)。在财务管理方面,以退休金为旅游花费来源的老年人采取的财务管理协商水平最高($M=4.17$),以亲戚或朋友帮助为旅游花费来源的老年人采取的财务管理协商水平最低($M=3.49$)。在技能获取方面,以退休金为旅游花费来源的老年人采取的技能获取协商水平最高($M=4.06$),以儿女资助为旅游花费来源的老年人采取的技能获取协商水平最低($M=3.66$)。由此可知,不同旅游花费来源不同的老年人采取的制约协商也是不同的。

(九)城市老年人制约协商及各维度在健康状况上的差异

由表 6.18 可知,方差分析结果表明:不同健康状况的城市老年人采取的制约协商水平存在显著差异($F=3.710,P=0.012<0.05$)。不同健康状况的老年人采取的改变人际制约($F=0.788,P=0.501>0.05$)、时间管理($F=2.250,P=0.083>0.05$)、财务管理($F=2.055,P=0.106>0.05$)、技能获取($F=1.738,P=0.159>0.05$)水平不存在显著差异。

表 6.18　城市老年人制约协商及各维度在健康状况上的差异分析

变量	健康状况	N	M	标准差	F 值	P
制约协商	很好	55	3.74	0.40	3.710	0.012
	良好	144	3.97	0.44		
	一般	84	3.91	0.48		
	差	15	3.78	0.52		
改变人际制约	很好	55	3.82	0.83	0.788	0.501
	良好	144	3.96	0.65		
	一般	84	3.89	0.66		
	差	15	3.75	0.93		
时间管理	很好	55	3.63	0.96	2.250	0.083
	良好	144	3.89	0.59		
	一般	84	3.93	0.76		
	差	15	3.90	0.64		

变量	健康状况	N	M	标准差	F 值	P
财务管理	很好	55	3.75	0.84	2.055	0.106
	良好	144	4.03	0.69		
	一般	84	3.89	0.92		
	差	15	3.73	0.88		
技能获取	很好	55	3.76	0.74	1.738	0.159
	良好	144	4.00	0.62		
	一般	84	3.94	0.69		
	差	15	3.77	1.01		

就具体的均值比较来说,在整体的制约协商方面,身体健康状况良好的老年人采取的制约协商水平最高($M=3.97$),身体健康状况很好的老年人采取的制约协商水平最低($M=3.74$)。在改变人际制约方面,身体健康状况良好的老年人采取的改变人际制约协商水平最高($M=3.96$),身体健康状况差的老年人采取的改变人际制约协商水平最低($M=3.75$)。在时间管理方面,身体健康状况一般的老年人采取的时间管理协商水平最高($M=3.93$),身体健康状况很好的老年人采取的时间管理协商水平最低($M=3.63$)。在财务管理方面,身体健康状况良好的老年人采取的财务管理协商水平最高($M=4.03$),身体健康状况差的老年人采取的财务管理协商水平最低($M=3.73$)。在技能获取方面,身体健康状况良好的老年人采取的技能获取协商水平最高($M=4.00$),身体健康状况很好的老年人采取的技能获取协商水平最低($M=3.76$)。

第三节　本章小结

由于老年旅游市场是个异质市场,不同社会人口背景的老年人的旅游动机、旅游行为、消费偏好不同,其感知到的旅游制约也会因人而异,基于此,本书对不同社会人口统计学背景的城市老年人旅游制约、制约协商进行了深度分析,探究其中的异同。

第一,研究利用独立样本 T 检验分析了不同性别的城市老年人感知旅游制约程度的差异、采取制约协商水平的异同。

第二,研究利用方差分析深入剖析了城市老年人旅游制约、制约协商在不同年龄段、职业、旅游花费来源、健康状况、受教育程度等社会人口统计学变量上的显著性差异。

第三,研究利用均值比较的方法,探究基于不同社会人口统计学变量的城市老年人感知旅游制约程度的高低,以及所采取不同制约协商水平的高低。通过以上分析,研究尝试深入挖掘不同人口特征的城市老年人旅游制约、制约协商的异同,为后文提出更加有针对性的建议与对策打下扎实的研究基础并提供依据。

第七章　研究总结与展望

　　本书的主要问题和主体内容已经分析和论证完成。本章将对整体研究过程、研究内容等进行全面总结,在总结主要研究结果和发现的基础上,进一步对研究结论进行深入分析与讨论,并提出本书的理论贡献与管理启示。最后,分析存在的不足之处,并进一步提出未来的研究方向。

第一节　研究结论与讨论

　　在中国老龄化的现实背景下,老年群体已经成为旅游市场中重要的组成部分,并且受到国家相关管理部门、地方政府机构、旅游企业和整个行业等的关注,也分别从各自的视角出发制定和出台了相关的政策与标准,解决老年人出游面临的多种制约问题,以促进该市场的繁荣发展。但在学术层面,老年旅游制约的研究还很不足。对这一问题的研究有助于我们理解老年人出游面临的困难,在此基础上提出具有针对性的建议与对策,让更多的老年人参与到旅游活动中,丰富晚年生活,提高幸福感,最终实现成功老龄化。

　　本书主要聚焦城市老年人旅游制约及其作用机理的相关研究问题,采用扎根理论、探索性和验证性因子分析、结构方程模型等方法,重点探究"是什么——探究老年人旅游制约的结构维度和测量量表""为什么——分析老年人旅游制约的内在作用机理""会怎么样——挖掘老年人旅游制约对其他变量的影响机理""怎么办——提出解决老年人旅游制约问题的建议与对策"等四个主要研究问题,进行了系统和全面的分析。本书主要研究结论与讨论如下。

一、城市老年人旅游制约具有其特殊性,由五个维度构成

本书通过访谈搜集相关资料,利用扎根理论方法构建了城市老年人旅游制约的结构维度,厘清了各维度的内在作用机理,形成了解释老年人旅游制约的理论框架,对老年人旅游制约进行了较为系统和全面的剖析。具体的,研究基于休闲制约、活动理论和选择、优化补偿理论,在对文献系统梳理的基础上搭建研究框架,通过对 29 位 60 周岁及以上的城市老年人进行深度访谈搜集数据,利用扎根理论的三级编码数据分析技术,共提取了 116 个概念和 26 个范畴、10 个主范畴,分别是安全感知制约、人文与自然环境制约、服务与设施制约、旅游环境体验制约、服务体验制约、旅游企业产品和服务供给制约、支付能力制约、身心制约、闲暇时间制约、旅游伴侣制约。通过不断的比较、抽象与总结,最终提炼出老年人旅游制约的五个维度,并遵循出游前、出游中和出游后的逻辑思路,构建了老年人旅游制约的结构维度模型和内部作用机理研究框架。

城市老年人旅游制约主要包括身心安全制约、人际制约、支持性制约、目的地属性制约、参与后体验制约等五个维度。具体来说,本书在旅游情景下对城市老年人旅游制约维度有新的发现,即目的地属性制约和参与后体验制约。这两个新的维度体现了旅游活动的特殊性和老年群体的特殊性。旅游活动的特殊性主要体现在:一是旅游是在异地的陌生环境开展的活动;二是旅游是一种具身体验;旅游消费具有无形性、异地性、体验性、生产与消费的同一性等特征,只能由旅游者到异地亲身体验,而这种体验的好坏都会影响人们的未来出游选择与偏好;突显了旅游的体验性和异地性。老年群体的特殊性主要体现在,与其他群体相比,老年人具有不同的心理与生理特征,其身体条件和社会角色都发生了变化,使得他们感知的旅游制约也会有所不同。在上述研究的基础上,本书构建了城市老年人旅游制约的内在作用机理框架,清晰地阐述了旅游制约各维度之间的具体作用过程,尤其是厘清了目的地属性制约和参与后体验制约在这一过程中的具体反馈路径和作用机理。

城市老年人旅游制约结构维度和内在作用机理框架的构建,为后续的老年人旅游制约相关问题的研究奠定了理论基础。在一定程度上拓展了旅游制约的理论框架,丰富了旅游制约的理论研究和老年旅游的研究内容。本书基于旅游市场环境,构建了城市老年人旅游制约的理论框架,弥补了相关研究的不足。此外,对老年人旅游制约的探究,不仅关注了老年人旅游行为背后的心理与个体特征,还体现了"人本思想"的价值取向,更关注于满足老年人社会活动参与

需求,满足其身体与心理的情感需求,最终实现成功老龄化。

二、中国情境下的城市老年人旅游制约测量量表

旅游制约是一个潜在变量,无法进行直接的测量。现有的关于旅游制约的测量工具多是借鉴休闲制约的相关题项进行测量,缺乏对文化背景、旅游情境和老年人自身特殊性的考虑。通过对相关文献的回顾与梳理,发现目前并没有适用于测量中国城市老年人旅游制约的测量量表。因此,本书在对老年人旅游制约结构维度研究的基础上,根据扎根理论得出的维度设计了具体的测量题项并形成问项池,严格遵照量表开发的步骤,综合多种方法设计出测量量表。基于此,本书以 60 周岁及以上的城市老年人为研究对象,通过两轮问卷调研,运用探索性因子分析、一阶和二阶验证性因子分析、信度与效度分析等定量方法,开发了中国情景下老年人旅游制约量表,该量表共包括身心安全制约、人际制约、支持性制约、目的地属性制约、参与后体验制约等五个维度,25 个测量题项。在量表开发的过程中,本书还充分考虑了旅游和休闲之间的差异、老年旅游群体的特殊性。因此,所开发的老年人旅游制约量表具有良好的信度和效度,测量条目和结构不同于基于其他群体和情境的测量量表。老年人旅游制约量表的开发为旅游制约的测量提供了操作性强、科学且适用于城市老年人的测量工具,也为后续的旅游制约对相关变量的作用机理研究奠定了理论基础。

三、城市老年人旅游制约对相关变量的作用机理

研究基于休闲制约作用缓冲模型和活动理论,以老年人旅游制约和主观幸福感之间的关系为主线,制约协商和旅游参与为中介变量,探索旅游制约对主观幸福感和旅游参与的作用机理。在明确制约协商和旅游参与(中介变量)是"如何"及"为何"对旅游制约(自变量)与主观幸福感(因变量)之间的关系产生作用的基础上,研究采用路径分析对研究模型进行了实证检验,数据分析结果表明:老年人感知的旅游制约对其主观幸福感、旅游参与有负向影响,老年人感知的旅游制约对制约协商有正向影响,老年人采用的制约协商对旅游参与有正向影响,老年人采用的制约协商在旅游制约与旅游参与的关系中有中介作用,老年人旅游参与对主观幸福感有正向影响,老年人旅游参与在旅游制约和主观幸福感的关系间有中介作用。此外,研究还探究了旅游制约各维度对制约协商、主观幸福感、旅游参与的影响,具体检验结果见表 7.1。

表 7.1 假设检验结果汇总

假设	假设内容	验证结果
H1	老年人感知的旅游制约对其主观幸福感有负向影响。	支持
H1a	老年人感知的支持性制约对其主观幸福感有负向影响。	不支持
H1b	老年人感知的参与后体验制约对其主观幸福感有负向影响。	不支持
H1c	老年人感知的身心安全制约对其主观幸福感有负向影响。	支持
H1d	老年人感知的目的地属性制约对其主观幸福感有负向影响。	不支持
H1e	老年人感知的人际制约对其主观幸福感有负向影响。	支持
H2	老年人感知的旅游制约对制约协商有正向影响。	支持
H2a	老年人感知的支持性制约对制约协商有正向影响。	不支持
H2b	老年人感知的参与后体验制约对制约协商有正向影响。	不支持
H2c	老年人感知的身心安全制约对制约协商有正向影响。	支持
H2d	老年人感知的目的地属性制约对制约协商有正向影响。	不支持
H2e	老年人感知的人际制约对制约协商有正向影响。	不支持
H3	老年人感知的旅游制约对旅游参与有负向影响。	支持
H3a	老年人感知的支持性制约对旅游参与有负向影响。	支持
H3b	老年人感知的参与后体验制约对旅游参与有负向影响。	不支持
H3c	老年人感知的身心安全制约对旅游参与有负向影响。	不支持
H3d	老年人感知的目的地属性制约对旅游参与有负向影响。	不支持
H3e	老年人感知的人际制约对旅游参与有负向影响。	不支持
H4	老年人采用的制约协商对旅游参与有正向影响。	支持
H5	老年人采用的制约协商在旅游制约与旅游参与的关系中有中介作用。	支持
H6	老年人旅游参与对其主观幸福感有正向影响。	支持
H7	老年人旅游参与在旅游制约和主观幸福感的关系中有中介作用。	支持

　　本书的结果表明,当城市老年人面临的旅游制约越多,就会越倾向于采用制约协商去解决其面临的旅游制约问题,从而实现成功参与旅游活动。当老年人没有采取制约协商时,其面临的旅游制约会影响其旅游参与。根据活动理论,人们倾向于参与到社会活动中,以提高自己的身体素质和丰富精神生活。因此,当老年人面临旅游制约而不能参与旅游活动时,就会在一定程度上对生活态度和感受产生负面影响,进而影响其主观幸福感。

本书还探讨了旅游制约与旅游参与、主观幸福感之间的作用机理,论证了制约协商和旅游参与的中介作用。一方面,说明了老年人旅游制约是旅游参与的重要负面因素(是否有作用),又证实了旅游制约发挥作用的条件——制约协商的中介作用(如何起作用);另一方面,说明了老年人旅游制约是主观幸福感的重要负面因素(是否有作用),又检验了旅游制约发挥作用的条件——旅游参与的中介作用(如何起作用)。相对清晰地揭示了老年人旅游制约影响旅游参与、主观幸福感的作用机制。此外,研究对中介变量——制约协商的具体分析,阐明了旅游制约与旅游参与、旅游制约与主观幸福感的关系是如何及为何产生作用。

四、不同人口特征的城市老年人旅游制约有差异

为了更深入地探究不同人口统计学背景的城市老年人感知旅游制约的差异,以及人口特征变量对旅游制约的影响,本书采用独立样本 T 检验和方差分析进行了探索。研究结果表明:(1)老年人旅游制约在性别上并不存在显著差异,男性感知的旅游制约程度略高于女性。(2)不同年龄段的老年人感知的旅游制约水平存在显著差异,60~65 周岁的老年人感知的旅游制约程度最高,81 周岁及以上的老年人感知的旅游制约程度最低。(3)不同受教育水平老年人感知的旅游制约水平存在显著差异,拥有博士学位的老年人感知的旅游制约最高,拥有本科受教育水平的老年人感知的旅游制约程度最低。(4)不同月收入的老年人感知的旅游制约水平存在显著差异,月收入在 1000 元以下的老年人感知的旅游制约程度最高。(5)不同家庭结构的老年人感知的旅游制约水平存在显著差异,与子女一起居住的老年人感知的旅游制约程度最高,与老伴同住的老年人感知的旅游制约程度最低。(6)不同工作状况的老年人感知的旅游制约水平存在显著差异,尚未退休的老年人感知的旅游制约程度最高,已经退休的老年人感知的旅游制约程度最低。(7)不同职业的老年人感知的旅游制约程度不存在显著差异。(8)不同旅游花费来源的老年人感知的旅游制约水平存在显著差异,以社会福利为旅游花费来源的老年人感知的旅游制约程度最高,以退休金为旅游花费来源的老年人感知的旅游制约程度最低。(9)不同健康状况的老年人感知的旅游制约水平存在显著差异,身体健康状况差的老年人感知的旅游制约程度最高,身体健康状况良好的老年人感知的旅游制约程度最低。

旅游制约协商作为旅游制约研究的重要组成部分,对城市老年人能否成功参加旅游活动也具有重要影响。因此,本书也对不同人口统计学背景下城市老

年人采取制约协商的异同之处进行了探究。研究结果表明:(1)老年人采取的旅游制约协商在性别上存在显著差异,女性采取旅游制约协商的程度略高于男性。(2)不同年龄段老年人在旅游制约协商的使用上不存在显著差异。(3)不同受教育水平老年人采取的旅游制约协商水平存在显著差异,拥有本科受教育水平的老年人更愿意采取旅游制约协商,博士学位的老年人旅游制约协商的运用水平最低。(4)不同月收入的老年人采取的旅游制约协商水平存在显著差异,月收入 7001 元以上的老年人采用旅游制约协商水平最高,月收入 1000 元以下的老年人采取旅游制约协商水平最低。(5)不同家庭结构的老年人采取的旅游制约协商不存在显著差异。(6)不同工作状况的老年人采取的旅游制约协商存在显著差异,已经退休的老年人采取的旅游制约协商水平最高,尚未退休的老年人采取的旅游制约协商水平最低。(7)不同职业的老年人采取的旅游制约协商存在显著差异,工人采取的旅游制约协商水平最高,军警人员采取的旅游制约协商水平最低。(8)不同旅游花费来源的老年人采取的旅游制约协商水平存在显著差异,以退休金为旅游花费来源的老年人采取的旅游制约协商水平最高,以社会福利为旅游花费来源的老年人采取的旅游制约协商水平最低。(9)不同健康状况的老年人采取的旅游制约协商水平存在显著差异,身体健康状况良好的老年人更愿意采取旅游制约协商以实现参与旅游活动。

了解不同性别、不同受教育水平、不同年龄、不同经济状况等的老年人旅游制约和旅游制约协商分布情况,可以充分了解不同老年人面临旅游制约和采取制约协商策略不同之处。这将有助于旅游产品开发、宣传促销更具针对性、有效性,对具有不同人口统计学背景的老年群体促销不同的产品和采用不同的营销策略,对老年旅游市场的深度开发有着极强的现实意义。

第二节　研究贡献与启示

本书聚焦于城市老年人旅游制约及其作用机理研究,重点探究了城市老年人旅游制约的结构维度、各维度的内在作用机理、理论框架、测量量表和对相关变量的作用机制等研究问题,在一定程度上对旅游制约的理论拓展和实践建议两方面都有所推进与做出贡献。本节在上一节研究结论与讨论的基础上,提出本书的理论贡献和管理启示。

一、理论贡献

(一)拓展了旅游制约理论的研究内容

本书在一定程度上丰富了旅游制约的理论研究。本书基于活动理论、成功老龄化理论等,以城市老年人这一独特的旅游群体为研究对象,结合旅游活动和旅游产品的特点对老年人旅游制约进行深入探究。在一定程度上拓展了旅游制约的结构维度和理论分析框架,丰富了老年人旅游制约的研究内容和相关理论。已有的老年旅游制约研究成果,多是直接借鉴休闲制约理论,并没有针对旅游情境,或结合老年群体的特征和旅游活动与产品的独特性进行研究,研究成果总体上较为分散、不够体系化和系统化,尤其是对中国老年人旅游制约的概念维度和内在机理等基本问题的研究存在诸多不足。

目前,我国尚缺乏对旅游情境下的老年人旅游制约的深入探究(刘力,2016;任明丽、李群绩、何建民,2018),本书采用深度访谈和扎根理论的质性研究方法对以上问题进行了深入剖析,一是形成了中国情景下城市老年人旅游制约的结构维度模型,研究发现了目的地属性制约和参与后体验制约两个新的维度,不仅丰富发展了旅游制约的理论内涵,为老年人旅游制约的研究提供了新视角,而且新发现的两个老年人旅游制约维度,突显了旅游制约和休闲制约的不同之处,以及老年旅游者的独特性,进一步验证了开展旅游情境下老年人旅游制约研究的必要性。二是本书还构建了解释、预测城市老年人旅游制约的理论研究框架,并深入剖析了五个维度的具体作用路径和影响结果,弥补了已有老年人旅游制约理论研究的不足,并为后续的老年人旅游制约研究提供了系统的理论框架和研究方向。此外,这在一定程度上不仅可以推进老年人旅游制约理论研究向纵深发展,还可以为旅游制约理论和老年旅游者消费行为研究的丰富和拓展做出理论贡献。

(二)完善了老年人旅游制约测量量表的理论体系

目前,多数研究都是借鉴休闲制约量表对老年旅游制约进行测量(赵振斌、赵钧、袁利,2011),研究结果可靠性差,对旅游情景下老年人旅游制约的解释性较弱。基于此,本书对城市老年人旅游制约的测量量表进行了探究。首先,本书采用定性方法构建了老年人旅游制约的维度,为量表的开发打下了理论基础。其次,基于定性研究和文献梳理对城市老年人旅游制约的测量维度和测量题项进行了深入探究,形成老年人旅游制约测量量表。最后,通过两轮问卷调研,并采用多种定量研究方法对量表进行了实证检验,开发出针对性、可操作性较强和较高的信度与效度,且适用于测量城市老年人旅游制约量表;为老年人旅游制约的实证测量研究、剖析其前因与结果变量的定量研究奠定了基础,提供了测量工具。因此,本书在一定程度上丰富了老年人旅游制约测量量表的理论体系,为老年人旅游制约的深入研究提供了有良好信度与效度的测量工具,有助于深入开展老年旅游产品开发、老年旅游决策、老年旅游者消费行为等理论和应用研究。

(三)丰富了老年人旅游制约的作用机理研究

本书进一步探究了城市老年人旅游制约对相关变量的作用机理。一是基于休闲制约/协商模型和活动理论,将旅游参与和主观幸福感整合到老年人旅游制约的研究中,从老年人社会心理视角深入剖析了旅游制约是如何影响旅游制约协商、旅游参与,进而影响其主观幸福感的,在一定程度上丰富了旅游制约对相关结果变量的作用机制研究,完善了旅游参与和主观幸福感的理论研究。二是旅游参与和制约协商在不同路径中的部分中介作用,也说明未来的研究应当进一步从不同的理论视角深入剖析旅游制约产生作用的机制。三是本书更精细地解释了旅游制约和旅游参与、主观幸福感之间的关系,并实证检验了制约协商在旅游制约和旅游参与之间的中介作用,旅游参与在旅游制约和主观幸福感之间的中介作用,揭示了旅游制约分别对主观幸福感和旅游参与产生影响的传导机制。四是对中介变量制约协商和旅游参与的具体分析也阐明了旅游制约和旅游参与、旅游制约和主观幸福感的关系是如何及为何产生作用? 相对完整、清晰地揭示了旅游制约—制约协商—旅游参与、旅游制约—旅游参与—主观幸福感在老年群体中相互作用的机理,对旅游制约、旅游参与和主观幸福感理论都具有重要的启示。

此外,本书通过人口统计学分析,发现不同的人口统计学变量对不同年龄段的老年人感知的旅游制约程度和采取制约协商水平会产生不同的影响,在一定程度上丰富了旅游制约的前因变量研究。

二、管理启示

(一)对个体老年旅游者的建议

1. 保持并增强自身的身心健康

本书发现,老年人的身体健康状况对其出游有重要影响,是重要的制约因素。一方面,一些老年人认为自己年龄大了,身体健康状况不好或者是行动不便,因此不愿意参加旅游活动;另一方面,一些老年人存在心理上的制约,担心旅游中的人身安全,害怕外出旅游。拥有健康的身体与心理状况是老年人参与旅游活动的必要条件,因此,老年人要保持好的身心条件。一是老年人应当正确认知个体身体机能的衰老,以乐观的态度面对老龄化过程中的人体机能老化。二是积极转变退休后的角色变化,积极参与到各种社会活动中,如参加老年大学、舞蹈团等,在参与活动过程中增加人际交往,丰富精神生活,保持健康的身心状态。三是加强人际交往,保持与亲朋好友之间的良好人际关系,创建新的旅游人际关系网,从而减少人际制约。四是积极锻炼身体,参加各种体育锻炼活动,增强个体身体素质。

2. 培养参与旅游活动技能

老年人也需要不断的学习,培养自己的旅游活动技能,以便更好地参与旅游活动。如在移动网络社会,老年人需要学习上网搜索信息的技能,通过网络搜索旅游信息、预订旅游产品和旅游交通票等,解决相关的支持性制约。通过各种途径积极学习新技能,做好出游前的各方面准备,以更好的心态和技能面对旅游中出现的各种问题、不好体验或现象。

3. 时间与财务管理

在时间管理方面,虽然老年人在退休后有更多的可支配自由时间,可以运用这些时间从事各种自己喜欢的活动。但本书发现,时间是制约老年人不能出游的一个重要因素,如承担家庭与社会责任(照顾孙子、老伴或老人)、参与其他活动、工作等。这就使得老年人没有足够的时间参与旅游活动。因此,老年人需要合理安排自己的日常活动,以减少时间对旅游参与的制约,以及选择一个适合自己时间的旅游产品。

在财务管理方面,本书发现多数老年人都是以退休金为旅游花费的主要来源。由于老年人在退休后的收入减少,也需要老年个体做好旅游花费的预算,如选择符合自身预算的旅游产品、存钱以便外出旅游等。

(二)对旅游企业的建议

1. 提供老年友好型旅游产品和服务

老年友好型旅游服务体系主要包括餐饮产品和服务、旅游游览服务传递、旅游住宿产品和服务、旅游产品服务等(姚延波、侯平平,2019b)。就餐饮服务而言,要提供以健康为导向的餐饮服务,如老年人的身体机能退化,要提供清淡可口、易于消化的食物。在住宿服务方面,要通过创建老年友好型酒店为他们提供符合其身心需求的友好产品与服务,如提供友好的无障碍服务设施,卧室和公共空间光线明亮等。在游览服务体系方面,游览线路的时间安排要宽松,游览设施要便利。在旅游产品设计方面,不仅要针对不同老年群体设计不同的旅游产品,还要充分考虑不同年龄、收入水平、受教育程度、健康状况、职业等对老年人旅游制约产生的影响,在此基础上设计相应的旅游产品。如针对人际制约因素,旅行社可以设计家庭游产品、主题旅游产品等满足不同老年旅游者的需求。通过开发有特色的旅游产品,形成完整的老年旅游产品体系,进而克服老年人旅游的支持性制约和参与体验制约。此外,在旅游产品开发过程中,旅游企业之间应该协同合作、共享信息,建立创新的合作机制,共同开发老年旅游产品(姚延波、侯平平,2017a)。

2. 提供专业的旅游服务保障

专业化的旅游服务保障主要包括旅游宣传营销、旅游保险服务、旅游安全服务等。在旅游宣传营销方面,要考虑到老年人的信息接收习惯和信息接收能力,采用符合其需求的信息传播手段。如携程专门开展了线下传播、社区营销等,适合很多老年人喜欢面对面咨询的消费习惯。在旅游保险服务方面,开发符合老年人身心和旅游需求的商业服务保险已经成为行业急需解决的问题。如携程与保险公司合作,为老年旅游者设计了高保障的旅游保险,承保年龄可达到 90 周岁。在旅游安全服务方面,旅游企业在组团旅游中,可以配备相应的医务人员随同服务,或者派遣具有医疗救护知识的导游为老年人服务,减少老年人对旅游安全的担心,降低其旅游风险,增强老年人外出旅游的信心。以上这些措施可以在一定程度上解决老年人参与旅游活动的内在制约和支持性制约。

3. 设计贴心的服务传递流程

贴心的便捷服务是指旅游企业要对员工进行老年知识培训、设计友好和便捷的服务传递流程。在员工培训方面,以旅游企业为代表的服务企业要给从事老年旅游产品设计和服务传递的员工提供老年行为学、心理学、消费心理学等相关老年知识和服务态度的培训,让员工充分了解老年人的身心特征,以设计符合其身心需要的创新性旅游产品和友好服务,最终为其提供满意的旅游体验。在服务流程方面,旅游企业要以老年人为中心,结合其身心特征,优化服务传递流程,提高服务传递效果,为其提供老年友好型旅游服务体系,尤其是导游服务人员要为老年人提供公平、态度友好、专业化的服务,避免强迫购物、旅游行程安排过于密集等产生的不好旅游体验。只有为老年旅游者提供高质量的产品和服务,才能让老年旅游者有更好的旅游体验,有更高的旅游满意度。通过以上途径与方法解决老年人面临的旅游体验制约。

4. 实现诚信经营

在访谈的过程中,有不少受访者提到,旅行社的产品存在虚假宣传、夸大宣传,旅游产品和实际不相符等问题,有些存在旅游景区乱收费、门票贵等问题。这些都在一定程度上对老年群体参与旅游活动产生制约。因此,旅游企业应诚信经营,从品牌信用方面去营造诚信的老年旅游市场环境,不欺诈老年游客,在游览的过程能够关心老年旅游者的利益,尤其是要提醒老年人注意各种安全事宜,提升旅游企业的诚信品牌形象;在信息宣传方面,要真实宣传旅游产品和信息,遵守相关的法律法规,清楚告知老年人旅游产品中所包含的旅游活动内容和服务、需要自费的项目等;在员工诚信方面,旅游企业员工要具有相应的老年知识,提供服务时要耐心,为老年旅游者提供态度良好、服务专业和高品质的老年友好型服务,尤其是导游在带团期间要公平对待每位游客,安排好团餐和乘车座位,在讲解过程中要耐心、速度放慢,让老年人有更好的旅游体验(姚延波、侯平平,2017b)。在调研中也了解到,老年人更多的是通过其他人的口碑介绍来选择旅游产品和旅行社。因此,旅游企业诚信经营,能在老年群体中形成良好的口碑,树立旅游企业长久的品牌形象。

(三)对政府相关管理部门的建议

1. 提供规范化的老年旅游服务支持体系

老年旅游服务支持体系主要是指政府部门要鼓励和引导老年旅游市场的发展,制定促进老年旅游产业发展的各种政策、法规等,为向老年人提供旅游产品和服务的企业营造良好的外部经营环境和服务支持系统。此外,政府相关部门还可以制定相关产业政策和行业标准引导社会各方积极参与老年旅游服务和产品供给的创新、生产,如可以采用税收优惠政策鼓励旅游企业发展老年旅游产业。目前,北京已经出台了促进老年旅游发展的奖励政策。在 2019 年 4 月印发了《北京市老年人文化旅游奖励资金管理办法(试行)》,旨在充分发挥政府资金的导向和激励作用,促进老年人文化旅游市场的繁荣与发展;该办法规定对积极落实老年人文化旅游的相关国家标准、规范提供老年人旅游产品和服务的旅游企业给以奖励,即按照组织人次的多少给予不同档次的奖励,组织接待人次排名 1~5 名,每个企业奖励 15 万元;6~10 名,每个企业奖励 10 万元;11~15 名,每个企业奖励 5 万元。因此,政府通过营造良好的老年旅游市场环境和氛围助力旅游企业加大对老年旅游市场的开发,在一定程度上可以解决老年人旅游面临的旅游供给制约问题。

2. 创建老年友好型旅游目的地服务体系

目前在老龄化社会中,旅游目的地并没有重视老年旅游群体,在旅游产品设计、游览设施提供、服务传递等方面尚未充分考虑到老年人的身心特征和旅游需求。因此,政府应该创建老年友好型旅游目的地服务体系,解决老年人在旅游目的地的交通、旅游公共设施、旅游信息获取不方便等问题,同时营造良好的人文环境与自然环境,吸引老年人的到来。如在救援服务体系方面,旅游目的地要建立老年旅游者出行过程中的意外事故救助体系,尤其是专门针对老年人的医疗保健服务、紧急救助服务。此外,在国家大力倡导要通过发展优质旅游为游客提供高质量旅游产品和服务的背景下,创建老年友好型旅游目的地(姚延波、侯平平,2019b),不仅可以减少或弱化目的地属性制约对老年人参与旅游活动的负面影响;还能推动旅游目的地的供给侧改革,在各个方面为老年人提供友好型的产品和服务。这对深度开发老年旅游市场,释放老年人的旅游消费需求,进而促进目的地旅游经济的可持续增长具有重要作用。

3. 建立完善的社会福利保障制度提高老年人的幸福感

从研究结果来看,经济状况是制约老年人出游的重要因素,缺少财务支持使得老年人从根本上就不能实现参与旅游活动。老年旅游的发展是建立在宏观社会经济环境基础之上的,而国家的社会养老保障机制、养老政策、老年人群的生活消费水平是该产业发展的重要前提。因此,需要健全社会养老保障机制,以促进老年旅游发展(刘佳、韩欢乐,2015)。具体来说,一是政府建立完善的社会福利保障制度能在一定程度上解决老年人出游面临的经济制约,这也是老年人追求成功老龄化的前提和基础。二是借鉴西方的社会旅游制度,帮助低收入老年群体,让他们也能够参与到旅游活动中,享受旅游带来的身心愉悦,提高对生活的满意度和幸福感。三是政府在旅游景区门票、公共交通费用等方面对老年旅游者实行优惠政策,从而克服老年人旅游的支持性制约。而且建立完善的社会保障制度也是实现老年人"老有所养、老有所乐"的前提。从而真正发挥旅游业作为幸福产业的真正作用,让老年人通过旅游增添乐趣,获得更多幸福感(梁学成,2019)。

第三节　研究局限与展望

通过定性与定量相结合的混合式研究,本书探索了城市老年人旅游制约的结构维度、内在作用机理、理论分析框架、测量量表,以及旅游制约的作用机理,在丰富理论研究和解决现实问题方面都具有一定的贡献与启示。但由于研究水平、研究资金、时间等方面的限制，本书仍不可避免地存在一些不足之处，还需要在未来的研究中进行深入探索。

一、研究局限

(一)研究样本局限

本书的研究局限主要包括：(1)在定性与定量的研究样本中，为了实地调研的方便性，调查对象主要是中东部地区的城市老年人，因此调研样本的地域分布相对不均衡。(2)由于参加户外活动的高龄老年人相对较少，因此在调研样本中高龄老年人(80周岁及以上的老年人)的样本在一定程度上稍显不足。(3)本书调研的主要是有出游经历的城市老年人，并未对没有出游经历的城市老年人进行调研。(4)本书主要对城市老年人的旅游制约进行了研究，并未对广大农村老年人的旅游制约进行调研。因此，在后续的研究中，可以对农村老年人的旅游制约进行探究，对有出游经历和没有出游经历的城市老年人旅游制约进行对比研究，增强研究的深度和广度。此外，要对老年人群体进行细分，探究不同地域城市老年人、不同经济背景老年人旅游制约的不同；还要增加样本数量，以弥补研究样本存在的不足，尤其要加强对农村老年人旅游制约的探究，深入剖析城乡差异对老年人旅游制约产生的不同影响。

(二)量表需进一步细化和改进

本书虽然严格遵照量表开发的严谨步骤与程序，在质性研究的基础上，形成老年人旅游制约的维度和测量条目，并通过两轮问卷调查，使用探索性因子分析和验证性因子分析进行实证检验，构建了城市老年人旅游制约量表。整个研究过程符合量表开发的各项原则与要求，开发出的量表能够有效对城市老年人旅游制约进行测量。但是仍然需要根据实践进行不断检验，对老年人旅游制约量表的测量指标更加深入和全面的分析，并进一步地验证、检验和调整，增加本书所开发量表的普适性与稳定性。也可以根据研究需要，对老年人旅游制约子维度的测量量表进行深入探究。

(三)研究工具和研究方法存在改进空间

在老年人旅游制约作用机理研究方面，对于制约协商、旅游参与和主观幸福感量表的研究主要采用的是国外研究中的量表，虽然在本书中这些量表都具有较好的信度和效度，但是基于西方情景开发的量表在中国文化情景下对老年人的适用性还值得深入探究。此外，老年人旅游制约作用机理研究主要采用的方法是问卷调研和实证数据分析，在后续的研究中可注重与个案研究、传记研究和实验法等相结合,更深入地了解老年人旅游制约的作用机理。

二、研究展望

(一)老年人旅游制约的前因与结果变量研究

已有的研究表明,在前因研究方面,价值观、人格特征等会对旅游制约产生影响。在结果变量研究方面,旅游制约对旅游动机、旅游行为等产生影响。而本书只探讨了老年人旅游制约、制约协商、旅游参与、主观幸福感等四个变量之间的关系。而在真实的旅游消费决策情境中,可能存在很多的外在相关因素和内在的个体特征、价值观和文化等可能会对老年人旅游制约产生影响,老年人感知的旅游制约又会进一步对其相关旅游行为决策产生影响,如对生活满意度、旅游满意度、心理健康、旅游意向等产生作用。因此,未来的研究可以进一步对老年人旅游制约的前因与结果变量进行深入细致的探讨。一是可以引入中介变量与调节变量,运用更加复杂的数据分析技术和研究模型深入剖析老年人旅游制约与相关变量的作用机理,探究旅游制约"为何""如何""何时"产生影响(姚延波、侯平平,2019a),揭示旅游制约产生影响的中介传导机制及该机制起作用的边界条件。二是可以结合准实验或实验研究对老年人旅游制约的前因与结果变量进行探究。三是采用参与观察法、传记研究等对老年人旅游制约的作用机理进行探索,为老年人旅游制约的心理和行为管理提供更为全面的保障措施;尤其是传记研究可以深入了解旅游行为在个人生命历程中是"如何"以及"为何"发生变化的,特别适用于对老年人旅行模式形成和变化的研究(Huber、Milne、Hyde,2019)。四是基于个体人格特征、价值观、社会文化,探究影响老年人旅游制约的前因变量。

(二)老年人旅游制约理论内容的深度研究

本书主要探究了旅游情境中的城市老年人旅游制约纬度、测量量表和对相关变量的作用机理。未来可以从以下几个方面对老年人旅游制约的内容进行深入探究:(1)未来的研究可以借鉴老年学、心理学、社会学等相关学科的理论,进一步从多理论融合的视角挖掘老年人旅游制约的内容,如深入剖析老年人的人生经历、过往的旅游体验、社会事件等是"如何"和"为何"对老年人出游产生制约的(姚延波、侯平平,2019a)。(2)采用跨学科的理论和方法对老年人旅游制约进行探究,如与老年学的研究专家一起合作研究。(3)探究老年人旅游制约在不同代际、不同文化背景、不同国家老年群体中的相同之处与不同之处,尤其是在中国城乡发展不平衡背景下,对中国农村以及经济不发达地区老年人旅游制约进行深入探究。(4)对老年人旅游制约的各维度进行具体的探究,如对其测量量表进行修订,探究不同旅游制约维度产生的不同影响,对老年人旅游制约进行精细化的研究。(5)由于不同代际的老年人其人生经历、价值观、文化背景、社会认知等都是不同的,因此,在中国人口快速老龄化的背景下,要深入探究"新生代老人"所认知的旅游制约,以及其采用的制约协商。

(三)老年人旅游制约解决的政策研究

在西方国家,为了解决一些弱势群体(如低收入者、残疾人、老年人)面临的出游困难,会专门出台相应的政策或者提供相应的资助让这些弱势群体参与到旅游活动中,这种旅游方式也被称为社会旅游,即把旅游当作一种社会福利提供给没有能力参加旅游活动的人。在我国人口快速老龄化背景下,相关管理部门也应该关注到一些弱势老年人出游面临的制约问题,制定相关的政策或解决措施,让更多的老年人能够参加旅游活动,提高生活满意度和幸福感。因此,从政策视角构建老年旅游服务保障体系也是需要进一步探究的问题(Yao、Hou,2019)。

参考文献

埃德加·杰克逊. 休闲的制约[M]. 凌平,刘晓杰,刘慧梅,译. 杭州:浙江大学出版社,2009.

曹芙蓉. 旅游银发族的世界格局及其需求特征[J]. 旅游学刊,2008,23(6):36-42.

陈楠,苗长虹. 节事举办地居民休闲制约、休闲动机与节事参与结构模型研究——以开封清明文化节为例[J]. 旅游论坛,2015,8(5):19-25.

陈向明. 扎根理论的思路和方法[J]. 教育研究与实验,1999(4):58-63.

陈向明. 扎根理论在中国教育研究中的运用探索[J]. 北京大学教育评论,2015,3(1):2-15.

陈向明. 质的研究方法与社会科学研究[M]. 北京:教育科学出版社,2000.

陈晓萍,徐淑英,樊景立. 组织与管理研究的实证方法(第二版)[M]. 北京:北京大学出版社,2012.

陈晔,张辉,董蒙露. 同行者关乎己?游客间互动对主观幸福感的影响[J]. 旅游学刊,2017(8):14-24.

陈圆. 旅游决策视域下老年旅游产品的开发策略——以三明市为例[J]. 长沙大学学报,2018(1):39-41.

德尔伯特·C.米勒,内尔·J.萨尔金德. 研究设计与社会测量导引(第六版)[M]. 风笑天等,译. 重庆:重庆大学出版社,2004.

丁志宏. 我国城市老年人旅游现状及影响因素[J]. 社会科学家,2016(11):102-106.

付业勤,郑向敏. 三亚老年旅游者动机及旅游体验研究[J]. 海南师范大学学报(自然科学版),2011,24(4):462-468.

甘露,卢天玲. 城市老年人口异地出游限制分析——基于成都市的实证研究[J].西北人口,2013(3):93-97.

高军,马耀峰,吴必虎. 外国游客感知视角的我国入境旅游不足之处——基于扎根理论研究范式的分析[J].旅游科学,2010,24(5):49-55.

戈登·沃克,梁海东."综合休闲参与理论框架"及其对跨文化休闲研究的影响[J].浙江大学学报(人文社会科学版),2012,42(1):13-30.

郭鲁芳. 休闲学[M].北京:清华大学出版社,2011.

郭一炜,李青松,王媛慧. 老龄化背景下智慧旅游 App 使用现状研究——以北京市为例[J].贵州社会科学,2017(9):81-86.

赫伯特·J.鲁宾,艾琳·S.鲁宾. 质性访谈方法:聆听与提问的艺术[M].卢晖临,连佳佳,李丁译.重庆:重庆大学出版社,2010.

侯杰泰,温忠麟,成子娟. 结构方程模型及其应用[M].北京:教育科学出版社,2004.

侯烜方,李燕萍,涂乙冬. 新生代工作价值观结构、测量及对绩效影响[J].心理学报,2014,46(6):823-840.

胡田. 基于动机—机会—能力的银发旅游意愿影响因子实证研究[J].消费经济,2018,34(1):44-51.

黄向. 旅游体验心理结构研究——基于主观幸福感理论[J].暨南学报(哲学社会科学版),2014(1):104-111.

季战战,武邦涛. 聚焦老年旅游需求的供给侧创新问题研究——以上海地区为例[J].上海管理科学,2018,40(3):62-66.

凯西·卡麦兹. 建构扎根理论:质性研究实践指南[M].边国英,译. 重庆:重庆大学出版社,2009.

克里斯多夫·爱丁顿. 休闲:一种转变的力量[M].陈彼得,李一,译. 杭州:浙江大学出版社,2009.

克里斯多弗·R.埃廷顿等. 休闲与生活满意度[M].杜永明,译. 北京:中国经济出版社,2009:25.

李慧. 国内入藏游客的旅游制约实证研究[J].社会科学家,2016(4):102-106.

李经龙. 休闲学导论[M].北京:北京大学出版社,2013.

李琳,钟志平. 中国老年旅游研究述评[J].湖南商学院学报,2011,18(6):100-104.

李天元. 旅游学概论[M].天津:南开大学出版社,2014.

李享,Banning-Taylor M,Alexander P B, et al. 中国老年人出国旅游需求与制约——基于北京中老年人市场调查[J].旅游学刊,2014,29(9):35-43.

李真,李享,刘贝贝. 补偿性消费理论视角下老年人旅游行为心理依据研究——以北京城市老年人为例[J].干旱区资源与环境,2018,32(4):196-202.

梁学成. 旅游产业增进社会福祉的逻辑诠释[J].旅游学刊,2019,34(7):3-4.

梁增贤. 主观幸福感的理论源流及其在旅游研究中的应用:一个批判性文献综述[J].旅游导刊,2019,3(3):71-92.

林岚,施林颖. 国外休闲制约研究进展及启示[J].地理科学进展,2012,31(10):1377-1389.

刘佳,韩欢乐. 我国老年旅游开发与产业结构调整路径[J].广西大学学报(哲学社会科学版),2015,37(2):45-50.

刘力. 城市空巢与非空巢老人旅游行为对比研究[J].四川旅游学院学报,2017(2):77-80.

刘力. 老年人旅游动机与制约因素[J].社会科学家,2016(3):91-95.

刘仁刚,龚耀先. 纽芬兰纪念大学幸福度量表的试用[J].中国临床心理学杂志,1999(2):107-108.

龙江智,王苏. 深度休闲与主观幸福感——基于中国老年群体的本土化研究[J].旅游学刊,2013,28(2):77-85.

罗伯特·F.德维利斯. 量表编制:理论与应用(第2版——校订新译本)[M].魏勇刚,席仲恩,龙长权,译.重庆:重庆大学出版社,2013.

罗伯特·K.殷. 案例研究:设计与方法[M].周海涛,主译.重庆:重庆大学出版社,2004.

罗栋,陈恬. 文献计量视角的中国老年旅游研究分析[J].怀化学院学报,2018,37(9):60-64.

罗胜强,姜嬿. 管理学问卷调查研究方法[M].重庆:重庆大学出版社,2015.

罗艳菊,申琳琳. 休闲学概论[M].黑龙江:哈尔滨工程大学出版社,2012.

马桂顺,龙江智,李恒云. 不同特质银发族旅游目的地选择影响因素[J].地理研究,2012,31(11):2185-2196.

马惠娣,刘耳. 西方休闲学研究述评[J].自然辩证法研究,2001,17(5):45-49.

穆光宗. 成功老龄化之关键:以"老年获得"平衡"老年丧失"[J].西南民族大学学报(人文社科版),2016,37(11):9-15.

彭伟,符正平. 基于扎根理论的海归创业行为过程研究——来自国家"千人计划"创业人才的考察[J].科学学研究,2015,33(12):1851-1860.

任明丽,李群绩,何建民.身体状况还是积极心态?——关于中国老年家庭出游限制因素的经验分析[J].旅游学刊,2018,33(5):26-43.

施林颖,林岚,邱妍,等.国外休闲制约研究的特征与展望——基于《Journal of Leisure Research》、《Leisure Sciences》、《Journal of Park and Recreation Administration》期刊[J].亚热带资源与环境学报,2014,9(3):35-44.

斯丹纳·苛费尔,斯文·布林克曼.质性研究访谈[M].范丽恒,译.北京:世界图书出版公司,2013.

孙敬之.80年代中国人口变动分析[M].北京:中国财政经济出版社,1996:29.

孙乐.常州城区老年居民旅游消费行为分析研究[J].吉林省教育学院学报,2017(4):164-167.

谈志娟,黄震方,吴丽敏,等.基于Probit模型的老年健康休闲旅游决策影响因素研究——以江苏省为例[J].南京师大学报(自然科学版),2016,39(1):117-123.

唐代剑.国内旅游市场呈显"四化"特征[J].旅游学刊,2008,23(5):6-7.

陶长江,朱红玲,王颖梅,等.基于老年旅游者角度的都江堰市旅游设施评价与建设[J].地域研究与开发,2014,33(1):72-77.

陶裕春,李卫国.休闲活动、健康自评对老年人主观幸福感的影响研究[J].西华大学学报(哲学社会科学版),2017(6):77-85.

托马斯·W.李.组织与管理研究的定性方法[M].吕力,译.北京:北京大学出版社,2014.

王孟成.潜变量建模与Mplu应用—基础篇[M].重庆:重庆大学出版社,2014.

王玮,黄震方.休闲制约研究综述[J].旅游论坛,2006,17(3):370-374.

王霞.人口年龄结构、经济增长与中国居民消费[J].浙江社会科学,2011(10):20-24.

文吉,侯平平.酒店一线员工情绪智力与工作满意度:基于组织支持感的两阶段调节作用[J].南开管理评论,2018,21(1):146-158.

吴捷.城市低龄老年人的需要、社会支持和心理健康关系的研究[D].天津:南开大学,2010.

吴明隆.结构方程模型:Amos的操作与应用(第2版)[M].重庆:重庆大学出版社,2010.

吴明隆.结构方程模型—Amos实务进阶[M].重庆:重庆大学出版社,2013:

61-63.

吴明隆. 问卷统计分析实务—SPSS 操作与应用[M]. 重庆:重庆大学出版社,2010.

吴巧红. 老年旅游安全保障体系的构建[J]. 旅游学刊,2015,30(8):10-12.

吴文新,张雅静. 休闲学导论[M]. 北京:北京大学出版社,2013.

伍百军. 基于 AHP 的银发族旅游目的地选择影响因素实证研究[J]. 云南地理环境研究,2015,27(1):10-15.

希拉里·阿克塞,彼德·奈特. 社会科学访谈研究[M]. 骆四铭,王利芬等,译. 山东:中国海洋大学出版社,2007.

谢彦君. 基础旅游学[M]. 北京:中国旅游出版社,1999.

谢彦君. 旅游体验研究一种现象学的视角[M]. 天津:南开大学出版社,2005.

杨蕾,杜鹏. 智慧旅游背景下的老年群体出游影响路径与帮扶策略研究[J]. 山东社会科学,2016(6):170-176.

姚延波,侯平平. 近十年国外老年旅游研究述评与展望[J]. 旅游论坛,2019a,12(2):82-94.

姚延波,侯平平. 老年友好型旅游目的地服务体系研究[J]. 北华大学学报(社会科学版),2019b,20(3):104-109.

姚延波,侯平平. 游客视角的旅游企业诚信评价体系研究[J]. 旅游学刊,2017b,32(12):80-88.

姚延波,侯平平."一带一路"倡议下我国入境旅游产品开发新思路[J]. 旅游学刊,2017a,32(6):5-7.

应斌. 美国细分模型对我国老年市场界定及营销启示[J]. 江汉大学学报,2003,20(4):80-84.

约翰·W.克雷斯威尔. 研究设计与写作指导:定性、定量与混合研究的路径[M]. 崔延强,主译. 重庆:重庆大学出版社,2007.

约瑟夫·A.马克斯威尔. 质的研究设计:一种互动的取向[M]. 朱光明,译. 重庆:重庆大学出版社,2007.

张超,徐燕,陈平雁. 探索性因子分析与验证性因子分析在量表研究中的比较与应用[J]. 南方医科大学学报,2007,27(11):1699-1700.

张丹婷,邢占军. 旅游与民众幸福感[J]. 旅游学刊,2019,34(7):1-3.

张广瑞,宋瑞. 关于休闲的研究[J]. 社会科学家,2001(5):17-20.

张华初. 我国老年人旅游参与的内在因素分析[J]. 西北人口,2014,35(1):

74-78.

张润莲. 我国老年旅游研究文献计量分析[J]. 廊坊师范学院学报,2013,13(1):
53-56.

张运来,李跃东. 基于内容分析法的老年人旅游动机研究[J]. 北京工商大学学
报(社会科学版),2009,24(5):101-106.

赵振斌,赵钧,袁利. 成都市老年人旅游制约因素研究[J]. 资源开发与市场,
2011,27(12):1132-1135.

郑伟,林山君,陈凯. 中国人口老龄化的特征趋势及对经济增长的潜在影响[J].
数量经济技术经济研究,2014,31(8):3-20,38.

周刚,曹威,邓小海. 老年旅游者主观年龄同实足年龄差异及其与旅游动机的关
系研究[J]. 重庆师范大学学报(自然科学版),2016(4):180-186.

周刚,张嘉琦. 基于旅游动机的老年旅游市场细分研究[J]. 资源开发与市场,
2015,31(12):1540-1544.

周浩,龙立荣. 共同方法偏差的统计检验与控制方法[J]. 心理科学进展,2004,
12(6):942-950.

朱丽叶·M.科宾,安塞尔姆·L.施特劳斯. 质性研究的基础:形成扎根理论的
程序与方法[M]. 朱光明,译. 重庆:重庆大学出版社,2015.

朱志强,林岚,施林颖,等. 城市居民体育健身休闲制约与休闲参与的影响关
系——基于福州市的实证分析[J]. 旅游学刊,2017(10):118-129.

邹统钎. 旅游景区开发与管理[M]. 北京:清华大学出版社,2004.

Abooali G, Omar S I, Mohamed B. The importance and performance of a
destination's Attributes on senior tourists' satisfaction[J]. International
Journal of Asian Social Science, 2015, 5(6):355-368.

AGE Platform Europe. European senior citizens' actions to promote exchange
in tourism [EB/OL]. http://www. accessibletourism. org/resources/
escape_fiche. pdf.

Albayrak T, Caber M, Bideci M. Identification of hotel attributes for senior
tourists by using Vavra's importance grid[J]. Journal of Hospitality and
Tourism Management, 2016(29):17-23.

Alexandris K, Kouthouris C, Funk D, et al. The use of negotiation strategies
among recreational participants with different involvement levels: The
case of recreational swimmers [J]. Leisure Studies, 2013, 32 (3):

299-317.

Allan C, Botman H. Chartbook on Aging in America. White House Conference on Aging, 1981[J]. Aging, 1981:162.

Allen, Bretman . Chartbook on aging in America: the 1981 White House Conference on Aging[J]. Washington D, 1981, 22(2):44-45.

Alén E, Losada N, Carlos P D. Understanding tourist behaviour of senior citizens: Lifecycle theory, continuity theory and a generational approach [J]. Ageing & Society, 2016, 1(7):1-24.

Alén E, Losada N, Domı´nguez T. The impact of ageing on the tourism industry: An approach to the senior tourist profile[J]. Social Indicators Research, 2016, 127(1):303-322.

Alén E, Nicolau J L, Losada N, et al. Determinant factors of senior tourists' length of stay[J]. Annals of Tourism Research, 2014(49): 19-32.

Balderas-Cejudo A, Rivera-Hernaez O, Patterson I. The strategic impact of country of origin on senior tourism demand: The need to balance global and local strategies[J]. Journal of Population Ageing, 2016(9): 345-373.

Baloglu S, Shoemaker S. Prediction of senior travelers' motorcoach use from demographic, psychological, and psychographic characteristics [J]. Journal of Travel Research, 2001, 40 (1): 12-18.

Baltes M M, Carstensen L L. The process of successful ageing[J]. Aging and Society, 1996 (16): 397-422.

Batra A. Senior pleasure tourism: Examination of their demography, travel experience, and travel behavior upon visiting the Bangkok Metropolis[J]. International Journal of Hospitality & Tourism Administration, 2009, 10 (3): 197-212.

Benckendorff P, Moscardo G, Pendergast D. Tourism and generation Y [M]. Cambridge, MA: CAB International, 2010: 56.

Blazey M A. Travel and retirement status[J]. Annals of Tourism Research, 1992, 19(4): 771-783.

Boksberger P E, Laesser C. Segmentation of the senior travel market by the means of travel motivations [J]. Journal of Vacation Marketing, 2009, 15(4): 311-322.

Bowling A. Aspirations for older age in the 21st century: What is successful aging? [J]. International Journal of Aging and Human Development, 2007, 64(3): 236-297.

Buhalis D. Marketing the competitive destination of the future [J]. Tourism Management, 2000, 21(1): 97-116.

Caber M, Albayrak T. Does the importance of hotel attributes differ for senior tourists? A comparison of three markets[J]. International Journal of Contemporary Hospitality Management, 2014, 26(4): 610-628.

Carr N. The tourism-leisure behaviour continuum[J]. Annals of Tourism Research, 2002, 29(4): 972-986.

Charles R, Nagel J, White P. Workshop on scientific foundations of qualitative research [M]. Washington, D. C.: National Science Foundation, 2004.

Chen C F, Wu C C. How motivations, constraints, and demographic factors predict seniors' overseas travel propensity [J]. Asia Pacific Management Review, 2009, 14(3): 301-312.

Chen H J, Chen P J, Okumus F. The relationship between travel constraints and destination image: A case study of Brunei[J]. Tourism Management, 2013, 35(2): 198-208.

Chen K H, Liu H H, Chang F H. Essential customer service factors and the segmentation of older visitors within wellness tourism based on hot springs hotels [J]. International Journal of Hospitality Management, 2013(35):122-132.

Chen S C, Shoemaker S. Age and cohort effects: The American senior tourism market[J]. Annals of Tourism Research, 2014(48): 58-75.

Chen W Y, Wang K C, Luoh H F, et al. Does a friendly hotel room increase senior group package tourists' satisfaction? A field experiment[J]. Asia Pacific Journal of Tourism Research, 2014, 19(8): 950-970.

Collins D, Tisdell C. Age-related lifecycles: Purpose variations[J]. Annals of Tourism Research, 2002, 29(3): 801-818.

Comrey A L, Lee H B. A first course in factor analysis[M]. 2nd edition. Hillsdale, NJ: Erlbaum, 1992.

Cooper C, Fletcher J, Gilbert D, et al. Tourism: Principles and practice[M]. London: Longman Group Ltd, 1993.

Crawford D W, Godbey G. Reconceptualizing barriers to family leisure[J]. Leisure Sciences, 1987, 9(2): 119-127.

Crawford D W, Jackson E L, Godbey G. A hierarchical model of leisure constraints[J]. Leisure Sciences, 1991,13(4): 309-320.

Csikszentmihalyi M. Toward a psychology of optimal experience[M]. In: Wheeler, L(ed.). Review of personality and social psychology. Beverly Hills, CA: Sage,1982.

Dann G M S. Senior tourism and quality of life[J]. Journal of Hospita lity & Leisure Marketing, 2002, 9(1/2): 5-19.

Davis K. Intersectionality as buzzword: A sociology of science perspective on what makes a feminist theory successful[J]. Feminist Theory, 2008, 9 (1): 61-85.

Decrop A. Vacation decision making [M] Wallingford, UK; Cambridge, MA: CABI Pub. , 2006.

Diener E, Lucas R E, Oishi S. Subjective well-being: The science of happiness and life satisfaction[J]. Handbook of positive psychology, 2002(2):63-73.

Dolnicar S, Yanamandram V, Cliff K. The contribution of vacations to quality of life[J]. Annals of Tourism Research, 2012, 39(1): 59-83.

Dolnicar S. Beyond "Commonsense Segmentation": A systematics of segmentation approaches in tourism[J]. Journal of Travel Research, 2004, 42(3): 244-250.

Edginton C R, Jordan D J, DeGraaf D G, et al. Leisure and life satisfaction: Foundational perspectives (3rd) [M]. New York: McGraw-Hill, 2006.

Esiyok B, Kurtulmuşoǧlu F B, Özdemir A. Heterogeneity in the determinants of length of stay across middle age and senior age groups in thermal tourism[J]. Journal of Travel & Tourism Marketing, 2018, 35(4): 531-540.

Eurostat. Europeans aged 65 + spent a third more on tourism in 2011 compared with 2006 [EB/OL]. http://ec. europa. eu/eurostat/

documents/3433488/5585284/KS-SF-12-043-EN. PDF/0d45fd84-d6ad-45 84-a800-2ac868f17e0c? version=1.0.

Faranda W T, Schmidt S L. Segmentation and the senior traveler: Implications for today's and tomorrow's aging consume[J]. Journal of Travel & Tourism Marketing, 2000, 8(2): 3-27.

Fleischer A, Pizam A. Tourism constraints among Israeli seniors[J]. Annals of Tourism Research, 2002, 29(1):106-123.

Fornell C, Larcker D F. Evaluating structural equation models with unobservable variables and measurement error: A comment[J]. Journal of Marketing Research, 1981, 18(3):375-381.

Gao J, Kerstetter D L. Using an intersectionality perspective to uncover older Chinese female's perceived travel constraints and negotiation strategies [J]. Tourism Management, 2016(57):128-138.

Gardiner S, Grace D, King C, et al. The generation effect: The future of domestic tourism in Australia [J]. Journal of Travel Research, 2014, 53 (6): 705-720.

Gardiner S, Grace D, King C. Is the Australian domestic holiday a thing of the past? Understanding baby boomer, generation X and generation Y perceptions and attitude to domestic and international holidays [J]. Journal of Vacation Marketing, 2015, 21(4):336-350.

Gibson H J. Busy travelers: Leisure-travel patterns and meanings in later life [J]. World Leisure Journal, 2002, 44(2):11-20.

Gibson H J. Leisure and later life: Past, present and future[J]. Leisure Studies, 2006, 25(4): 397-401.

Gilbert D, Abdullah J. Holiday taking and the sense of well-being[J]. Annals of Tourism Research, 2004, 31(1): 103-121.

Gladwell N J, Bedini L A. In search of lost leisure: The impact of care giving on leisure travel[J]. Tourism Management, 2004, 25(6): 685-693.

Glaser B G, Strauss A L. The discovery of grounded theory: Strategies for qualitative research[M]. Routledge,1967.

Glaser B G. The grounded theory perspective: Conceptualization contrasted with description [M]. Mill Valley, Ca.: Sociology Press, 2001.

Glaser B G. Theoretical sensitivity: Advances in the methodology of grounded theory[M]. The Sociology Press,1978.

González A M, Rodríguez C, Miranda M R, et al. Cognitive age as a criterion explaining senior tourists motivations [J]. International Journal of Culture, Tourism and Hospitality Research, 2009, 3(2): 148-164.

González E A, Sánchez N L, Vila T D. Activity of older tourists understanding their participation in social tourism programs[J]. Journal of Vacation Marketing, 2017, 23(4): 295-306.

Graefe A R, Vaske J J. A framework for managing quality in the tourist experience[J]. Annals of Tourism Research, 1987, 14(3): 390-404.

Han H, Huang J, Kim Y. Senior travelers and airport shopping: Deepening repurchase decision-making theory [J]. Asia Pacific Journal of Tourism Research, 2015, 20(7): 761-788.

Harman G. Practical reasoning[J]. The Review of Metaphysics, 1976, 29 (3): 431-463.

Havighurst R J. Successful aging[J]. The Gerontologist, 1961(1):8-13.

Hawes D K. Travel-related lifestyle profiles of older women[J]. Journal of Travel Research, 1988, 27(2): 22-32.

Hayslip B, Hicks-Patrick J, Panek P E. Adult development and aging[M]. Malabar, FL: Krieger Publish Company, 2007.

Henderson K A, Bedini L A, Hecht L, et al. Women with physical disabilities and the negotiation of leisure constraints[J]. Leisure Studies, 1995,14(1):17-31.

Higgins-Desbiolles F. More than an "industry": The forgotten power of tourism as a social force [J]. Tourism Management, 2006, 27 (6): 1192-1208.

Hofstede G. Culture's consequences: International differences in work-related values [M]. Beverly Hills, CA: Sage,1980.

Hong G S, Kim S Y, Lee J. Travel expenditure patterns of elderly households in the US[J]. Tourism Recreation Research, 1999, 24(1):43-52.

Hossain A, Bailey G, Lubulwa M. Chapter 20 Characteristics and travel patterns of older Australians: Impact of population ageing on tourism[J].

International Symposia in Economic Theory and Econometrics, 2007(15): 501-522.

Houle C O. Patterns of learning: New perspectives on life-span education [M]. The Jossey-Bass Higher Education Series, San Francisco: Jossey-Bass, Inc, 1984.

Hsu C H C, Cai L A, Wong K K F. A model of senior tourism motivations-anecdotes from Beijing and Shanghai [J]. Tourism Management, 2007, 28(5):1262-1273.

Hsu C H C, Kang S K. Chinese urban mature travelers' motivation and constraints by decision autonomy [J]. Journal of Travel & Tourism Marketing, 2009, 26(7): 703-721.

Hsu C H C. Determinants of mature travelers' motorcoach tour satisfaction and brand loyalty[J]. Journal of Hospitality & Tourism Research, 2000, 24(2): 223-238.

Huang L, Tsai H T. The study of senior traveler behavior in Taiwan[J]. Tourism Management, 2003, 24(5): 561-574.

Hubbard J, Mannell R C. Testing competing models of the leisure constraint negotiation process in a corporate employee recreation setting[J]. Leisure Sciences, 2001, 23(3): 145-163.

Huber D, Milne S, Hyde K F. Conceptualizing senior tourism behaviour: A life events approach[J]. Tourist Studies, 2019(3):1-27.

Huber D, Milne S, Hyde K F. Constraints and facilitators for senior tourism [J]. Tourism Management Perspectives, 2018(27): 55-67.

Hultsman W. Recognizing patterns of leisure constraints: An extension of the exploration of dimensionality[J]. Journal of Leisure Research, 1995, 27 (3): 228-244.

Hung K, Bai X, Lu J Y. Understanding travel constraints among the erlderly in Hong Kong: A comparative study of the elderly living in private and in public housing[J]. Journal of Travel & Tourism Marketing, 2016, 33 (7): 1-20.

Hung K, Lu J Y. Active living in later life: An overview of aging studies in hospitality and tourism journals [J]. International Journal of Hospitality

Management，2016(53)：133-144.

Hung K，Petrick J F. Developing a measurement scale for constraints to cruising[J]. Annals of Tourism Research，2010，37(1)：206-228.

Hung K，Petrick J F. Testing the effects of congruity，travel constraints，and self-efficacy on travel intentions：An alternative decision-making model [J]. Tourism Management，2012，33(4)：855-867.

Hunter-Jones P，Blackburn A，Chesworth N E. Understanding the relationship between holiday taking and self-assessed health：An exploratory study of senior tourism [J]. International Journal of Consumer Studies，2007，31(5)：509-516.

Hägerstraand T. What about people in regional science? [J]. Papers in Regional Science，1970，24(1)：6-21.

Jackson E L，Crawford D W，Godbey G. Negotiation of leisure constraints [J]. Leisure Sciences，1993，15(1)：1-11.

Jackson E L，Rucks V C. Reasons for ceasing participation and barriers to participation：Further examination of constrained leisure as an internally homogenous concept[J]. Leisure Sciences，1995，15(3)：217-230.

Jackson E L. Constraints to leisure [M]. State College，Pa：Venture Publishing，Inc，2005.

Jackson E L. Leisure constraints research：Overview of a developing theme in leisure studies [M]. In Jackson E L，Constraints to leisure，State College，Pa：Venture Publishing，Inc. ，2005.

Jackson E L. Recognizing patterns of leisure constraints：Results from alternative analyses[J]. Journal of Leisure Research，1993，25 (2)：129-149.

Jackson E L. Will research on leisure constraints still be relevant in the Twenty-first Century? [J]. Journal of Leisure Research，2000，32(1)：62-68.

Jafari J. The tourism market basket of goods and services：The components and nature of tourism [J]. Tourism Recreation Research，1979，4(2)：1-8.

Jang S C，Bai B，Hu C，et al. Affect，travel motivation，and travel intention：

A senior market[J]. Journal of Hospitality & Tourism Research，2009，
33(1)：51-73.

Jang S C，Ham S. A double-hurdle analysis of travel expenditure：Baby
boomer seniors versus older seniors[J]. Tourism Management，2009，30
(3)：372-380.

Jang S C，Wu C M E. Seniors' travel motivation and the influential factors：
An examination of Taiwanese seniors[J]. Tourism Management，2006，
27(2)：306-316.

Javalgi R G，Thomas E G，Rao S R. Consumer behavior in the U. S. pleasure
travel marketplace：An analysis of senior and nonsenior travelers[J].
Journal of Travel Research，1992，31(2)：14-19.

Jeon S M，Hyun S S. Examining the influence of casino attributes on baby
boomers' satisfaction and loyalty in the casino industry[J]. Current
Issues in Tourism，2013，16(4)：343-368.

Joanna Sniadek. ，2006. Age of seniors—a challenge for tourism and leisure
industry[J]. Studies in Physical Culture and Tourism，13(Supplement)：
103-105.

Johann M，Padma P. Benchmarking holiday experience：The case of senior
tourists[J]. Benchmarking：An International Journal，2016，23(7)：1860-
1875.

Johann M，Panchapakesan P. The comparative analysis of senior and non-
senior package holiday travelers' tourism product preferences[J]. Journal
of Economics and Management，2015，22(4)：132-141.

Jun J，Kyle G T，Mowen A J. Market segmentation using perceived
constraints[J]. Journal of Park & Recreation Administration，2009，27
(1)：35-55.

Jun J，Kyle G T. Understanding the role of identity in the constraint
negotiation process[J]. Leisure Sciences，2011，33(4)：309-331.

Kattiyapornpong U，Miller K E. Socio-demographic constraints to travel
behavior[J]. International Journal of Culture，Tourism and Hospitality
Research，2009，3(1)：81-94.

Kazeminia A，Chiappa G D，Jafari J. Seniors' travel constraints and their coping strategies[J]. Journal of Travel Research, 2015, 54(1): 80-93.

Kesebir P, Diener E. In pursuit of happiness: Empirical answers to philosophical questions[J]. Perspectives on Psychological Science, 2008, 3(2): 117-125.

Kim H, Woo E, Uysal M. Tourism experience and quality of life among elderly tourists[J]. Tourism Management, 2015(46): 465-476.

Kim J, Wei S, Ruys H. Segmenting the market of West Australian senior tourists using an artificial neural network[J]. Tourism Management, 2003, 24(1): 25-34.

Kim M J, Bonn M, Lee C K. Seniors' dual route of persuasive communications in mobile social media and the moderating role of discretionary time[J]. Asia Pacific Journal of Tourism Research, 2017 (4):1-20.

Kim M J, Kim W G, Kim J M, et al. Does knowledge matter to seniors' usage of mobile devices? Focusing on motivation and attachment [J]. International Journal of Contemporary Hospitality Management, 2016 (8): 1702-1727.

Kim M J, Lee C K, Bonn M. Obtaining a better understanding about travel-related purchase intentions among senior users of mobile social network sites[J]. International Journal of Information Management, 2017, 37(5): 484-496.

Kim M J, Lee C K, Contractor N S. Seniors' usage of mobile social network sites: Applying theories of innovation diffusion and uses and gratifications [J]. Computers in Human Behavior, 2019(90): 60-73.

Kim M J, Preis M W. Why seniors use mobile devices: Applying an extended model of goal-directed behavior [J]. Journal of Travel & Tourism Marketing, 2015(3):404-423.

Kim N S, Chalip L. Why travel to the FIFA world cup? Effects of motives, background, interest, and constraints[J]. Tourism Management, 2004, 25(6): 695-707.

Kline R B. Principles and practice of structural equation modeling (2nd ed) [M]. New York, NY: The Guilford Press, 2005.

Kohlbacher F，Chéron E. Understanding "silver" consumers through cognitive age，health condition，financial status，and personal values：Empirical evidence from the world's most mature market Japan［J］. Journal of Consumer Behaviour，2012，11(3)：179-188.

Kuykendall L，Tay L，Ng V. Leisure engagement and subjective well-being：A meta-analysis［J］. Psychological Bulletin，2015，141(2)：364-403.

Lai C T，Li X，Harrill R. Chinese outbound tourists' perceived constraints to visiting the United States［J］. Tourism Management，2013(37)：136-146.

Lawson R. Patterns of tourist expenditure and types of vacation across the family life cycle［J］. Journal of Travel Research，1991，29(4)：12-18.

Le Serre D，Weber K，Legoherel P，et al. Culture as a moderator of cognitive age and travel motivation/perceived risk relations among seniors［J］. Journal of Consumer Marketing，2017，34(5)：455-466.

Lee C F，King B. Determinants of attractiveness for a seniors-friendly destination：A hierarchical approach［J］. Current Issues in Tourism，2016(5)：1-20.

Lee C F. An investigation of factors determining destination satisfaction and travel frequency of senior travelers［J］. Journal of Quality Assurance in Hospitality & Tourism，2016，17(4)：1-25.

Lee S H，Tideswell C. Understanding attitudes towards leisure travel and the constraints faced by Senior Koreans［J］. Journal of Vacation Marketing，2005，11(3)：249-263.

Lehto X Y，Jang S C，Achana F T，et al. Exploring tourism experience sought：A cohort comparison of baby boomers and the silent generation［J］. Journal of Vacation Marketing，2008，14(3)：237-252.

Lehto X Y，O'Leary J T，Lee G. Mature international travelers：An examination of gender and benefits［J］. Journal of Hospitality and Leisure Marketing，2001，9(1/2)：53-72.

Lemon B W，Bengtson V L，Peterson J A. An exploration of the activity theory of aging：Activity types and life satisfaction among in-movers to a retirement community［J］. Journal of Gerontology，1972，27(4)：

511-523.

Lew A A. A framework for tourist attraction research[J]. Annals of Tourism Research, 1987(14): 553-575.

Lindqvist L J, Björk P, Steene A. Perceived safety as an important quality dimension among senior tourists[J]. Tourism Economics, 2000, 6(2): 151-158.

Livengood J S, Stodoloska M. The effects of discrimination and constraints negotiation on leisure behavior of American Muslims in the post-september 11 American[J]. Journal of Leisure Research, 2004(36): 183-208.

Livingstone L P, Nelson D L, Barr S H. Person-environment fit and creativity: An examination of supply-value and demand-ability version of fit[J]. Journal of Management, 1997, 23(2):119-146.

Lofland L H, Lofland J. Analyzing social settings(3rd ed) [M]. Belmont, CA: Wadsworth Publishing, 1995.

Losada N, Alén E, Domínguez T, et al. Travel frequency of seniors tourists [J]. Tourism Management, 2016(53): 88-95.

Losada N, Alén E, Nicolau J L, et al. Senior tourists' accommodation choices [J]. International Journal of Hospitality Management, 2017(66): 24-34.

Lu J Y, Hung K, Wang L, et al. Do perceptions of time affect outbound-travel motivations and intention? An investigation among Chinese seniors [J]. Tourism Management, 2016(53): 1-12.

Lyu S O, Oh C O. Recreationists' constraints negotiation process for continual leisure engagement[J]. Leisure Sciences, 2014, 36(5): 479-497.

Lyu, S. O., Oh, C., Lee, H., 2013. The in? uence of extraversion on leisure constraints negotiation process: A case of Korean people with disabilities[J]. Journal of Leisure Research,45(2), 233-252.

Maddux J E. Social cognitive models of health and excise behavior: An introduction and review of conceptual issues[J]. Journal of Applied Sport Psychology, 1993(5): 116-140.

Mahadevan R. Understanding senior self-drive tourism in Australia using a contingency behavior model [J]. Journal of Travel Research, 2014, 53

(2):252-259.

Mannell R C，Kleiber D A. A social psychology of leisure[J]. Annals of Leisure Research，1997，17(2)：239-240.

Mannell R C，Loucks-Atkinson A. Why don't people do what's "good" for them? Cross-fertilization among the psychologies of nonparticipation in leisure，health，and exercise behaviors[M]. In Jackson E L，Constraints to leisure，State College，Pa：Venture Publishing Inc，2005.

Martin L G，Preston S H. Marketing the leisure experience to baby boomers and older tourists[J]. Journal of Hospitality Marketing & Management，1994，18(2):254-272.

Mayo E J，Jarvis L P. The psychology of leisure travel：Effective marketing and selling of travel services[J]. Boston：CBI Publishing，1981:161-174.

Mazursky D. Past experience and future tourism decisions[J]. Annals of Tourism Research，1989，16(3):333-345.

McCabe S，Joldersma T，Li C X. Understanding the benefits of social tourism：Linking participation to subjective well-being and quality of life [J]. International Journal of Tourism Research，2010，12(6)：761-773.

McGuire F A，Dottavio D，O'Leary J T. Constraints to participation in outdoor recreation across the life span：A nation wide study of limitors and prohibitors[J]. Gerontologist，1986，26(5):538-544.

McGuire F A. A factor analytic study of leisure constraints in advanced adulthood[J]. Leisure Sciences，1984，6 (3):313-326.

Meltem C，Tahir A. Does the importance of hotel attributes differ for senior tourists? [J]. International Journal of Contemporary Hospitality Management，2014，26(4):610-628.

Moghimehfar F，Halpenny E A. How do people negotiate through their constraints to engage in pro-environmental behavior? A study of front-country campers in Alberta，Canada[J]. Tourism Management，2016 (57):362-372.

Morgan D. Practical strategies for combining qualitative and quantitative methods：Applications to health research [J]. Qualitative Health research，1998，8(3)：362-376.

Morgan N, Pritchard A, Sedgley D. Social tourism and well-being in later life [J]. Annals of Tourism Research, 2015(52):1-15.

Moschis G P, Mathur A. Older consumer responses to marketing stimuli: The power of subjective age[J]. Journal of Advertising Research, 2006, 46(3):339-346.

Moschis G P, Ünal B. Travel and leisure services preferences and patronage motives of older consumers[J]. Journal of Travel & Tourism Marketing, 2008, 24(4):259-269.

Mungall A, Schegg R, Courvoisier F. Exploring communication and marketing strategies for senior travelers[J]. Advances in Hospitality & Leisure, 2010, 6(6): 59-82.

Musa G, Ongfon S. Travel behaviour: A study of older Malaysians [J]. Current Issues in Tourism, 2010, 13(2):177-192.

Möller C, Weiermair K, Wintersberger E. The changing travel behaviour of Austria's ageing population and its impact on tourism [J]. Tourism Review, 2007, 62(3/4):15-20.

Nadirova A, Jackson E L. Alternative criterion variables against which to assess the impacts of constraints to leisure [J]. Journal of Leisure Research, 2000, 32(4): 396-405.

Naresh R P. The creation of theory: A recent application of the grounded theory method[J]. The Qualitative Report, 1996, 2(4): 1-15.

Nawijn J, Marchand M, Veenhoven R, et al. Vacationers happier, but most not happier after a holiday[J]. Applied Research in Quality of Life, 2010 (5):35-47.

Nielsen K. Approaches to seniors' tourist behaviour [J]. Tourism Review, 2014, 69(2):111-121.

Nimrod G, Rotem A. An exploration of the innovation theory of successful ageing among older tourists [J]. Ageing & Society, 2012, 32 (3): 379-404.

Nimrod G, Rotem A. Between relaxation and excitement: Activities and benefits gained in retirees' tourism[J]. International Journal of Tourism Research, 2010, 12(1):65-78.

Nimrod G. Retirement and tourism: Themes in retirees' narratives [J]. Annals of Tourism Research, 2008, 35(4):859-878.

Norman W C, Daniels M J, Mcguire F, et al. Wither the mature market: An empirical examination of the travel motivations of neomature and veteran-mature markets[J]. Journal of Hospitality & Leisure Marketing, 2001, 8(3/4):113-130.

Nyaupane G P, Mccabe J T, Andereck K L. Seniors' travel constraints: Stepwise logistic regression analysis[J]. Tourism Analysis, 2008, 13(4): 341-354.

Nyaupane G P, Morais D B, Graefe A R. Nature tourism constraints: A cross-activity comparison[J]. Annals of Tourism Research, 2004, 31(3): 540-555.

Oh H, Parks S, DeMicco F. Age-and gender-based market segmentation[J]. International Journal of Hospitality & Tourism Administration, 2002, 3(1):1-20.

Oliveira C, Brochado A, Correia Antónia. Seniors in international residential tourism: Looking for quality of life[J]. Anatolia, 2018, 29(1):11-23.

Otoo F E, Kim S. Analysis of studies on the travel motivations of senior tourists from 1980 to 2017: Progress and future directions[J]. Current Issues in Tourism, 2020, 23(4): 393-417.

Patterson I, Balderas A. Continuing and emerging trends of senior tourism: A review of the literature[J]. Journal of Population Ageing, 2018(7):1-15.

Patterson I, Pegg S, Litster J. Grey nomads on tour: A revolution in travel and tourism for older adults [J]. Tourism Analysis, 2011, 16 (3): 283-294.

Patterson I. Growing older: Tourism and leisure behaviour of older adults [M]. Wallingford, UK: CABI, 2006.

Pearce P L, Wu M Y. A mobile narrative community: Communication among senior recreational vehicle travellers[J]. Tourist Studies, 2018, 18(2): 194-212.

Pearce P, Lee U. Developing the travel career approach to tourist motivation [J]. Journal of Travel Research, 2005(43): 226-37.

Phillips W M J, Jang S C. Exploring seniors' casino gaming intention[J]. Journal of Hospitality & Tourism Research, 2012, 36(3):312-334.

Pinhey T K, Iverson T J. Safety concerns of Japanese visitors to Guam[J]. Journal of Travel & Tourism Marketing, 1994, 3(2):87-94.

Pizam A. A comprehensive approach to classifying acts of crime and violence at tourism destinations[J]. Journal of Travel Research, 1999, 38(1): 5-12.

Pizam A. Senior living facilities: The new frontier of hospitality management [J]. International Journal of Hospitality Management, 2014 (43): 145-146.

Podsakoff P M, Mackenzie S B, Lee J Y. Common method biases in behavioral research: A critical review of the literature and recommended remedies[J]. Journal of Applied Psychology, 2003, 88(5):879-903.

Prayag G. Senior travelers' motivations and future behavioral intentions: The case of Nice [J]. Journal of Travel & Tourism Marketing, 2012, 29(7): 665-681.

Preacher, Kristopher J, Hayes, Andrew F. Asymptotic and resampling strategies for assessing and comparing indirect effects in multiple mediator models[J]. Behavior Research Methods, 2008, 40(3):879-891.

Ra J M, An S, Rhee K J. The relationship between psychosocial effects and life satisfaction of the Korean elderly: Moderating and mediating effects of leisure activity[J]. Journal of Arts & Humanities, 2013, 2(11): 21-35.

Roberson D N. Learning experience of senior travelers [J]. Studies of Continuing Education, 2003, 25(1):125-144.

Roberson D N. The impact of travel on older adults: An exploratory investigation[J]. Tourism, 2001, 49(2):99-108.

Romsa G, Blenman M. Vacation patterns of the elderly Germans[J]. Annals of Tourism Research, 1989(16):178-188.

Ross G F. Senior tourists sociability and travel preparation[J]. Tourism Review, 1993, 60(2):6-15.

Ross G F. Tourist destination images of the wet tropical rainforests of North

Queensland[J]. Australian Psychologist, 1991(26):153-157.

Rowe J W, Kahn R L. Human aging: Usual and successful[J]. Science, 1987, 237(4811):143.

Roy S. From the editors: What grounded theory is not[J]. Academy of Management Journal, 2006, 49(4): 633-642.

Ruys H, Wei S. Senior tourism[M]. In Douglas N, Douglas N, Derrett R, Special Interest Tourism, Australia: John Wiley and Sons, 2001.

Ryu E, Hyun S S, Sim C. Creating new relationships through tourism: A qualitative analysis of tourist motivations of older individuals in Japan[J]. Journal of Travel & Tourism Marketing, 2015, 32(4): 325-338.

Śniadek J. Age of seniors-a challenge for tourism and leisure industry[J]. Studies in Physical Culture and Tourism, 2006, 13 (Supplement): 103-105.

Samdahl D M, Jekubovich N J. A critique of leisure constraints: Comparative analyses and understandings[J]. Journal of Leisure Research, 1997, 29 (4): 430-452.

Sangpikul A. A factor-cluster analysis of tourist motivations: A case of U. S. senior travelers[J]. Tourism, 2008a, 56(1):23-40.

Sangpikul A. Travel motivations of Japanese senior travellers to Thailand[J]. International Journal of Tourism Research, 2008, 10(1):81-94.

Schmiedeberg C, SchröDer J. Leisure activities and life satisfaction: An analysis with German panel data[J]. Applied Research in Quality of Life, 2017, 12(1):137-151.

Schmitt B H. Experiential marketing: How to get customers to sense, feel, think, act,and relate to your company and brands[M]. New York: The Free Press, 1999.

Sedgley D, Pritchard A, Morgan N. Tourism and ageing: A transformative research agenda[J]. Annals of Tourism Research, 2011, 38(2):422-436.

Seongok L, Oh C O, Hoon L. The influence of extraversion on leisure constraints negotiation process: A case of Korean people with disabilities [J]. Journal of Leisure Research, 2013, 45(2):233-252.

Serre D L, Legohérel P, Weber K. Seniors' motivations and perceived risks:

A cross-cultural study[J]. Journal of International Consumer Marketing, 2013, 25(2):61-79.

Shoemaker S. Segmentation of the senior pleasure travel market[J]. Journal of Travel Research, 1989(27):14-21.

Sie L, Patterson I, Pegg S. Towards an understanding of older adult educational tourism through the development of a three-phase integrated framework[J]. Current Issues in Tourism, 2016, 19(2):100-136.

Silva O, Correia Antónia. Facilitators and constraints in leisure travel participation: The case of the southeast of Portugal[J]. International Journal of Culture, Tourism and Hospitality Research, 2008, 2 (1): 25-43.

Sirgy M J, Kruger P S, Lee D J, et al. How does a travel trip affect tourists' life satisfaction? [J]. Journal of Travel Research, 2011, 50(3): 261-275.

Sirgy M J, Uysal M, Kruger S. Towards a benefits theory of leisure well-being[J]. Applied Research in Quality of Life, 2017, 12(1): 205-228.

Skalacka K, Derbis R. Activities of the elderly and their satisfaction with life [J]. Polish Journal of Applied Psychology, 2015, 13(3):87-102.

Son J S, Kerstetter D L, Mowen A J. Do age and gender matter in the constraint negotiation of physically active leisure? [J]. Journal of Leisure Research, 2008, 40(2):267-289.

Son J S, Mowen A J, Kerstetter D L. Testing alternative leisure constraint negotiation models: An extension of Hubbard and Mannel's study[J]. Leisure Sciences, 2008, 30(3):198-216.

Soocheong J, Chi-Mei E W. Seniors' travel motivation and the influential factors: An examination of Taiwanese seniors[J]. Tourism Management, 2006, 27(2):306-316.

Statts S, Pierfelice L. Travel: A long-range goal of retired women[J]. The Journal of Psychology, 2003, 137(5):483-494.

Strauss A L. Qualitative analysis for social scientists [M]. Cambridge University Press,1987.

Strauss A, Corbin J. Basics of qualitative research: Grounded theory procedures and techniques [M]. Newbury Park, CA: Sage, 1990.

Strauss A, Corbin J. Basics of qualitative research: Techniques and procedures for developing grounded theory[M]. Newbury Park, CA: Sage, 1998.

Sudbury L, Simcock P. A multivariate segmentation model of senior consumers[J]. Journal of Consumer Marketing, 2009, 26(4):251-262.

Sund K J, Boksberger P. Senior and non-senior traveller behaviour: Some exploratory evidence from the holiday rental sector in Switzerland[J]. Tourism Review, 2007, 62(3/4): 21-26.

Sönmez S, Graefe A. Determining future travel behavior from past travel experience and perceptions of risk and safety[J]. Journal of Travel Research, 1998, 37(2): 171-177.

Teaff J D, Turpin T. Travel and elderly[J]. Parks and Recreation, 1996, 31 (6):16-19.

Tiago M T P M B, Couto J P D A, Tiago F G B, et al. Baby boomers turning grey: European profiles[J]. Tourism Management, 2016, 54(6):13-22.

Torres S. Different ways of understanding the construct of successful aging: Iranian immigrants speak about what aging well means to them[J]. Journal of Cross-Cultural Gerontology, 2006, 21(1-2):1-23.

Tsartsara S I. Definition of a new type of tourism niche—The geriatric tourism[J]. International Journal of Tourism Research, 2018(20): 796-799.

Tung V W S, Ritchie J R B. Investigating the memorable experiences of the senior travel market: An examination of the reminiscence bump[J]. Journal of Travel & Tourism Marketing, 2011, 28(3):331-343.

Uysal M, Perdue R, Sirgy M J. Handbook of tourism and quality of life research: Enhancing the life of tourists and residents of host communities [M]. Springer Netherlands, 2012.

Uysal M, Sirgy M J, Woo E, et al. Quality of life (QOL) and well-being research in tourism[J]. Tourism Management, 2016(53): 244-261.

Valentine G. Prejudice: Rethinking geographies of oppression[J]. Social & Cultural Geography, 2010, 11(6):519-537.

Valentine G. Theorising and researching intersectionality: A challenge for feminist geography[J]. The Professional Geographer, 2007, 59(1): 10-21.

Vigolo V. Older tourist behavior and marketing tools [M]. Springer International Publishing AG, 2017.

Walker G J, Jackson E L, Deng J Y. Culture and leisure constraints: A comparison of Canadian and Mainland Chinese university students[J]. Journal of Leisure Research, 2007, 39(4): 567-590.

Walker M C. Marketing to seniors [M]. 1st Books Library, Bloomington, 2002.

Wang K C, Ma A P, Hsu M T, et al. Seniors' perceptions of service features on outbound group package tours[J]. Journal of Business Research, 2013, 66(8): 1021-1027.

Wang S S. Leisure travel outcomes and life satisfaction: An integrative look [J]. Annals of Tourism Research, 2017(63): 169-182.

Wang W F, Wu W, Luo J Q, et al. Information technology usage, motivation, and intention: A case of Chinese urban senior outbound travelers in the Yangtze River Delta region[J]. Asia Pacific Journal of Tourism Research, 2016, 22(1): 1-17.

Ward A. Segmenting the senior tourism market in Ireland based on travel motivations[J]. Journal of Vacation Marketing, 2014, 20(3): 267-277.

Wearing B, Wearing S. Refocusing on the tourist experience: The flaneur and the chorister[J]. Leisure Studies, 1996, 15(4): 229-243.

Weiss R S. The experience of retirement [M]. Cornell University Press: Ithaca, NY, 2005.

White D D. A structural model of leisure constraints negotiation in outdoor recreation[J]. Leisure Sciences, 2008, 30(4):342-359.

Wijaya S, Wahyudi W, Kusuma B C, et al. Travel motivation of Indonesian seniors in choosing destination overseas [J]. International Journal of Culture, Tourism and Hospitality Research, 2018, 12(2): 185-197.

Woo E, Kim H, Uysal M. A measure of quality of life in elderly tourists[J]. Applied Research in Quality of Life, 2014, 11(1):1-18.

Yao Y B, Hou P P. Senior tourism: The sunrise industry in the sunset crowd

[J]. Journal of Quality Assurance in Hospitality & Tourism, 2019, 20 (5):572-580.

Yerlisulapa T. Leisure negotiation strategies scale: A study of validity and reliability for university students[J]. South African Journal for Research in Sport Physical Education & Recreation, 2014, 36(3):201-215.

You X, O'Leary J T. Age and cohort effects: An examination of older Japanese travelers[J]. Journal of Travel and Tourism Marketing, 2000, 9 (1/2): 21-42.

Zhang W, Feng Q, Lacanienta J, et al. Leisure participation and subjective well-being: Exploring gender differences among elderly in Shanghai, China[J]. Archives of Gerontology and Geriatrics, 2017(69): 45-54.

Zimmer Z, Brayley R E, Searle M S. Whether to go and where to go: Identification of important influences on seniors' decisions to travel[J]. Journal of Travel Research, 1995, 33(3): 3-10.

附　录

附录 A　城市老年人旅游制约访谈提纲

一、访谈前准备

1. 准备好访谈提纲、录音笔、笔记本和笔。

2. 在正式访谈前,询问受访者是否已经退休(在开始时直接问年龄会引起受访者的警觉和抵触心理),旨在初步判断受访者是否在 60 周岁及以上。

3. 在访谈开始前,询问受访者是否可以用录音笔记录,如果受访者同意,则打开录音笔;如果拒绝,则研究者手写记录访谈要点,访谈结束后立即整理文稿。

二、介绍自己和访谈目的

您好!现在进行一项关于城市老年人旅游参与行为的相关研究,非常感谢您接受访谈。本次访谈主要包括五个问题,访谈时间在 40~50 分钟,所有访谈记录只用于本次研究,您的回答不分对错,请您畅所欲言,再次感谢您接受访谈。

三、主要访谈内容

1. 在您 60 周岁及以后是否有外出旅游的经历,有没有遇到一些因素导致您:

（1）不能维持或增加参与旅游活动的频率。

（2）不能参加新的旅游活动。

（3）停止参加旅游活动。

（4）在旅游过程中,影响旅游活动的体验。

2. 如果有,这些因素是什么?

3. 在您 60 周岁及以后,您不参加旅游活动的原因是什么(针对不参加旅游活动的老年人)?

4. 在您出游前或出游中,通常都会关注或担心与旅游相关的那些因素呢?这些因素会影响您的旅游参与或旅游体验吗?

5. 针对这些影响您参与旅游活动的因素,您有采取一些策略去解决吗?

6. 您的受教育水平?

7. 您退休前的职业?

8. 您的婚姻状况?

9. 您的健康状况?

10. 您一年外出旅游几次?

11. 您通常在什么时间出游?

12. 您的年龄?

附录 B　第一轮城市老年人旅游制约调查问卷

您好! 首先感谢您在百忙之中填写问卷。此问卷主要是调研 60 周岁及以上城市老年人的旅游制约问题。问卷为匿名填写,您的答案将被保密并且仅被用于学术研究,请不要有顾虑。请仔细阅读以下每一个题目并选出您真实的想法。在您认为合适的数字选项上打"√",每道题只能选择一个答案,答案无对错之分,非常感谢您参与此次调研。

一、老年人旅游制约

本部分旨在调研影响您出去旅游或旅游体验(满意度)的一些制约因素,旨在了解每个题项对您出游的影响程度。请您根据个人的实际情况填写下面的表格,对问题的影响程度进行选择,并在对应的位置上打"√"(1=非常不同意,2=不同意,3=不确定,4=同意,5=非常同意)。

题项	非常 不同意	不同意	不确定	同意	非常 同意
1. 我担心出游中的人身安全,不愿意出游	1	2	3	4	5
2. 我担心旅游设施安全,不愿意出游	1	2	3	4	5
3. 我担心交通安全,不愿意出游	1	2	3	4	5
4. 我担心旅游中的饮食安全,不愿意出游	1	2	3	4	5
5. 我年龄大了,害怕出去旅游	1	2	3	4	5
6. 我的身体不好,不敢外出旅游	1	2	3	4	5
7. 我不喜欢,没有兴趣出去旅游	1	2	3	4	5
8. 很多地方我都去过了,不想再去了	1	2	3	4	5
9. 缺少志同道合的旅游伙伴,影响我出去旅游	1	2	3	4	5
10. 家人没有空余的时间,无法陪我一起出游	1	2	3	4	5
11. 朋友没有多余的时间,无法和我一起出游	1	2	3	4	5
12. 自己单独出去旅游,家人不放心	1	2	3	4	5
13. 家人不喜欢出去旅游	1	2	3	4	5
14. 自己单独出去旅游没意思	1	2	3	4	5
15. 不喜欢和陌生人一起旅游	1	2	3	4	5
16. 参与其他活动而没有时间参加旅游活动	1	2	3	4	5
17. 日常家务事多,如需要照顾其他人(孩子、老人、老伴),没时间出去旅游	1	2	3	4	5
18. 我想去的地方旅游费用过高,无法承担	1	2	3	4	5
19. 自己经济能力有限,没有足够的钱外出旅游	1	2	3	4	5
20. 我感觉出去旅游很费钱	1	2	3	4	5
21. 旅游企业产品信息宣传不足影响我出去旅游	1	2	3	4	5
22. 旅游企业缺少合适的旅游产品会影响我出去旅游	1	2	3	4	5
23. 旅游企业提供的餐饮不达标会影响我出去旅游	1	2	3	4	5
24. 旅游企业提供的住宿不达标会影响我出去旅游	1	2	3	4	5
25. 旅游企业不诚信会影响我出去旅游	1	2	3	4	5

续表

题项	非常 不同意	不同意	不确定	同意	非常 同意
26. 旅游景点同质化、乱收费会影响我出去旅游	1	2	3	4	5
27. 担心旅游目的地交通不方便,不愿意出游	1	2	3	4	5
28. 旅游目的地气候、环境不适宜,不愿意出游	1	2	3	4	5
29. 旅游目的地饮食不习惯,不愿意出游	1	2	3	4	5
30. 旅游目的地物价很高,不愿意出游	1	2	3	4	5
31. 旅游目的地公共设施不方便,不愿意出游	1	2	3	4	5
32. 旅游目的地人文环境不好,不愿意出游	1	2	3	4	5
33. 旅游目的地自然环境不好,不愿意出游	1	2	3	4	5
34. 旅游企业人员服务体验不好会影响我出去旅游	1	2	3	4	5
35. 旅游企业人员的服务态度会影响我出去旅游	1	2	3	4	5
36. 旅游企业人员素质与技能不好会影响我出去旅游	1	2	3	4	5
37. 旅游的人太多、拥挤会影响我出去旅游	1	2	3	4	5
38. 旅游不文明现象会影响我出去旅游	1	2	3	4	5
39. 旅游设施体验不好会影响我出去旅游	1	2	3	4	5
40. 旅游中购物商店太多、强迫购物会影响我出去旅游	1	2	3	4	5
41. 以往的旅游体验不满意,影响我出去旅游	1	2	3	4	5
42. 以往的旅游经历不满意,不愿意外出旅游	1	2	3	4	5

二、人口统计信息

1. 您的性别:
①男　　　　　②女

2. 您的年龄:
①60—65 周岁　　②66—70 周岁　　③71—75 周岁　　④76—80 周岁
⑤81 周岁及以上

3. 您的受教育水平:
①初中及以下　　②高中或大专　　③本科　　　　④硕士

⑤博士

4. 您的月收入：

①1000 元及以下　　　　　②1001～3000 元

③3001～5000 元　　　　　④5001～7000 元

⑤7001 元及以上

5. 您的家庭结构：

①独居　　　　　②与老伴同住　　③与老伴、子女同住

④与子女一起居住　　　　⑤其他_____

6. 您的工作状况：

①尚未退休　　　②半退休　　　　③已经退休

7. 退休前或目前的职业？

①工人　　　　　②农民　　　　③公务员　　　　④军警人员

⑤企事业管理人员　⑥商贸人员　　⑦教师与专业技术人员

⑧服务人员　　　⑨私营业主　　⑩其他_____

8. 您的旅游花费主要来源：

①个人储蓄　　　②儿女资助　　③退休金　　　④亲戚或朋友帮助

⑤社会福利　　　⑥其他_____

9. 您的健康状况？

①很好　　　　　②良好　　　　③一般　　　　④差

再次感谢您参与此次调研！

附录 C　第二轮城市老年人旅游制约调查问卷

您好！首先感谢您在百忙之中填写问卷。此问卷主要是调研 60 周岁及以上城市老年人的旅游制约问题。问卷为匿名形式，且您的答案将被保密并且仅被用于学术研究，请不要有顾虑。请仔细阅读以下每一个题目并选出您真实的想法。在您认为合适的数字选项上打"√"，每道题只能选择一个答案，答案无对错之分，非常感谢您参与此次调研。

一、老年人旅游制约

本部分旨在调研影响您外出旅游或旅游体验（满意度）的相关因素，具体来

说,就是了解每个题项对您出游的影响程度。请您根据个人的实际情况填写以下表格,对问题的影响程度进行选择,并在对应的位置上打"√"(1＝非常不同意,2＝不同意,3＝不确定,4＝同意,5＝非常同意)。

题项	非常不同意	不同意	不确定	同意	非常同意
1. 我担心出游中的人身安全,不愿意出游	1	2	3	4	5
2. 我担心交通安全,不愿意出游	1	2	3	4	5
3. 我年龄大了,害怕出去旅游	1	2	3	4	5
4. 我的身体不好,不敢外出旅游	1	2	3	4	5
5. 我不喜欢,没有兴趣出去旅游	1	2	3	4	5
6. 缺少志同道合的旅游伙伴,影响我出去旅游	1	2	3	4	5
7. 朋友没有足够的时间,无法和我一起出游	1	2	3	4	5
8. 家人不喜欢出去旅游	1	2	3	4	5
9. 自己单独出去旅游没意思	1	2	3	4	5
10. 参与其他活动或因其他事情而没有时间参加旅游活动	1	2	3	4	5
11. 自己经济能力有限,没有足够的钱外出旅游	1	2	3	4	5
12. 我感觉出去旅游很费钱	1	2	3	4	5
13. 旅游企业的产品不能满足我的需求会影响我外出旅游	1	2	3	4	5
14. 旅游企业不诚信会影响我出去旅游	1	2	3	4	5
15. 担心旅游目的地交通不方便,不愿意出游	1	2	3	4	5
16. 旅游目的地饮食不习惯,不愿意出游	1	2	3	4	5
17. 旅游目的地公共设施不方便,不愿意出游	1	2	3	4	5
18. 旅游目的地人文环境不好,不愿意出游	1	2	3	4	5
19. 旅游目的地自然环境不好,不愿意出游	1	2	3	4	5
20. 对旅游企业人员的服务体验不好,影响我外出旅游	1	2	3	4	5
21. 旅游的人太多、拥挤会影响我外出旅游	1	2	3	4	5
22. 旅游不文明现象会影响我外出旅游	1	2	3	4	5

续表

题项	非常 不同意	不同意	不确定	同意	非常 同意
23. 旅游设施体验不好会影响我外出旅游	1	2	3	4	5
24. 旅游中购物商店太多、强迫购物会影响我外出旅游	1	2	3	4	5
25. 以往的旅游经历不满意,不愿意外出旅游	1	2	3	4	5

二、旅游制约协商

本部分旨在调研当您遇到以上旅游制约因素时,您所采取的解决措施,目的在于了解您对每个题项的同意程度。请您根据个人的实际情况填写,对问题的同意程度进行选择,并在对应的位置上打"√"(1=非常不同意,2=不同意,3=不确定,4=同意,5=非常同意)。

题项	非常 不同意	不同意	不确定	同意	非常 同意
1. 我试着找一些有相似旅游兴趣的人一起游玩	1	2	3	4	5
2. 我根据朋友的意愿调整旅游活动的选择	1	2	3	4	5
3. 自己和朋友或家人一起组织团队旅游	1	2	3	4	5
4. 我鼓励朋友和我一起出去旅游	1	2	3	4	5
5. 我减少参与其他活动的时间,以便有更多的时间参加旅游活动	1	2	3	4	5
6. 我选择在旅游淡季外出旅游	1	2	3	4	5
7. 我缩短出去旅游的天数	1	2	3	4	5
8. 选择一个适合我时间的旅游产品	1	2	3	4	5
9. 我会提前准备好衣服、用品、药品等	1	2	3	4	5
10. 我会选择一个符合我预算的旅游产品	1	2	3	4	5
11. 我会存钱以便出去旅游	1	2	3	4	5
12. 在我的经济许可范围内生活	1	2	3	4	5
13. 我通过各种途径了解旅游信息,做好各方面的准备	1	2	3	4	5
14. 我尝试学习新的技能	1	2	3	4	5

续表

题项	非常 不同意	不同意	不确定	同意	非常 同意
15. 我如果不具备参加旅游活动的能力、技巧等，我会寻求帮助	1	2	3	4	5
16. 我会提高身体素质，这样才能参加旅游活动	1	2	3	4	5
17. 在出去旅游前，我会做好思想准备，以更好的心态对待旅游中出现的各种问题	1	2	3	4	5
18. 我会尽我所能的去忍受旅游中的不好体验或现象	1	2	3	4	5

三、旅游参与

本部分旨在调研您参与旅游活动的情况，了解您对每个题项的同意程度。请您根据个人的实际情况填写，对问题的同意程度进行选择，并在对应的位置打"√"（1＝非常不同意，2＝不同意，3＝不确定，4＝同意，5＝非常同意）。

题项	非常 不同意	不同意	不确定	同意	非常 同意
1. 我打算在未来一年内出去旅游	1	2	3	4	5
2. 我会对其他人说一些积极参与旅游活动的话	1	2	3	4	5
3. 我会向其他人推荐旅游活动或产品	1	2	3	4	5
4. 我会鼓励亲朋好友去旅游	1	2	3	4	5

四、主观幸福感

本部分旨在调研您参与旅游活动后的一些感受，了解您对每个题项的同意程度。请您根据个人的实际情况填写，对问题的同意程度进行选择，并在对应的位置上打"√"（1＝非常不同意，2＝不同意，3＝不确定，4＝同意，5＝非常同意）。

题项	非常 不同意	不同意	不确定	同意	非常 同意
1. 参与旅游之后,我感觉生活更有质量了	1	2	3	4	5
2. 参与旅游之后,我感觉生活更幸福了	1	2	3	4	5
3. 参与旅游之后,我的生活丰富多彩了	1	2	3	4	5
4. 参与旅游之后,我的生活满意度提高了	1	2	3	4	5

五、人口统计信息

1. 您的性别:
①男　　　　　②女

2. 您的年龄:
①60～65 周岁　　②66～70 周岁　　③71～75 周岁　　④76～80 周岁
⑤81 周岁及以上

3. 您的受教育水平:
①初中及以下　　②高中或大专　　③本科　　　　④硕士
⑤博士

4. 您的月收入:
①1000 元及以下　②1001～3000　③3001～5000　④5001～7000
⑤7001 元及以上

5. 您的家庭结构:
①独居　　　　　②与老伴同住　　③与老伴、子女同住
④与子女一起居住　　　　⑤其他_____

6. 您的工作状况:
①尚未退休　　②半退休　　　③已经退休

7. 退休前或目前的职业?
①工人　　　　②农民　　　③公务员　　　④军警人员
⑤企事业管理人员　⑥商贸人员　⑦教师与专业技术人员
⑧服务人员　　⑨私营业主　⑩其他_____

8. 您的旅游花费主要来源:
①个人储蓄　　②儿女资助　　③退休金　　　④亲戚或朋友帮助
⑤社会福利　　⑥其他_____

9. 您的健康状况?

①很好 ②良好 ③一般 ④差

再次感谢您参与此次调研!